TEXTES DE LA RENAISSANCE
sous la direction de Mireille Huchon et Jean-Charles Monferran
217

Pontus de Tyard

Œuvres complètes

Tome V

Pontus de Tyard

Œuvres complètes

sous la direction d'Eva Kushner

Tome V

Scève, ou Discours du temps, de l'an, et de ses parties

Édition critique par Donald Gilman

PARIS
CLASSIQUES GARNIER
2022

Donald Gilman, professeur honoraire à l'université Ball State (États-Unis), est spécialiste de la littérature française du XVIe siècle. Il a coédité avec Joan A. Buhlmann les *Dialogues* de Louis Le Caron (Genève, 1986), compilé une anthologie d'essais sur les moralités européennes, et publié de nombreux articles sur Pétrarque, Ronsard et sur le dialogue à la Renaissance.

ISBN 978-2-406-08144-9 (livre broché)
ISBN 978-2-406-08145-6 (livre relié)
ISSN 1262-2842

INTRODUCTION

Vers la fin de ses *Sonnets pour Hélène* (1578), Ronsard dépeint la douleur comme résultant, lorsqu'on aime, d'une correspondance entre épisodes changeants et durée éternelle. Dans le célèbre sonnet « Afin que ton honneur coule parmy la plaine » (II, 50), il juxtapose temporalité de la séquence chronologique et permanence de l'éternité[1]. En invoquant les dieux, en versant du vin, en observant les bergers qui passent, en associant le nom d'Hélène au jaillissement d'une fontaine, le poète laisse entrevoir l'idée d'un mouvement lié, à son tour, au passage du temps. À travers l'allusion à l'anémone rappelant la mort d'Adonis, et la douleur d'Aphrodite et de son amour sans espoir, on sent disparaître toute sérénité tandis que s'affirme la nature temporelle de l'existence terrestre. Mais, malgré cette allusion passagère à la temporalité, le sens de la constance prend le dessus : le sang d'Adonis et les larmes d'Aphrodite font naître une fleur qui par ses retours continuels rendra immortel leur amour. Semblablement, la passion du sujet de l'énonciation pour Hélène dénote une discrète turbulence reflétant l'histoire personnelle du poète. En sculptant le nom d'Hélène sur l'écorce d'un pin, en exprimant son amour en un poème, il réussit à infuser du même coup à celui-ci les tensions transitoires de la passion humaine et la paix durable de la nature et de la poésie. C'est ainsi que Ronsard concilie dans sa vision poétique la perpétuelle opposition entre la chronologie et l'éternité, entre la mortalité humaine et l'immortalité de l'esprit, entre phénomènes passagers et croyances durables.

Réfléchir à tous ces phénomènes contradictoires mène à se heurter à la problématique des traditions et réformes relatives au calendrier. Consciemment ou non, Ronsard a pu en ressentir l'effet déstabilisant, d'où sa conscience troublée de la temporalité. Face à tous ces obstacles, c'est un autre poète de la Pléiade, Pontus de Tyard, qui s'engagea dans le dialogue

1 Pierre de Ronsard, *Œuvres complètes*, 20 t., éd. P. Laumonier, Paris, Didier, 1924-1975, vol. 17, pt. 2, p. 285-286.

que voici, *Scève, ou Discours du temps, de l'an, et de ses parties* (1587), dans une profonde réflexion philosophique et scientifique concernant la temporalité. Il y fait figurer des explications tant antérieures que contemporaines concernant la nature du temps ainsi qu'une description des calendriers et de leurs divergences ; et fait état des tentatives de conciliation entre les mouvements des astres et la chronologie humaine. Publié pour la première fois en 1556, ce texte a été peu étudié jusqu'ici, et n'est actuellement accessible que dans ses éditions du XVIe siècle. De même que les autres traités constituant le corpus encyclopédique que sont les *Discours philosophiques* ce dialogue est un ensemble d'informations réunissant faits vérifiables et présupposés philosophiques. Perspectives opposées, données contradictoires font qu'il n'y émerge aucune notion unifiée du temps. Ce que Tyard accomplit de par sa fonction « d'encyclopédiste », c'est d'offrir au lecteur nombre de sources bibliques et classiques, et de l'orienter vers des traités, calendriers et almanachs contemporains contenant d'importantes indications concernant principes et calculs chronologiques. C'est en construisant un dialogue où s'entrechoquent les arguments des interlocuteurs que Tyard éclaircit la nature problématique de la définition du temps, et la difficulté de parvenir dans ce domaine à des calculs d'une valeur absolue.

CONSTRUCTION DU TEXTE

Les *Discours philosophiques* publiés par Abel L'Angelier en 1587 contiennent l'ensemble le plus complet des dialogues que Tyard révisa et compléta pendant trente ans. Comme la plupart des textes qui y sont contenus, le *Discours du temps* reçut plusieurs additions (1556, 1578, 1587)[2]. Ainsi que le démontre Kathleen Hall, ces révisions n'apportent pas de changements substantiels[3]. Les suppressions sont rares ; l'orthographe y

2 Pontus de Tyard, *Discours du tems, de l'an, et de ses parties*, Lyon, Jean de Tournes, 1556 ; *Discours du temps, de l'an, et des ses parties*, Paris, Mamert Patisson, 1578 ; *Les Discours philosophiques de Pontus de Tyard, Seigneur de Bissy, et depuis Evesque de Chalon*, Paris, Abel L'Angelier, 1587, f. 334r°-368v°.

3 Kathleen M. Hall, *Pontus de Tyard and his* Discours philosophiques, Oxford, Oxford University Press, 1963, p. 105.

varie ; les changements stylistiques visent à la précision. En revanche, les éditions successives contiennent des compléments d'information prouvant l'expansion des connaissances de l'auteur et les changements survenus dans ses présupposés et ses perspectives. Dès 1557, Tyard prédit, dans sa première édition de *L'Univers*, une seconde édition, « en telle polissure que je la pourray redresser[4] ». La critique a considéré, à juste titre, que ces ajouts contribuent à édifier dans les *Discours philosophiques* un ensemble de connaissances, ce qui paraît être le cas particulièrement dans le *Discours du temps*, sans doute du fait de la participation de Tyard à l'Académie de poésie et de musique (1570) et à l'Académie du Palais (1578), et grâce aux réformes du calendrier proposées par le pape Grégoire XIII, et aux informations scientifiques qui contribuaient à augmenter le corpus des connaissances disponibles tout en mettant en question les présupposés établis. De tels ajouts s'imposaient pour pouvoir parvenir à l'exhaustivité et à l'exact calcul des mesures appropriées à une encyclopédie. Toutefois, parce que Tyard puise aussi à des sources supplémentaires, les changements d'orientation de sa perspective intellectuelle transforment cet ensemble de connaissances à ne plus être une simple compilation de faits (1556) mais une exploration du rapport entre les calculs relatifs au calendrier et l'harmonie cosmique (1578), pour aboutir enfin à une attitude sceptique quant à la validité des preuves empiriques et à une ferme croyance en Dieu et en la sagesse divine (1587).

DISCOURS DU TEMS, DE L'AN, ET DE SES PARTIES (LYON, JEAN DE TOURNES, 1556)

En tant que dialogue portant sur la métaphysique et la mesure du temps, le *Discours du tems* de 1556 présente deux perspectives opposées mais complémentaires : 1. nature de la chronologie et problèmes relatifs au calcul du temps, et 2. idée d'une éternité transcendant les réalités terrestres. Y a-t-il par là contradiction, chez Pontus de Tyard, avec les *Erreurs amoureuses* (1549) qui, en tant que recueil de poésie amoureuse semblent suivre les motifs, concepts et thèmes des *Rime sparse* de Pétrarque publiées par Jean de Tournes à Lyon en 1543 ? Réfléchissant au rapport, chez Pontus de Tyard, entre dialogue philosophique et expression poétique de l'imaginaire, Eva Kushner note l'importance de l'amitié de Pontus

4 Pontus de Tyard, *Le Premier Curieux*, éd. J. Céard, *Œuvres complètes*, Paris, Classiques Garnier, 2010, t. IV, 1, p. 61. Voir aussi K. M. Hall, *op. cit.*, p. 106.

de Tyard avec Peletier du Mans[5]. Tous deux avaient été étudiants à Paris en 1537 ; et grâce aux relations de Peletier du Mans avec Marguerite de Navarre, Tyard avait pu connaître Clément Marot, Bonaventure des Périers et Mellin de Saint-Gelais, ce qui lui avait rendu familiers les courants philosophiques et les tendances poétiques de l'époque[6]. Il est significatif que les *Erreurs amoureuses* de Tyard sont contemporaines des *Œuvres poétiques* (1547) de Peletier du Mans, de *L'Olive* (1549) de Du Bellay et des *Odes* (1550-1552) de Ronsard. Mais en dépit de cet engagement actif dans le mouvement poétique, ou plutôt parallèlement à celui-ci, Tyard s'affirme, entre 1545 et 1558, passionné de philosophie et de science[7]. La lecture de la *Parfaicte amye* (1542) d'Héroët et de la *Délie* (1544) de Maurice Scève a fortifié chez lui l'appréciation des notions néoplatoniciennes concernant l'amour[8]. De plus, Guillaume des Autelz, cousin de Tyard, qui avait séjourné à Lyon pendant une partie de l'année 1550, connaissait Scève et avait pu susciter des contacts entre Tyard et lui ainsi que d'autres poètes humanistes de Lyon[9]. Il s'ensuit que, dans sa *Continuation des erreurs amoureuses* (1551), Tyard incorpore à sa poésie pétrarquisante, à l'exemple de Scève, des allusions scientifiques et des accents néoplatoniciens plus prononcés[10]. Sa traduction des *Dialogues d'amour* de Léon l'Hébreu confirme puissamment sa familiarité avec le néoplatonisme[11].

Comme Peletier du Mans, dans son dialogue sur l'orthographe (1550) et ses traités sur l'arithmétique (1549) et l'algèbre (1554), Tyard élargit ses domaines d'intérêt dans la direction des sciences, et utilise le potentiel tant littéraire que philosophique du dialogue en vue de rassembler et de disséminer ce savoir. Les *Discours philosophiques* sont le résultat de cette expansion. Loin d'abandonner la dimension sentimentale de la création

5 Eva Kushner, *Pontus de Tyard et son œuvre poétique*, Paris, Honoré Champion, 2001, p. 26-39. Voir aussi K. M. Hall, *op. cit.*, p. 23.

6 E. Kushner, *op. cit.*, p. 27.

7 K. M. Hall, *op. cit.*, p. 9.

8 K. M. Hall, *op. cit.*, p. 6 ; E. Kushner, *op. cit.*, p. 46, 106-131, 141, 144, 256 ; R. V. Merrill, « Platonism in Pontus de Tyard's *Erreurs amoureuses* (1549) », *Modern Philology*, XXXV, 1937, p. 139-158.

9 Margaret L. M. Young, *Guillaume Des Autelz : A Study of his Life and Works*, Genève, Droz, 1961, p. 22 ; E. Kushner, *op. cit.*, p. 39.

10 K. M. Hall, *op. cit.*, p. 10-17 ; E. Kushner, *op. cit.*, p. 210-212 ; Pontus de Tyard, *Les Erreurs amoureuses*, éd. John A. McClelland, Genève-Paris, Droz-Minard, 1967, p. 49-51.

11 Texte établi par Tristan Dagron et Saverio Ansaldi, introduction et notes explicatives par Tristan Dagron, Paris, Vrin, 2006 ; *Les Erreurs amoureuses*, éd. John A. McClelland, p. 49.

poétique, puisqu'en 1555 il publie *Le Troisième livre des Erreurs amoureuses* ainsi que *Le Livre de vers liriques*, il enrichit cette création, dans son dialogue intitulé *L'Univers* (1557), de réflexions philosophiques portant sur la vocation humaine au sein de l'univers, car « l'homme est nay pour contempler le Monde[12] ». Ainsi, les *Discours philosophiques* indiquent un cheminement vers Dieu qui, selon le Curieux dans *Mantice* (1558), est d'ordre à la fois moral et intellectuel : « la cognoissance certaine de la nature des Choses, qui nous fait eslever jusques en l'admiration de la Divinité : en contemplation de laquelle nos mœurs sont meilleures au choix des vertus et des vices[13] ». Visiblement, le but de Tyard dans les *Discours philosophiques* est d'ordre didactique. Le *Solitaire premier* (1552), premier dialogue du recueil, propose un *art poétique* résumant la doctrine néoplatonicienne de l'inspiration ; le *Solitaire second* (1555) est un traité de musicologie dont l'intention est de montrer « de quelle harmonie le Monde et le corps humain sont participans de Musique[14] » ; les deux *Curieux* qui forment *L'Univers* (1557) jettent un regard d'ensemble sur l'essence et sur les causes des phénomènes du monde physique ; et *Mantice* (1558) examine la nature de l'astrologie, et met en question la validité de la divination. Le *Discours du tems, de l'an, et de ses parties* que Tyard publie à Lyon chez Jean de Tournes en 1556 constitue un complément de ces discussions philosophiques sous la forme d'un argumentaire central que Tyard continuera à développer en 1578 (Paris, chez Mamert Patisson) et en 1587 (Paris, chez Abel L'Angelier).

Le lieu où se déroule le dialogue est conforme aux conventions. Comme Socrate et d'autres interlocuteurs déambulant sur les rives de l'Ilissus dans le *Phèdre* de Platon, ou jouissant des loisirs offerts par une villa de campagne romaine dans un dialogue cicéronien, le Solitaire, porte-parole de Tyard, reçoit Scève et Hieromnime dans un agréable jardin proche de sa maison. Mais la tranquillité de ce *locus amœnus* est bientôt perturbée lorsque le Solitaire ouvre la discussion en dépeignant l'état à la fois tragique et comique de l'existence humaine. Le plaisir et la douleur caractérisent la situation humaine, et l'écoulement du temps emprisonne l'être humain dans un monde de brume et d'écrans

12 Pontus de Tyard, *Le Premier Curieux*, éd. J. Céard, p. 60.

13 Pontus de Tyard, *Mantice*, éd. Jean Céard, Paris, Classiques Garnier, 2014, p. 51. Voir aussi K. M. Hall, *op. cit.*, p. 36-42.

14 K. M. Hall, *op. cit.*, p. 34 ; Pontus de Tyard, *Solitaire second*, éd. Cathy M. Yandell, Genève, Droz, 1980, p. 19.

masquant la réalité. La nature transitoire de la temporalité lui inflige les vicissitudes de la vie. Accueillant ses invités, le Solitaire semble hospitalier et aimable ; mais le rappel des revers de fortune et de la réalité des conflits au long de l'histoire le font apparaître mélancolique et esseulé. Ce qui semble causer ces incertitudes et ce malaise, c'est sa saisie de la notion du temps, et c'est pourquoi il va tenter de mieux comprendre les dimensions du temps, et ses effets sur l'homme et sur le monde. C'est ainsi que Tyard construit avec subtilité son dialogue, faisant alterner pensée scientifique et preuves quantifiables avec l'exploration des tensions entre l'expérience de la réalité terrestre et la foi en la sagesse des prescriptions divines.

Le Solitaire et Scève établissent ensemble les grandes lignes du débat. Selon le Solitaire, le temps est défini par les séquences chronologiques rendant compte de la « mutation des fortunes, et puis la diversité des siècles » (336r°). Scève, de son côté, perçoit le temps comme *Aeuum*, « un estat eternel, auquel il n'y ait, ny Avant, ny Apres, ny Devant, ny Derrier, ny Maintenant [...]. » (336r°) Selon Scève, le temps et l'espace sont indissolublement liés ; et vu que le temps est lié au mouvement continu des cieux, les extrémités que sont le commencement et la fin se désintègrent. Le Solitaire accepte la preuve de l'intégration des divisions temporelles par quoi le présent devient le passé, et l'avenir rejoint le présent. Semblablement, Scève concède au Solitaire que les divisions du temps sont perçues par les humains comme années, saisons, mois, semaines, jours et heures. Néanmoins, les divisions du temps définissant la chronologie sont, au dire de Scève, métaphysiquement élusives et arbitrairement définies ; elles proviennent du « tournoyement du Ciel, et principalement des astres et lumieres en luy roulantes, ou fichees » (337v°). De ce fait, si le temps peut être identifié avec l'infinitude des mouvements astraux, la chronologie qui gouverne les actions des hommes se dissout en une éternité universellement réglée et immuable.

Hieromnime, le troisième interlocuteur, propose une autre perspective concernant le temps ; il reconnaît la position du Solitaire en ce qui a trait aux calculs chronologiques, mais il accepte la pensée de Scève concernant l'éternité. À la différence des interlocuteurs à la fois imaginaires et historiquement réels que sont Tyard et Scève, Hieromnime est un personnage fictif qui interprète les modes de calcul du temps selon des notions bibliques. Rappelant la Chute, il perçoit un lien ténu entre une chronologie calculée par l'homme et une éternité reflétant les mouvements planétaires. Il s'appuie sur l'autorité de *Genèse* 7, 13 relatant l'embarquement de Noé dans l'arche[15]. En réponse à la directive divine transmise par Noé, ceux qui désirent obéir à Dieu doivent concilier l'obéissance à Sa volonté avec les valeurs humaines, ce qui signifie que les affaires humaines et leur histoire doivent se conformer au dessein éternel de Dieu. D'autre part, les activités politiques et sociales motivées uniquement par une ambition terrestre sont transitoires et aboutissent à la discorde et à la mort. En affirmant une analogie entre le dessein de Dieu joint aux efforts humains, et l'alliance de l'éternité et du passage du temps, Hieromnime unifie métaphysique et éthique. Les deux visions opposées du temps demeurent ; mais en choisissant entre les valeurs terrestres et les récompenses spirituelles l'homme doit opter entre la mutabilité et la mortalité liées au temporel, et la paix et l'immortalité inhérentes au dessein de Dieu.

Scève accepte le raisonnement de Hieromnime ; et, revenant à la question des différences parmi les mesures du temps, il souligne la relativité de celui-ci et la difficulté de le mesurer exactement. Les Chaldéens, dit-il, divisaient l'année en mois lunaires, tandis que chez d'autres peuplades la longueur d'une année était déterminée par le parcours du soleil. Ces divergences mettent en doute l'efficacité du calcul chronologique, ce qui conduit Scève à réaffirmer sa position concernant la validité de l'utilisation des mouvements planétaires comme critère valable de la définition du temps. Mais la question du calcul du temps va éloigner le débat de la spéculation métaphysique et l'orienter vers une compilation encyclopédique des modes de mesure du temps.

Le Solitaire met les *horæ* ou saisons en relation avec les quatre humeurs : l'hiver avec le phlegme, le printemps avec le sang, l'été avec la colère et l'automne avec la mélancolie. Scève fait observer que les *horæ* représentent des heures ou parties de la journée[16]. Elles peuvent être de longueur égale ; et Bède, réfléchissant dans *De temporibus liber* à la complexité de la détermination du temps, assigne vingt-quatre heures à chaque journée. Toutefois, l'observation empirique suscite des questions sur les différences entre jour et nuit ; les heures de clarté du

15 *Genèse* 7, 13 : « *In articulo diei illius ingressus est Noe, et Sem, et Cham, et Iapheth filii eius : uxor illius, et tres uxores filiorum eius cum eis in arcam* ».

16 Bède, *De temporibus liber*, *Bedæ Opera de temporibus*, éd. Charles Williams Jones, Cambridge, Mass., Mediaeval Academy of America, 1943, ch. 2.

jour varient selon le lieu, la saison, la disposition des astres. Comme les Romains, Scève observe la différence entre jours naturels réglés par le rayonnement du Soleil de son lever à son coucher, et les journées civiles arbitrairement définies comme « la difference entre l'entier intervalle d'un à l'autre Soleil » (341v°). En dépit de la clarté de cette distinction, le Solitaire propose différentes définitions du jour. Les Babyloniens le concevaient comme les vingt-quatre heures entre un lever du Soleil et le suivant ; les Ombriens, comme l'intervalle d'un midi à l'autre ; les Égyptiens, les Athéniens et les Hébreux comme celui d'un minuit à l'autre (342r°-v°). De nouvelles difficultés surgissent lorsque le nombre de jours par année est mesuré en fonction du cours de la Lune ou du Soleil ; et du fait que des jours doivent être ajoutés ou retranchés suivant la durée de la révolution de la Terre autour du Soleil. Enfin, selon le Solitaire, trois sortes de jour apparaissent dans le calendrier romain : 1. *festi* ou fêtes, 2. *profesti* ou jours de travail, 3. *intercesi* au cours desquels le travail était autorisé après des sacrifices d'animaux ou avant le moment de l'offrande de leurs entrailles. Il mentionne également *Lustriques*, festival de purification pratiqué, comme le baptême, le huitième jour pour les filles et le neuvième pour les garçons (343v°).

Les mentions de fêtes et rites religieux sont accompagnées de descriptions de leurs sens. Ainsi, les Chaldéens considéraient le 21 de chaque mois comme « mortellement malheureux » (344r°) ; aux yeux des Perses, le 3 et le 6 août, anniversaires de défaites militaires, paraissaient « infames et lamentables » (344r°) ; le 1er avril rappelait à Darius les dégâts infligés à son armée par Alexandre le Grand. Toutefois, la perspective affecte l'interprétation. Ainsi, le Solitaire oppose la description des jours malheureux à ceux d'événements joyeux ayant eu lieu à des dates d'anniversaire : Timoléon vainquit les Syracusains ; Charles Quint fut couronné empereur du Saint Empire Romain et captura François Ier ; Philippe de Macédoine apprit des nouvelles de victoires aux Jeux Olympiques et, sur les champs de bataille, fut informé de la naissance de son fils (344r°-v°). D'autre part, il signale que Pompée mourut au lendemain de son anniversaire, et qu'Alexandre le Grand mourut le jour même du sien. Quoi qu'il en soit, il existe des jours fastes et des jours néfastes ; les trois locuteurs documentent la réalité de tels jours. Le Solitaire, en particulier, soutient cette opinion, et l'illustre en citant des auteurs anciens. Selon Hésiode et Virgile, le premier, quatrième et septième jour étaient consacrés à Jupiter

(345r°). Définissant le temps comme le déploiement du dessein de Dieu, Hieromnime établit un lien entre la pensée d'Hésiode et l'enseignement de Moïse concernant la création divine. Enfin, Scève associe ces observations avec les mouvements planétaires attribués par le Solitaire aux astronomes Albumazar et Petrus Aponensis (345r°-v°).

Les remarques du Solitaire concernant l'observation astronomique permettent à Scève de revenir au rôle des mouvements astraux vis-à-vis de la condition humaine, et de réfléchir avec lui à ses remarques antérieures sur la relation entre les *horæ* ou saisons, et la disposition humaine. Il associe maintenant le matin au printemps, l'après-midi à l'été, le soir à l'automne et la nuit à l'hiver. Un bon régime alimentaire fait également partie des conditions procédant pour l'homme de l'harmonie des sphères et de l'ordre qu'il peut l'aider à établir en lui-même et dans le monde. Les contrariétés entre les mouvements des astres et les situations humaines produisent désordres et dangers. Ainsi, le cours des astres et de leur influence sur les situations humaines individuelles détermine quels jours seront fastes ou néfastes (345v°-346r°).

Scève ne diverge pas de sa position concernant la relation entre le temps et les mouvements planétaires. En fait, il définit la semaine en fonction du calendrier astrologique[17]. Sept jours constituent une semaine, et chaque journée correspond à un objet céleste. Ainsi existent deux systèmes reliés entre eux. Dans le calendrier astrologique, une journée est attribuée à une planète dominante : lundi à la lune ; mardi à Mars ; mercredi à Mercure ; jeudi à Jupiter ; vendredi à Vénus ; samedi à Saturne ; dimanche au Soleil. Chaque jour comprend vingt-quatre heures, la première étant influencée par l'objet céleste dominant ce jour, par exemple par la lune dans le cas du lundi. Chaque heure successive est assignée à une planète ; et les planètes sont classées selon la longueur de leurs orbites célestes : Saturne, Jupiter, Mars, le Soleil, Vénus, Mercure, la lune, etc. (347v°). Chaque semaine est donc composée de 168 heures (sept jours × 24 heures), et la conjonction des deux sphères (p. ex. lorsque le lundi la lune est influencée par Saturne au cours de la seconde heure) renseigne les médecins sur la santé d'une personne et le cas échéant sur les remèdes à lui prescrire.

---

17 Pour une explication de la semaine astrologique, voir E. G. Richards, *Mapping Time : The Calendar and its History*, Oxford, Oxford University Press, 1998, p. 268-273. Voir aussi Sylviane Bokdam, « La question astrologique chez Tyard de *Mantice* aux *Homilies* », dans *Pontus de Tyard : poète, philosophe, théologien*, éd. S. Bokdam, Paris, Honoré Champion, 2003, p. 279-298.

Selon Scève, quatre semaines constituent un mois correspondant à la durée d'un cycle lunaire. Ayant mentionné les dérivations possibles du substantif *mois*, il note les contradictions survenant parmi les mesures qu'indique le calendrier (348r°-v°). Numa, second roi de Rome, reconnut ces désaccords et ajouta au calendrier deux mois supplémentaires, janvier et février, qui avec les autres mois lui permirent d'atteindre approximativement la durée d'une année. Afin d'éviter de nouvelles incohérences, les Romains autorisèrent l'usage d'un mois « civil » permettant aux autorités de définir sa durée, d'adapter le calendrier aux mouvements planétaires, et d'attribuer douze mois à chaque année (348v°).

L'analyse de ces mois entraîne à son tour la datation des jours en chacun d'eux. Selon Scève, les Romains faisaient commencer chaque mois par les calendes. Intervenant également au sujet de la datation, le Solitaire fait observer que selon Plutarque, dans *Quæstiones romanæ*, *nones*, deuxième dans cette série, a lieu durant la phase de la « nouvelle » lune qui inaugure le cycle lunaire[18]. Les ides se placent durant la phase « pleine » de la lune au milieu du mois. En calculant *nones*, il note que les Romains comptaient à rebours, et que tous les nombres étaient inclusifs. Ainsi, puisque *nones* évoque neuf et a lieu au neuvième jour du mois, ce devait être le sixième ou quatrième jour avant les ides, qui généralement occupaient le quinzième jour du mois (349r°). Les Grecs, par ailleurs, divisaient le mois en trois décades (349v°). Le Solitaire indique également les différences parmi les noms attribués aux mois par les Grecs et les Romains. Décrivant chacun des douze mois, depuis janvier jusqu'à décembre, il présente le sens étymologique de leurs noms, les fêtes et événements coïncidant avec chacun d'eux, ainsi que les ressemblances et contrastes entre les interprétations grecques et romaines des mois (350r°-355r°). Les douze mois formant une année ou *annus* suggèrent un cercle ou cycle de planètes. Toutefois, les deux noms *annulus* et *annus* évoquent respectivement un petit et un grand cercle, ce qui donne lieu à des définitions divergentes d'une année (355v°).

Surviennent alors des difficultés en vue de la définition d'un *annus* ou an. Selon Scève, il peut être défini comme « un tournoyement entier des corps spheriques » (355v°). Les huit planètes suivent leurs cours respectifs et reviennent à leurs lieux d'origine, ce qui justifie cette durée comme « un

18 Plutarque, *Quæstiones romanæ*, *Moralia*, 269c-d.

An de sa perfection » (355v°). Le Solitaire met en doute la validité de ces calculs. Puisque les planètes ne sont pas fixes, leurs vitesses et emplacements affectent l'exactitude des mesures, et donnent lieu à des résultats divergents. Scève manifeste son désaccord en affirmant que : « D'autant [...] qu'une chose approche plus de la perfection, d'autant moins est elle comprehensible » (356r°). S'appuyant sur la pensée de l'astronome antique Hipparque, il affirme qu'en dépit des mouvements des astres les astronomes ont pu mesurer la durée des orbites des planètes mouvantes. L'astronomie devient astrologie. À mesure que les planètes reviennent à un même signe du zodiaque, l'année comporte un hiver, un « Cataclysme », un déluge universel, un « Ecpyrose » ou une conflagration (357r°). Scève tient compte de ces vues divergentes mais affirme que, selon Platon, l'année s'étendra à 49 000 années solaires (357r°). Le Solitaire met en doute cette prévision et présente d'autres prévisions quant à la longueur d'un « grand An » (ou une « grande année ») ; selon Énopide (Œnopide de Chios), sa longueur serait de cinquante-neuf années solaires ; selon Méton, de dix-neuf, selon Héraclite, elle durerait 18 000 ans, selon Diogène (de Babylone), 18 355 ans et selon les Babyloniens et les Égyptiens, 1460 ans (357v°-358r°). Comme Jules César, le Solitaire perçoit qu'il y a confusion, et affirme que les calculs devraient être fondés sur une année solaire. Dans ces efforts pour déterminer la longueur d'une année, les incohérences se poursuivaient. Citant Jules César et César Auguste, Scève énumère les divergences dans les calculs définissant l'année comme trois mois lunaires chez les Akkadiens et six mois lunaires chez les Acarniens. Les Égyptiens, ayant commencé par définir l'année comme un mois lunaire ou trente jours, reconnurent par la suite les erreurs commises dans leurs calculs. S'efforçant d'améliorer ceux-ci, ils adoptèrent une année solaire de 365 jours et quart. Ainsi que nous l'avons vu, l'année romaine comprenait dix mois, à commencer par mars. Numa ajouta deux mois supplémentaires. Toutefois, le calendrier lunaire ne correspondait pas à l'année naturelle, et un treizième mois fut ajouté tous les deux ans afin de corriger cette erreur et de garantir l'inclusion de 365 jours dans chaque année. Scève observe que les Grecs ajoutaient onze jours à chaque année afin de réconcilier le calendrier lunaire avec le calendrier solaire, attribuant ainsi 365 jours à l'année. L'inclusion des jours intercalaires par les Grecs, et des mois par les Romains, produisit une confusion telle que, selon le Solitaire, « mesme que Solin, Macrobe, Plutarque, et Censorin, ne sont entr'accordez l'un l'autre » (362v°).

Jules César poursuivit ces réformes. À la différence des Grecs qui avaient utilisé un calendrier lunisolaire, il proposa l'adoption d'un calendrier solaire mesurant uniquement la durée de la révolution de la Terre par rapport au soleil. Dans le but d'adapter le calendrier à l'année naturelle ou tropique de 365 jours et quart, il proposa d'ajouter dix jours, six heures aux 355 jours qui avaient constitué l'année auparavant (363v°). Afin de rendre compte des six heures ajoutées à chaque année, il ajouta un jour à chaque quatrième année, laquelle devint l'année bissextile (364r°). Cependant, Scève fait remarquer que c'est là un calcul inexact et que la longueur de chaque année de 365 jours et six heures excède la durée exacte de l'année naturelle. Cependant, si un an est de si peu plus bref, l'erreur est « de petite importance » (364v°). Les désaccords concernant la date du début de chaque année ne sont pas résolus, mais la possibilité pratique du calendrier solaire semble sauvegardée.

La difficulté de calculer avec précision persiste. Les interlocuteurs passent de la question de l'exactitude et de l'utilité du calendrier romain à celle de la relativité des définitions d'âges et d'ères. Le Solitaire revient au sujet de l'écoulement du temps vers « l'an Climacteric, qui finira le jour de nostre vie » (367v°). Scève fait état de différentes conceptions de la longueur d'un âge ou *sæculum* ; le Solitaire passe à son tour de la description objective à la réflexion subjective, concluant par une citation de l'*Alceste* d'Euripide : « la vie n'est point vie, mais calamité[19] » (368r°). La connaissance demeure au-delà de la compréhension humaine. Malgré les différences entre le questionnement du Solitaire concernant les inexactitudes du calcul chronologique, et la vision de Scève aux yeux de qui le temps reflète les mouvements des astres, un accord survient à la fin du dialogue, rappelant la conclusion du *Premier Curieux*. L'arrivée des musiciens offre aux interlocuteurs le plaisir de la musique et du chant.

DISCOURS DU TEMPS, DE L'AN, ET DE SES PARTIES
(PARIS, MAMERT PATISSON, 1578)

Ainsi que nous l'avons constaté, l'intérêt de Tyard, à son retour en Bourgogne, s'oriente vers la philosophie. Ayant achevé les éditions initiales des dialogues, plus tard incorporés dans les *Discours philosophiques* (1587), Tyard publie également les *Ephemerides octavæ sphæræ* (1562), qui, semblablement

19 Euripide, *Alceste*, v. 802.

à d'autres tableaux de ce genre, décrivent les mouvements des astres et leurs effets dans la nature. Cette compilation complète l'exploration des phénomènes naturels présentée dans le *Discours du tems*, dans *L'Univers* et dans *Mantice*. Cependant, ainsi que le montre Isabelle Pantin, les *Ephemerides* de Tyard, à la différence des *Tables alphonsines* et des *Tables pruténiques*, vont au-delà des calculs et des mouvements planétaires ; elles abordent un terrain nouveau en attirant l'attention sur le rapport entre les étoiles et le soleil[20]. Entre 1549 et 1573 Tyard publia ses *Œuvres poetiques* qui comprennent les trois livres des *Erreurs amoureuses* et les *Vers liriques* ainsi qu'un *Recueil des nouvelles œuvres Poëtiques* (1573). Cependant, cette intense activité littéraire ne l'empêche pas d'accroître son savoir astronomique et ses connaissances scientifiques, et de songer à faire bénéficier de ce nouveau savoir *Mantice* (1573), le *Solitaire premier* (1575), le *Discours du temps* (1578), et les *Deux discours* (1578) auparavant intitulés *L'Univers*[21]. De plus, dans l'édition de 1578 du *Discours du temps*, il clarifie et développe différentes affirmations, incorporant tout ce savoir encyclopédique en une notion cohérente du temps qui reflète l'harmonieuse relation entre le ciel et la terre. De nouvelles lectures ont pu apporter à Tyard des données supplémentaires favorables à l'expansion du texte ; mais ce sont sans doute ses rapports avec les deux Académies royales qui expliquent davantage encore ses tentatives de conciliation entre résultats empiriques et réflexion sur l'harmonie cosmique.

Édouard Frémy, Frances Yates, Kathleen Hall et Eva Kushner ont documenté le rôle significatif de Tyard à l'Académie de poésie et de musique (1570)[22]. Dirigée par Jean-Antoine de Baïf pendant le règne de Charles IX, l'Académie groupait à la fois des poètes (Baïf, Tyard, Ronsard, Belleau, Desportes) et des musiciens (Lejeune, Courville, Mauduit). Dans leurs réflexions sur les rapports entre la musique et la poésie, les membres de l'Académie cherchaient à « representer la parole en chant accomply de son harmonie et mélodie[23] ». Ils devaient donc

---

20 Isabelle Pantin, « Les *Ephemerides octavæ sphæræ* (1562) et leur place dans la réflexion cosmologique de Pontus de Tyard », dans *Pontus de Tyard*, éd. S. Bokdam, p. 261-278. Voir aussi, S. Bokdam, « La question astrologique », dans *Pontus de Tyard*, p. 286-294.

21 K. M. Hall, *op. cit.*, p. 29.

22 Édouard Frémy, *L'Académie des derniers Valois*, Paris, Ernest Leroux, 1887, réimpression, Genève, Slatkine, 1969 ; Frances A. Yates, *The French Academies of the Sixteenth Century*, Londres, The Warburg Institute of the University of London, 1947 ; Eva Kushner, *op. cit.*, p. 52-70 ; K. M. Hall, *op. cit.*, p. 25-29.

23 *Lettres Patentes et Statuts de l'Académie de Baïf*, dans F. A. Yates, *op. cit.*, p. 320. Voir aussi F. A. Yates, *op. cit.*, p. 23 ; E. Kushner, *op. cit.*, p. 59 et 67-68.

posséder une connaissance technique de la prosodie, de la langue, de la théorie musicale et de la danse en vue de leurs tentatives pour exprimer les liens entre réalités terrestres et célestes. Les expériences de Baïf dans le domaine des *vers mesurés*, la mise en musique par Claude Lejeune des *Psaumes* et de leur inspiration religieuse, et les similarités entre la chorégraphie et la danse des étoiles suggéraient ensemble la possibilité d'une harmonie qui, théoriquement du moins, aiderait à garantir paix et hautes valeurs morales. La publication par Tyard de ses deux *Solitaire* lui avait valu son statut de théoricien au sein de l'Académie ; et, dans le *Solitaire premier*, il avait su dépeindre rationnellement l'interaction entre l'activité des humains dans toute sa diversité et l'universalité de l'ordre cosmique :

> De tous ceux (veux-je dire) qui ont tasché de s'acquerir l'intelligence des choses celestes et divines, et acheminer leurs entendemens jusques au plus hault siege, où repose l'object de l'eternelle felicité, les voyes ont esté diverses, comme les doctrines, disciplines, sciences, et arts leur ont esté devant les yeux diversement presentez[24].

Semblablement, dans le *Solitaire second*, Tyard définit la musique comme une « science qui considere avec sens et raison la difference des sons graves et aiguz, ou bas et haux, donnant le moyen de bien et harmonieusement chanter[25] ». Une *discordia concors* se fait jour, dénotant le paradoxe qui lie la diversité des perceptions terrestres à la réalité de la conception divine. C'est ainsi qu'en exprimant l'harmonie musicale, on peut créer un chant ouvert à l'entendement[26].

Alors que l'Académie de 1570 accordait la priorité à la poésie et à la musique, l'Académie du Palais, fondée par Henri III en 1575, consacrait son attention aux sciences naturelles. En fait, dans une lettre datée du 12 septembre 1577, Jacques Amyot, grand aumônier et ancien précepteur du roi, demande à Tyard de décrire « la constitution et mouvement du ciel[27] ». Une version plus développée de *L'Univers*, et qui devient *Deux discours*, publiée par Mamert Patisson en 1578, est le résultat des

24 Pontus de Tyard, *Solitaire premier*, éd. Silvio F. Baridon, Genève, Droz, 1950, p. 3.

25 Tyard, *Solitaire second*, éd. C. M. Yandell, *op. cit.*, p. 79. Voir aussi, *Solitaire premier*, éd. Silvio Baridon, *op. cit.*, p. 37-38.

26 *Solitaire second*, éd. C. M. Yandell, *op. cit.*, p. 75-76, 241-242.

27 Jean-Pierre-Abel Jeandet, *Étude sur le seizième siècle. France et Bourgogne. Pontus de Tyard*, Paris, A. Aubry, 1860, p. 174-175 ; K. M. Hall, *op. cit.*, p. 27.

conférences de 1577 ; et, selon Robert Sealy, Tyard présente, du 14 au 28 janvier 1578 et du 8 au 19 avril 1578, deux séries de conférences sur le temps, ce qui le conduit à réviser le *Discours du tems*, également publié par Mamert Patisson en 1578[28]. Malgré les différences entre les sujets présentés aux deux Académies, Tyard joua un rôle significatif dans ce mouvement de recherche visant à créer une œuvre encyclopédique capable de relier la poésie et la musique avec la totalité du savoir humain :

> [le] mot de Musique, qui vrayement est tiré des Muses, ou le nom des Muses de luy, [...] voire (avant luy) par Pythagore, de ce nom l'universelle Philosophie estoit appelée[29].

C'était dire que la musique n'a pas pour seul but le plaisir. Plutôt, selon Frances Yates, le théoricien qu'est Mersenne définit la musique comme matière englobant toutes disciplines et élevant l'esprit vers les sommets de la pensée[30].

L'accession de Tyard à l'épiscopat de Chalon-sur-Saône le 31 décembre 1578 survient à la même époque que ses conférences sur le temps à l'Académie du Palais et constitue une raison supplémentaire pour l'extension du domaine du dialogue et pour une attention plus soutenue au rapport entre calculs chronologiques et harmonie cosmique[31]. Kathleen Hall note que le père de Tyard avait destiné son fils à une vocation ecclésiastique et que Pontus se conforma à ce souhait, devenant chanoine à Mâcon, puis archidiacre à Chalon-sur-Saône[32]. Lors du décès de Jacques Fourre qui survint le 20 janvier 1578, Henri III nomma Tyard successeur à l'évêché le 24 janvier[33]. Le pape Grégoire XIII exigea que Tyard fût tonsuré et qu'il renonçât à ses bénéfices antérieurs. Il devait en outre faire preuve d'une nouvelle orientation religieuse. Franco Giacone a découvert trois poèmes inédits de cette époque faisant preuve d'une telle orthodoxie[34]. Claude Perry, historien du XVIIe siècle, décrit la

28 Robert J. Sealy, S. J., *The Palace Academy of Henry III*, Genève, Droz, 1981, p. 107.

29 *Solitaire second*, éd. C. M. Yandell, *op. cit.*, p. 78-79.

30 F. A. Yates, *op. cit.*, p. 23-25, 40-42.

31 E. Kushner, *op. cit.*, p. 70-71.

32 K. M. Hall, *op. cit.*, p. 18-19 ; E. Kushner, *op. cit.*, p. 72-73.

33 R. J. Sealy, *op. cit.*, p. 104. Voir aussi E. Kushner, *op. cit.*, p. 72-79 ; Michel Péronnet, « Les nominations épiscopales sous Henri III », dans *Henri III et son temps*, dir. Robert Sauzet, Paris, Vrin, 1992, p. 285-290.

34 Franco Giacone, « Trois poèmes inédits de Pontus de Tyard », *Bibliothèque d'Humanisme et Renaissance*, XLIV, 1982, p. 109 ; E. Kushner, *op. cit.*, p. 71. Voir aussi Eva Kushner,

solitude et la spiritualité dont Tyard donna alors l'exemple : « Il aimoit si fort la solitude qu'il en faisoit sa Province et son principal emploi. C'est pour ce sujet qu'il prit pour sa devise *Solitudo mihi provincia* et s'y tenoit aussi fortement occupé [...]. C'est dans cette aymable solitude qu'il s'entretenoyt agreablement avec ces sçavans morts qui l'instruisaient sans faire bruit et sans aucun tumulte[35] ».

De plus, les deux Académies tentaient de contribuer à calmer les remous causés par la Réforme, ce qui peut aider à expliquer le rôle de l'harmonie cosmique dans la description tyardienne du temps. Analysant l'Académie des années 1570, Frances Yates perçoit la pratique néoplatonicienne de la musique comme moyen d'aider les esprits à se détacher des dissensions religieuses de l'époque[36]. De fait, Charles IX, dans les *Lettres patentes et Statuts de l'Académie de Baïf* (1570), considère la musique comme force spirituelle : « les esprits des Auditeurs accoutumez et dressez à la Musique par forme de ses membres, se composent pour estre capables de plus haute connoissance, après qu'ils seront repurgez de ce qui pourroit leur rester de barbarie[37] [...]. » Semblablement, Henri III souhaitait confronter les troubles causés par les Réformés ; les charges qu'il confiait à Tyard reflètent son effort pour trouver un serviteur loyal à l'égard de l'Église comme de l'État. Selon Robert Sealy, les conférences tyardiennes de cette époque reflètent cette loyauté[38]. En 1582 le pape Grégoire mit en œuvre sa réforme du calendrier ; mais il lui fallait auparavant obtenir l'accord des pays catholiques. Les conférences de Tyard sont conformes à ce dessein ; elles servent à soutenir l'initiative de l'Église et démontrent la loyauté de Pontus à l'égard du Pape. La preuve en est que le nonce papal en France, Antonio Maria Salviati, dans une lettre datée du 9 avril 1578, lui attribue un rôle significatif dans l'introduction du calendrier grégorien en France[39]. De plus, ainsi qu'Eva Kushner l'observe judicieusement, Charles IX et Henri III

« Pontus de Tyard et l'Oraison dominicale », *Mélanges sur la littérature de la Renaissance et à la mémoire de V.-L. Saulnier*, Genève, Droz, 1984, p. 225-233.

35 Claude Perry, *Histoire civile et ecclésiastique, ancienne et moderne de la ville et cité de Chalon sur Saone*, Chalon-sur-Saône, Philippe Tan, 1659, p. 353, cité par E. Kushner, *Pontus de Tyard*, p. 77-78.

36 F. A. Yates, *op. cit.*, p. 71.

37 *Lettres patentes et Statuts de l'Académie de Baïf*, dans F. A. Yates, *op. cit.*, p. 320.

38 R. J. Sealy, *op. cit.*, ch. 4. Voir aussi K. M. Hall, *op. cit.*, p. 27 ; E. Kushner, *Pontus de Tyard*, p. 68-70.

39 R. J. Sealy, *op. cit.*, p. 103-104.

reconnaissaient la maîtrise de Tyard en matière de poésie, de musique, de philosophie et de sciences naturelles ; Henri III surtout avait depuis longtemps reconnu sa dévotion envers l'Église[40]. C'est dire que le développement nouveau du *Discours du temps* (1578) reflète un changement d'orientation tenant compte des objectifs des deux Académies, des tensions causées par la Réforme, ainsi que du développement intellectuel et spirituel de Tyard lui-même.

Dans sa dédicace à Henri III en tête de l'édition de 1578 du *Discours du temps*, Tyard met l'accent sur l'importance de l'harmonie gouvernant les corps célestes mais aussi les événements terrestres. Au sein de cette perfection, il y a diversité, et c'est à l'humaniste qu'il incombe de percevoir « la constante inconstance, et bien reglee diversité de ses cours ordinaires » (334r°). Les rapports entre les mouvements des astres et les affaires humaines dépassent la contemplation : on ne saurait exclure l'aspect pratique de ce rapport. Fidèlement à la pensée exprimée dans les deux *Solitaire*, où l'ordre cosmique est mis en relation avec la conduite morale, la nouvelle édition du texte suggère que « la beauté, splendeur et divers mouvemens » (334r°) du temps affectent les actions humaines. En fait, la perception des mouvements spécifiques inhérents à la nature du temps devient le « vray distributeur de l'œconomie, police, et humaine societé » (334v°).

Ce changement d'intérêt dans la direction du mouvement sans limite du temps se poursuit dans la nouvelle version du dialogue. Par exemple, l'éternité est décrite dans l'édition de 1556 comme un laps de temps « sans fin ny commencement » (336r°-v°). Dans cette édition augmentée, Tyard clarifie cette définition, appelant l'éternité « l'espace imaginé devant la creation du Ciel » (336r°) ; et l'éternité devient un concept divinement institué comme précédant la terre et l'humanité. Ainsi, l'éternité, connue et estimée par « Anges et ames humaines », incorpore en elle la chronologie désignant et mesurant les espaces temporels. Autrement dit, si les événements terrestres sont sujets à une chronologie assumant un commencement et une fin, la constance de l'éternité surmonte la temporalité des événements humains et devient la définition même du temps. À la différence de saint Augustin[41], Tyard

40 E. Kushner, *Pontus de Tyard*, *op. cit.*, p. 78.

41 Voir, en particulier, S. Augustin, *Les Confessions*, 11, 11-27 et 31, et *La Cité de Dieu*, 11, 4-8 ; 11, 21 ; et 12, 12-15.

n'examine pas les sens de cette spéculation. Il reste qu'en ajoutant ces pensées concernant l'éternité, il élargit la portée du dialogue par un surcroît d'attention aux dimensions spirituelles, voire célestes du temps.

Hieromnime, nous l'avons noté, parle peu dans la première édition. L'édition augmentée invite Tyard en tant qu'auteur du dialogue à accorder plus de poids au rôle d'Hieromnime et à traiter plus en profondeur du rapport entre le temps et les écrits bibliques. Par exemple, en attribuant une date au déluge, Hieromnime fait allusion au récit apocryphe d'*Énoch* et justifie l'attribution de cinquante-deux semaines à l'année. Plus loin, ses propos sur la semaine sont liés à l'histoire biblique : la création du monde en six jours (346v°-347r°) ; la célébration du septième jour ou sabbat, « honoré du nom de repos de Dieu » (347r°) et commémorant la résurrection du Christ (347r°) ; l'importance du vendredi, qui rappelle le sacrifice du Christ (347r°). Finalement, nous l'avons noté, les désaccords entre le calendrier solaire et le calendrier lunaire créent des lacunes à combler ; c'est pourquoi, dans le but d'harmoniser les deux calendriers, les Grecs ajoutèrent onze jours ou épactes au calendrier solaire et sept années ou embolismes, ce qui signifiait treize mois supplémentaires. Ainsi, selon l'astronome grec Méton, il fallait un cycle de dix-neuf ans pour calibrer ces calendriers correctement.

Hieromnime ne s'oppose guère aux calculs mathématiques du Solitaire, mais il insiste pour les situer par rapport à l'histoire et à la pratique religieuses. Interprétant le choix de dix-neuf comme étant le nombre d'or, il attribue ce changement au schisme, survenu à propos de la datation de Pâques, entre calendrier grec et calendrier romain. Au concile de Nicée, Pâques n'était pas désigné comme date fixe mais devait avoir lieu le premier dimanche suivant la pleine lune pascale, lors de l'équinoxe de printemps, habituellement le 21 mars. Selon Hieromnime, les Grecs, ou ceux qui s'accordaient avec le primat d'Alexandrie, faisaient débuter le cycle lunaire de dix-neuf ans lors de la première année suivant le Concile. Les Romains comptaient cette année comme étant la dix-septième. En outre, l'ajout de l'embolisme contenant le mois intercalaire dérangeait ce calcul. Par exemple, l'embolisme placé à la fin du calendrier, c'est-à-dire après février, devenait le premier mois de l'année, déplaçant ainsi le mois de mars comme mois prévu pour l'équinoxe de printemps. Selon le bref résumé d'Hieromnime, « le mois premier destiné à la celebration de la feste, fut dernier aux Grecs » (361v°). Scève et le Solitaire ensemble explorent les événements récents relatifs à cette question. Selon Scève, l'Église de Rome élude le problème en reliant la datation des années à des événements survenus dans la vie du Christ (361v°). Le Solitaire remarque que l'Église de Rome a abandonné le « chastiable desordre » (361v°) infligé par les calculs de Méton. Scève est d'accord sur ce point ; grâce aux efforts des mathématiciens et astronomes à venir, il s'attend à ce que de nouvelles preuves rendront « le nombre d'Or, les Epactes, et tout le Calendrier, ridicule et sans aucun usage » (362r°).

Au cours de cette discussion, Hieromnime revient à l'autorité des sources bibliques. Puisant dans la *Genèse*, il note que Dieu créa le monde le quatrième jour, associant le Soleil avec la clarté du jour et donnant à la nuit la luminosité de la Lune (362v°). Toutefois, si la Lune illuminait la nuit, ce dut être une pleine lune placée au milieu du mois. Donc, il faut ajouter onze jours aux quatre afin que soit créée une lune lumineuse le 15, temps prévu pour la pleine lune de ce mois. Voilà, propose-t-il, ce qui explique l'invention des épactes ou onze jours ajoutés au calendrier lunaire grec pour le rendre conforme à la durée de la révolution de la Terre autour du soleil (363r°). Le Solitaire, de son côté, établit un rapport entre récit biblique et récit mythologique. Les Égyptiens attribuaient 360 jours à leur année lunaire. Grâce à l'intervention de Mercure, cinq jours y furent ajoutés. Rhéa ayant dormi avec Jupiter, la jalousie du Soleil fut éveillée. Elle promet de dormir avec Mercure, gagnant dans ses jeux avec la Lune qui, en échange, gagne le 72e d'une journée du calendrier lunaire ou cinq jours supplémentaires équivalant approximativement à un ajout de cinq jours aux 365 jours du calendrier solaire. Scève réconcilie entre eux ces différents récits, observant que « [v]oila [...] deux bons tesmoignages, pour authorizer l'ancienne invention de ces deux Embolismes » (363v°).

En dépit de leur insistance sur les dimensions bibliques de la mesure du temps, les ajouts à l'édition en question apportent un surcroît de renseignements contemporains sur la réforme du calendrier. Ainsi, plus tôt au cours du dialogue, le Solitaire observe une différence dans les heures de lumière du jour, différence expliquée par les changements de position de la Terre et du soleil (340r°-341r°). En théorie, les journées sont de longueur égale ; mais en pratique l'observation humaine fondée sur les mouvements planétaires justifie une définition tenant compte de journées inégales mesurées selon la durée de la lumière solaire. Toutefois, la discussion ne néglige nullement les implications bibliques. Le Solitaire déclare que les Perses et les Grecs commençaient leur journée au coucher du Soleil, et que le jour et la nuit, tels que définis par la durée de la lumière solaire, variaient selon les saisons (342r°). Hieromnime met fin à la discussion par une référence biblique, disant que le jour commence à minuit lorsque « JESUS-CHRIST print naissance » (342v°). Enfin, tentant de démontrer l'importance de l'embolisme, le Solitaire relate les controverses ayant trait à la longueur d'une année telle que proposée par Hipparque, Ptolémée, Méton, Entemon (ou Euctémon), Callippe, Aristarque et Copernic. Hieromnime ne laisse pas de contredire ce discours à coups d'allusions bibliques, justifiant le début de l'année cumulativement comme l'arrivée du printemps, le moment du déluge, Pâques, et la passion ainsi que la résurrection du Christ (367v°).

Dans cette édition, les références bibliques élargissent les dimensions encyclopédiques du dialogue, et l'on peut considérer l'édition de 1578 comme une extension de celle de 1556. Le texte ajoute des compléments d'information, reflétant l'intérêt de Pontus pour les sciences mais également son rôle ecclésiastique. Dans le domaine scientifique, il était conscient de la divergence entre le nombre traditionnel de jours constituant l'année solaire ou tropique (365 jours et quart) et de la véritable valeur de l'année en voie d'être calculée et recalculée (par exemple, 365 2422 jours en 1582)[42]. En outre, la datation de Pâques, encore indéterminée, devenait de plus en plus problématique, et dans ce texte Pontus aborde cette complexité. Il savait que le calendrier nécessitait la réforme que le pape Grégoire XIII promulgua finalement en 1582 afin d'adapter la célébration de Pâques à la datation décrétée par le Concile de Nicée[43]. Étant donné qu'au cours des décennies 1560 et 1570 les astronomes discutaient des rapports si inexactement définis entre la longueur de l'année solaire ou tropique et celle, traditionnelle, de l'année telle que définie par le calendrier romain[44], il convenait que les conférences de Tyard à l'Académie d'Henri III fussent consacrées aux problèmes du calendrier et de la datation de Pâques. Tyard ne va pas jusqu'à réclamer une réforme ; mais les contradictions entre les données empiriques et

42 E. G. Richards, *op. cit.*, p. 250-251.

43 R. J. Sealy, *op. cit.*, p. 103-104.

44 E. G. Richards, *op. cit.*, p. 244-245.

l'autorité et l'interprétation scripturales faisant obstacle à une harmonisation de l'observation scientifique avec la pratique religieuse, le dialogue augmenta en longueur.

SCEVE OU DISCOURS DU TEMPS, DE L'AN, ET DE SES PARTIES
(PARIS, ABEL L'ANGELIER, 1587)

Devenu évêque de Chalon-sur-Saône en 1578, Tyard assuma ses responsabilités pastorales avec diligence et sincérité[45]. Il s'établit à Chalon, prit charge de ses fonctions administratives et s'efforça de concilier la doctrine et la pratique de l'Église avec les tensions causées par les réclamations protestantes. Durant cette période, la publication des *Homilies, ou discours sur l'oraison dominicale, escrite au 6 de S. Matthieu et 11 de S. Luc* (1585), des *Homilies ou contemplations sur la passion de nostre sauveur Jesus Christ* (1586), et des *Homilies sur la premiere table du decalogue* (1588) témoigne de l'attention de Tyard à ses devoirs épiscopaux et prouve chez lui une croissance spirituelle nourrie par son savoir philologique humaniste et sa lecture contemplative des textes bibliques. Selon l'expression d'Eva Kushner, il va au-delà de la ferveur post-tridentine et, en tant que prédicateur dans son diocèse, il approfondit le mystère du sacrifice et du salut. Le Christ devient sa Muse[46]. La foi en Dieu l'emporte chez Tyard sur sa loyauté vis-à-vis du roi et de l'Église en tant qu'institution ; une sérénité spirituelle s'instaure en lui, faisant taire la clameur du mécontentement politique et des dissensions religieuses. Mais malgré (ou outre) ce surcroît d'attention à sa propre croissance spirituelle, Tyard ne cesse de réviser ses différents dialogues portant sur la poésie, la musique, le temps, les sciences naturelles, et les réunit en un volume collectif publié sous le titre de *Discours philosophiques* (1587).

Cette édition est enrichie par de nouvelles informations qui la rendent plus englobante et reflètent la nouvelle direction des intérêts de Tyard. Par exemple, dans l'édition de 1556, Tyard en tant qu'interlocuteur décrivait le rapport entre les saisons et les humeurs ; dans l'édition de 1578 il étend la description des saisons aux mouvements planétaires (339r°-v°). Dans la troisième édition, il élargit le débat en y introduisant des points de vue différents sur le nombre des saisons. Plutôt que de diviser l'année en printemps, été, automne et hiver, il énumère les

45 K. M. Hall, *op. cit.*, E. Kushner, *Pontus de Tyard*, p. 70-101.
46 E. Kushner, *ibid.*, p. 84-85.

six saisons du calendrier lunaire hébraïque : 1. Zeragh, la saison des semailles en septembre et octobre, 2. Horeph, la première période hivernale de novembre et décembre, 3. Kor, la seconde période d'hiver en janvier et février, 4. Katir, saison de la moisson en mars et avril, 5. Koits, la première période d'été en mai et juin, 6. Chom, la période estivale plus chaude en juillet et août (339r°-340v°). En outre, les six saisons forment quatre divisions au cours de l'année, car les Hébreux divisaient l'année en quatre parties égales de quatre-vingt-onze jours qui à leur tour égalent 365 jours plus six heures (340r°). Toutefois, le nombre des saisons demeure problématique. Les Grecs désignaient trois saisons (printemps, été et hiver), fusionnant l'automne avec la fin de l'été et le début de l'hiver. Par la suite, ils définirent l'automne comme valant deux saisons, divisant ainsi l'année en cinq saisons : printemps, été, Opora (cueillette des fruits), Metapora (saison de la moisson) et hiver (340r°). Pour finir, les Latins ajoutèrent une cinquième saison, Brume ; les Africains séparèrent l'année en hiver et été, et les habitants de l'Inde la divisèrent en deux printemps et deux étés (340r°).

Des ajouts supplémentaires continuèrent à modifier les énoncés des éditions précédentes. En définissant la longueur du jour, Tyard avait condensé les différences proposées par les Égyptiens, les Grecs et les Romains tant sur le plan des mesures que sur celui de la classification. Mais, dans la troisième édition, il inséra la définition hébraïque de la journée divisée en quatre parties égales : 1. depuis le crépuscule jusqu'à minuit, 2. de minuit jusqu'à l'aube, 3. de l'aube à midi, 4. de midi au crépuscule. De plus, en utilisant l'ambiguïté de Janus pour décrire la nature de janvier, il ajoute les mots *clusius* et *patulcius*, reflétant la nature de ce mois qui respectivement clôt une année et introduit la suivante (350r°).

C'est à la fin du dialogue que survient l'ajout le plus substantiel. En réponse à la question de Scève concernant la longueur de l'année, le Solitaire fait appel aux observations récentes de Nicolas Copernic (365r°-367v°). Différents calculs sont en désaccord mutuel. Selon une des déterminations, la longueur de l'année est de 365 jours, cinq heures, 55 minutes et 53 secondes ; selon une autre, elle est de 365 jours, cinq heures, 42 minutes et 38 secondes. Tyard identifie les problèmes créés par cet écart : 1. la constatation empirique est en conflit avec la définition théorique de l'année comme étant de 365 jours et quart ; 2. un surplus d'un jour tous les quatre ans ne rémédie pas aux lacunes intermédiaires ; 3. les dates des équinoxes ne sauraient être fixées définitivement ; et 4. il faudrait réajuster le nombre des années bissextiles, mais le compte des années bissextiles à réduire changera selon la longueur de l'année telle qu'elle est déterminée par l'observation. Tyard n'est pas en mesure de résoudre les contradictions parmi les données empiriques ou de fixer les dates des équinoxes. En fait, la différence de treize minutes et quinze secondes qui sépare les deux définitions de l'année « oste aux entendemens humains la puissance, de chastier, et reduire le point des æquinoxes, en quelque constante certitude [...]. » (365r°)

Du fait que le concile de Nicée avait placé la fête de Pâques au premier dimanche après la première pleine lune suivant l'équinoxe de printemps, il fallait, pour lui attribuer une date, concilier le calendrier julien qui fixe la date de l'équinoxe de printemps au 21 mars avec le calendrier astronomique fondé sur les mouvements lunaires. Grâce aux efforts que fit le pape Grégoire XIII[47] en 1582 en vue de réformer le calendrier et de calculer la date de Pâques, l'utilisation de nombres d'or et d'épactes permit d'atteindre à plus d'exactitude dans la détermination de cette date. Tyard n'examine guère ces réformes. Il met plutôt en doute la pertinence des nombres d'or ou épactes ou « autre invention » pour déterminer la durée des cycles lunaires et pour parvenir à une datation exacte de Pâques. Il observe que la situation géographique affecte la date de l'équinoxe, et que les écarts de longitude peuvent retarder d'une semaine la célébration de Pâques dans certaines régions. Scève ne nie pas les preuves, mais note à quel point il est difficile de définir le temps pleinement et exactement (366v°). Hieromnime confirme ces incertitudes, affirmant qu'il existe des phénomènes inexplicables. Le Solitaire avait déjà admis auparavant que certaines observations défient la compréhension humaine ; Hieromnime considère les tentatives pour explorer de tels mystères comme des efforts pour « desrober à Dieu ses hauts secrets, pour les tirer ça bas » (366v°). Prenant Prométhée comme exemple, il traite ces tentatives d'actes de « superbe curiosité » (366v°) attirant la rétribution divine. Une question en provoque une autre, et observations et hypothèses, en se multipliant, mènent à la confusion. Bref, à en croire Hieromnime, « Dieu s'est particulierement et uniquement reservé la cognoissance de l'entiere science de la verité des mouvemens celestes [...]. » (367r°)

47 E. G. Richards, *op. cit.*, p. 239-256.

En dépit des pensées réalistes de Scève sur les limites de la compréhension humaine, et à l'encontre du rappel par Hieromnime du besoin de respecter la volonté divine, le Solitaire continue à chercher des moyens efficaces de mesurer la chronologie. Dans l'édition de 1556 qui expose la variation des dates marquant le début du nouvel an, Scève décrit le calendrier arabe dans lequel celui-ci commence par la fuite de Mahomet en 593 (367r°). Dans l'édition de 1587, en reliant le mot « Alhegere » ou année au mot « Legira » ou fuite, Scève introduit la notion d'ères où les événements font partie d'un cycle défini par des faits majeurs tels que la naissance du Christ, une dynastie, ou une série de règnes. Le saut philologique depuis « Alhegere » jusqu'à « Legira », qui à son tour suggère la notion d'« Æra » ou ère, relie la notion du temps à celle de la monnaie. À Rome, le bronze était utilisé pour la fabrication de « MONETA ÆREA » ou « monnoye d'airain » (367v°) et des tables chronologiques, « Æreæ tabulæ » (367v°) ou « tables d'Airain », mettaient en relation monnaie et chronologie. Ainsi, l'abréviation Æra 100 figurant sur une pièce de monnaie signifie l'année 100 de l'ère augustinienne.

L'insertion de ces données témoigne de l'enrichissement du savoir de Tyard concernant le temps et les méthodes utilisées pour le mesurer. Il éclaircit également le sens de certains passages des éditions précédentes. Par exemple, l'édition de 1556 fait état de temps disparus et d'ères aboutissant à la destruction et à la mort. Dans l'édition de 1578, par ailleurs, Hieromnime considérait le printemps comme le début de l'année et attribuait de tels événements à différentes ères : le grand déluge relaté dans la *Genèse*, la fuite des Juifs hors de leur servitude égyptienne, et la passion et la résurrection de Jésus. Ainsi, les données nouvelles fournies par la troisième édition aident Tyard à créer un traité complémentaire aux visées encyclopédiques des *Discours philosophiques*. Mais ce n'est pas sans causer de nouvelles contradictions : le nombre de saisons variant selon les calendriers respectifs ; les observations de Copernic variant entre elles ; données contradictoires parmi les longitudes ; efforts persistants ne réussissant pas à établir un calendrier conséquent et mettant en doute la capacité humaine à mesurer le temps adéquatement. La discussion concernant la notion des ères, qui passe de la culture arabe à la monnaie romaine, exige que le lecteur sache lui-même concevoir le rapport entre le sens du vocable et la réalité pratique de la mesure du temps. Dans l'édition de 1556, en présentant la variété des calendriers et de leurs défauts, Tyard avait subtilement mis en doute la capacité de la raison humaine de savoir réconcilier les réalités astronomiques du mouvement planétaire avec le besoin quotidien d'établir un ordre parmi les activités de la vie. Quelques-unes de ces inconséquences furent résolues à l'aide du calendrier julien et, dans les éditions de 1578 et de 1587, celle du calendrier grégorien. Il reste que le scepticisme de Tyard s'intensifie considérablement dans l'édition de 1587. Les démonstrations contradictoires affectent les calculs et empêchent le raisonnement humain d'accéder à un calendrier infaillible, capable de réconcilier mouvements planétaires et activités humaines.

C'est pourquoi, dans son état d'esprit en tant qu'évêque de Chalon, Tyard doute plus profondément qu'auparavant de l'efficacité du raisonnement humain et, en conséquence, fait plus intensément confiance à une foi qui transcende les institutions politiques et ecclésiastiques[48]. La discussion figurant dans l'édition de 1556 met en vedette, nous l'avons fait observer, les échanges entre le Solitaire et Scève. Bien qu'Hieromnime devienne un interlocuteur plus actif dans la seconde édition, c'est dans l'édition finale que le débat semble centré autour du Solitaire, qui cherche à comprendre le fonctionnement de la mesure du temps, aussi bien que d'Hieromnime, qui perçoit l'idée du temps comme un aspect du mystère divin. En fait, le Solitaire ayant présenté des données empiriques en contradiction les unes avec les autres, c'est Hieromnime qui a le dernier mot. Les découvertes scientifiques ne manqueront pas de se poursuivre, et les astronomes, selon lui, reconnaîtront « tousjours des nouveaux mouvemens, qui n'avoient encor esté bien apperceuz, tellement que la nouvelle apparence de l'un, confond la resolution des autres precedens » (367r°). À coup sûr, « quelque doctrine suffisante pour le necessaire usage de leur vie » (367r°) facilite l'activité humaine ; il n'en reste pas moins que la signification du temps échappe à la compréhension de l'homme et qu'elle est fondamentalement liée à l'harmonie cosmique et à la volonté divine.

À bien des égards, l'attitude d'Hieromnime reflète la position intellectuelle de Tyard qui, en tant qu'évêque de Chalon, aspire avant tout à une satisfaction d'ordre spirituel. Les mystères du cosmos transcendent les aspirations humaines qui cherchent à les comprendre : il

48 K. M. Hall, *op. cit.*, p. 136-171.

le sait. Mais en tant qu'auteur de dialogues et d'écrits aux dimensions encyclopédiques, il ne peut négliger la signification du savoir. Tout en rédigeant ses homélies, il révisait les dialogues destinés à être publiés sous le titre de *Discours philosophiques* ; et le *Discours du temps, de l'an, et de ses parties* (1578) reçut le titre nouveau de *Sceve ou discours du temps, de l'an, et de ses parties* (1587).

L'introduction du nom de Scève dans le titre pourrait s'avérer symptomatique de l'idée tyardienne du temps. Au lieu d'être l'adversaire principal, Scève en tant qu'interlocuteur assume, dans la troisième édition, le rôle d'intermédiaire entre le Solitaire et Hieromnime. Au sein de l'édition de 1587, Tyard n'attribue à Scève qu'un seul propos significatif : « Il faut donc (respondit Sceve) se contenter des corrections approchantes la verité le plus pres que l'on peut en l'an politique, puis qu'il est impossible ou tant difficile de rencontrer une parfaicte et exacte reformation » (366v°). La brièveté de cette intervention met en question l'importance de la révision du titre. Toutefois, Scève intervient en tant que personnage tentant de réconcilier les prises de position du Solitaire et d'Hieromnime. Comme le Solitaire, Scève s'avère être, dans les deux premières éditions, contributeur actif au rassemblement de données sur les problèmes et les pratiques de la mesure du temps, ajoutant ses pensées sur les calendriers, l'astrologie, les mouvements planétaires. Mais il situe aussi ces données scientifiques dans le contexte de l'harmonie cosmique. Ainsi, dans la première édition, il déclare que le temps et le ciel sont inextricablement liés ; et, dans un passage de la troisième édition qui lui est attribué, il examine le sens des deux groupes de douze heures dans leurs rapports au mouvement solaire ainsi qu'au nombre de mois dans l'année et aux signes du zodiaque (340v°-341r°). Scève n'attribue pas à Dieu la création et le maintien de cette harmonie cosmique, mais il ne conteste pas la pensée d'Hieromnime concernant le temps comme aspect du mystère divin. En fait, dans la troisième édition, son rôle est complémentaire de celui du Solitaire qui présente des données empiriques vérifiables mais en conflit les unes avec les autres ; et de celui d'Hieromnime qui conçoit le temps comme faisant partie d'un dessein divin que la raison humaine est capable d'apprécier sans le comprendre tout à fait.

C'est dire que l'édition finale du texte présente l'état le plus complet de la pensée de Tyard sur le temps, sur l'évolution des perspectives le concernant et les méthodes employées pour le mesurer. Sachant que les ajouts à la première édition permettent de suivre la progression de cette croissance intellectuelle il faut noter que l'édition de 1587 englobe l'interprétation de celles de 1556 et 1578, tout en la changeant. Le texte final offert au lecteur consiste donc en trois structures thématiques dont chacune correspond à son édition d'origine : 1. une compilation fondée en première instance sur des textes humanistes de l'Antiquité et du début du XVIe siècle (1556) ; 2. une définition du temps reflétant des aspects de l'harmonie cosmique ; et 3. une position sceptique à l'égard de la validité de données empiriques faisant obstacle à la croyance en l'origine divine du temps et de ses mouvements. Toutefois, la conclusion demeure la même dans l'ensemble des trois éditions, laissant soupçonner la diversité et l'étendue de cette vision. À la fin du dialogue, l'arrivée des musiciens pousse les interlocuteurs à mettre fin au débat afin de se consacrer aux réjouissances. C'est là une conclusion traditionnelle ; et si tant est que dans l'édition de 1556 Tyard rassemble des données textuelles provenant de sources tant antiques qu'humanistes de première heure, il est permis de supposer qu'il songe ici à des fins de dialogues platoniciens et cicéroniens[49]. La présence de la musique rappelle également l'importance de l'harmonie cosmique, de plus en plus significative au cours de la seconde édition. Mais l'exécution de la musique exige aussi une familiarité technique avec « le chanter et jouer d'instrumens Musicaux » (368v°). Ces indulgents traits humains rejoignent la vision de l'harmonie qui, en accord avec la définition élargie de la musique s'exprimant dans le *Solitaire second*[50], scelle l'alliance du plaisir et du savoir philosophique. Mais cette expérience de l'harmonie est fragile, et le passage du temps et le changement de circonstances mettront fin à cet interlude. C'est ainsi qu'un paradoxe se fait jour dans l'édition finale. Le Solitaire prend connaissance des problèmes et des aspects pratiques du calcul du temps mais n'appréhende pas pleinement les dimensions et le dynamisme de celui-ci. Hieromnime, de son côté, n'accepte pas la scientificité de la mesure du temps qui à ses yeux n'est autre que l'expression de l'harmonie cosmique figurant le dessein de Dieu. Le rôle intermédiaire de Scève entre ces deux prises de position

---

49 Voir, par exemple, Platon, *Le Banquet*, 187 et *La République*, 400c-403c ; Cicéron, *Tusculanes*, 1, 25, 62. Voir aussi Tyard, *Le Premier Curieux*, éd. J. Céard, p. 180-181.

50 *Solitaire second*, f. 127 v°, éd. Philippe Vendrix, *Œuvres complètes*, II, 2.

suggère qu'une délicate dialectique est concevable. Mais aucun des trois interlocuteurs n'atteint à cette récompense épistémologique : en dépit de tous les efforts et de toutes les capacités de l'être humain, ses limites conduisent au doute et se heurtent au conflit entre les aspirations de sa raison et la réalité du mystère divin.

LES SOURCES

En écrivant *Sceve ou discours du temps*, Tyard s'avère à la fois original et éclectique. Ainsi que nous l'avons montré, les trois éditions reflètent le changement de ses attitudes à l'égard de la mesure du temps et de la formulation du calendrier. Il réussit cependant à intégrer ces idées changeantes et ce supplément d'information dans un dialogue qui tente de concilier en détail réalités astronomiques et nécessités sociales. Les données empiriques se heurtent aux croyances spirituelles, et la discussion combinant savoirs nouveaux et besoin de les interpréter laisse entrevoir le potentiel mais aussi les limites du savoir humain. Pour décrire cette lutte, Tyard doit fournir aux interlocuteurs des faits à examiner, débattre, accepter ou rejeter. C'est dire qu'à bien des égards son activité encyclopédique doit surtout son originalité à l'art avec lequel il dispose l'information provenant de sources antiques, médiévales, et humanistes. C'est pourquoi Kathleen Hall a pu caractériser les *Discours philosophiques* comme « une anthologie, une mosaïque de passages traduits[51] ». Non sans ressemblance avec Montaigne qui ne se prive pas de citer ou paraphraser des passages provenant d'auteurs classiques ou contemporains, Tyard déclare dans *L'Univers* (1557) que « malaisément pouvons-nous rien discourir, que par redites, et imitations de ceux qui nous ont precedez, et desquels les œuvres sont encores entre noz mains[52] ». Ainsi, en rassemblant et restituant les données relatives au calendrier, il a conscience de puiser à des sources ayant autorité pour exposer les problèmes liés à la compréhension du temps, aux moyens de le mesurer, aux

51 K. M. Hall, *op. cit.*, p. 60 (passage traduit par Eva Kushner) : « *It is now well known that the* Discours philosophiques *are an anthology, a patchwork of translated passages which would nowadays be called plagiarisms* ».

52 *Le Premier Curieux*, éd. J. Céard, p. 60.

difficultés survenant lorsqu'il est question d'adapter la connaissance des mouvements planétaires aux exigences de l'organisation humaine.

Dans sa substance comme dans sa disposition le dialogue suit deux textes : *De die natali liber* (238) du grammairien romain Censorinus (mort en 53 av. J.-C.) ; et *De annis et mensibus, cæterisque temporum partibus* de l'humaniste italien Lilio Gregorio Giraldi (1479-1552). Chacune de ces deux sources décrit les différences entre éternité et temporalité et montre la difficulté de mesurer les heures, les jours, les mois, et l'année. Cependant, les deux textes répondent à des objectifs différents qui déterminent et font diverger leurs arguments respectifs. Censorinus écrivit son traité en guise de cadeau à son ami Quintus Cærellius ; il souhaitait y décrire l'origine, la nature, et les fonctions des anniversaires[53]. De toute évidence, les sujets tels que la conception, la grossesse, le fœtus et son développement dans le sein maternel ne sont pas caractéristiques de Tyard. Giraldi, comme Tyard, se borne à définir la nature du temps et des moyens de déterminer ses dimensions.

À bien des égards, l'examen de la chronologie chez Giraldi est parallèle à celui de Tyard ; le titre même du dialogue tyardien, *Discours du temps, de l'an, et de ses parties*, paraphrase celui du traité de Giraldi, intitulé *De annis et mensibus, cæterisque temporum partibus*. De plus, contrairement à Censorinus, Giraldi et Tyard concentrent leur attention sur la difficulté de mesurer le temps avec exactitude et, en tant qu'encyclopédistes, ils assemblent des données pertinentes. Il reste que ces trois auteurs analysent les complications faisant obstacle à la détermination de la longueur de l'année et font état des réformes proposées par les Grecs et par Rome. Toutefois, Giraldi admet parfois comme source de son information le traité de Censorinus, publié pour la première fois en 1497, réimprimé en 1498 et en 1500, et huit fois au cours du XVIe siècle[54]. Il est donc concevable que le texte de Giraldi ait pu servir de moyen intermédiaire pour faire apprécier le traité de Censorinus. Ainsi, décrivant l'éternité, Tyard définit l'*ævum* comme étant « tout un, [...] un estat eternel, [...] sans passé, present, ny advenir » (336r°). Giraldi propose également de telles idées, qu'il doit à Censorinus :

> *Est autem Ævum, ut Censorinus scribit, tempus unum maximum sine origine, sine fine, quod eodem modo semper fuit, semperque futurum est, neque ad quenquam hominem magis quam ad alterum pertinet*[55].

53 Censorinus, *De die natali*, Lyon, François Le Preux, 1593.

54 Lilio Gregorio Giraldi, *De annis et mensibus*, Bâle, M. Isingrinius, 1541, p. 1.

55 Giraldi, *De annis et mensibus*, *op. cit.*, p. 1-2. Voir Censorinus, *De die natali*, 17, 1-6.

On ne saurait toutefois sous-estimer la pertinence des pensées de Giraldi en ce qui concerne les descriptions tyardiennes du temps. Censorinus, Giraldi et Tyard lui-même parlent de la fluidité du temps fusionnant les perspectives passées, présentes et futures ; mais Giraldi et Tyard étendent cette notion jusqu'à inclure la circularité des mouvements planétaires ou l'image du cercle. Enfin, Giraldi et Tyard abordent des sujets omis par Censorinus : par exemple, la définition du jour par les Babyloniens, les Athéniens et les Juifs ; le rapport entre les saisons et les humeurs ; les distinctions entre les calendes, les nones et les ides qui facilitent la datation des jours dans le mois ; les étapes de la course du soleil coïncidant avec les signes du zodiaque.

L'éclectisme de Tyard va au-delà de ces emprunts à Censorinus et à Giraldi. Le traité d'Alessandro Alessandri (1461-1523), *Genialium dierum libri sex* (1539), contient des renseignements que Censorinus et Giraldi avaient notés et que Tyard reprend : 1. les différences entre la journée naturelle et la journée civique, ainsi que la division de la nuit en quatre parties, 2. la signification des noms de mois, 3. l'histoire du calendrier romain et des réformes de celui-ci. En dépit de la similitude des textes, Tyard semble utiliser le traité d'Alexandre comme source supplémentaire dans trois domaines. Tyard et Alexandre décrivent les qualités magiques de certains jours, racontant défaites et victoires militaires, décès, et infortunes (334r°-345r°). Cicéron, Plutarque et Diodore de Sicile ne relatent que partiellement ces événements, tandis qu'Alexandre en donne des listes et récits complets ; et Tyard suit la disposition de celui-ci. Alors que Censorinus et Giraldi analysent l'étymologie d'avril comme dérivant d'*aperire* (ouvrir), ce qui indiquerait le début d'une création nouvelle[56], Tyard intègre cette origine dans sa description du mois, mais ne manque pas, en outre, d'associer celui-ci avec Néron qui en son propre honneur l'avait nommé « Neronnée » (351v°). Alexandre fait également état de cet élément[57]. Tyard tient

56 Giraldi, *De annis et mensibus*, *op. cit.*, p. 76 ; Censorinus, *De die natali*, *op. cit.*, 22, 11. Voir Varron, *De lingua latina*, 6, 4, 33 ; Ovide, *Les Fastes*, 4, v. 87-90 ; Virgile, *Géorgiques*, 1, v. 217 ; Plutarque, *Numa*, 19, 2-4 ; Macrobe, *Saturnalia*, 1, 12, 14 ; Isidore, *Etymologiæ*, 5, 33, 7 ; Bède, *De temporibus liber*, *op. cit.*, 6, et Bède, *De temporum ratione, Bedæ Opera de temporibus*, éd. Charles W. Jones, Cambridge, Mass., Mediæval Academy of America, 1943, 12.

57 Alessandro Alessandri, *Genialium dierum libri sex*, Paris, C. Guillard, 1539, f. 77r° (3, 24).

également compte d'éléments astronomiques cités par Alexandre mais ne figurant ni chez Censorinus ni chez Giraldi : 1. besoin d'une année intercalaire dans le calendrier lunisolaire, 2. place du Quintil dans le calendrier formulé par Romulus, 3. tentatives de la part des Siciliens de soustraire un ou deux jours du mois solaire afin de faire place à la lunaison, et 4. observance du solstice d'été par les Grecs en tant que début de l'année.

Outre les textes de Censorinus, Giraldi et Alessandro Alessandri, plusieurs traités médiévaux semblent enrichir le dialogue tyardien. Comme fera Tyard, Macrobe, dans ses *Saturnalia*, décrit les problèmes posés par la définition et le calcul du temps, le nombre de mois dans l'année, le sens des *Horæ*, la définition de la journée, le sens étymologique des noms de mois, et les différences entre les divers calendriers. Saint Isidore de Séville dans ses *Etymologiæ*, et Bède dans *De temporibus liber* et dans *De temporum ratione*, répètent une partie considérable de ces données, tandis que Tyard s'appuie plutôt sur elles pour parler de l'influence des saisons sur les humeurs, pour proposer différentes définitions du jour selon l'emplacement géographique, pour relater les réformes des calendriers grec et romain et pour indiquer divers sens du mot *æra.* Comme Tyard, ces différents encyclopédistes du Moyen Âge compilaient des données déjà présentes chez les auteurs antiques, et il est concevable que Tyard ait puisé directement ou indirectement dans ces encyclopédies médiévales, mais en outre chez Platon, Aristote, Varron, Cicéron et Plutarque, et qu'il ait recueilli des faits historiques chez Tite-Live, Suétone, Dion Cassius, Diodore de Sicile et Philon. On ne saurait donc exclure la possibilité de la présence de telles sources dans la réflexion tyardienne sur le temps.

Le texte, nous l'avons montré, va au-delà du genre de compilation systématique caractéristique d'une encyclopédie. C'est aussi un dialogue mettant en scène différents points de vue et différentes démonstrations. La variété des sources probables utilisées par Tyard répond aux exigences du genre, et il n'est point surprenant de voir les données prises chez Censorinus, Giraldi et nombre d'auteurs anciens, médiévaux et humanistes entrer en opposition avec les croyances cosmologiques proposées par Scève et Hieromnime. C'est sans doute la définition de l'éternité qui constitue l'exemple le plus frappant de cette contradiction. Comme Varron, Censorinus, Isidore et Giraldi, Scève dans son rôle d'interlocuteur affirme l'inséparabilité des perspectives passées, présentes et futures[58]. Néanmoins, comme Francesco Giorgio, qui dans *De harmonia mundi* compare le passage du temps à l'écoulement de l'eau[59], Scève remarque que nous « sentons couler le temps plus sensiblement que ceste eau » (336r°). De plus, il attribue à Dieu seul la compréhension de la nature du temps. Giraldi, lui aussi, conçoit Dieu comme l'auteur de la création, et puise chez *Ésaïe* sa notion du rapport entre Dieu et l'éternité. Scève et Giorgio s'accordent avec les « empiricistes » et les « encyclopédistes » pour considérer la mesure du temps et les mouvements célestes comme mutuellement inextricables ; mais c'est à la prescience divine qu'ils attribuent cette situation. Scève admet que « la variation et les effets du Temps ne nous sont cogneus » (337v°). Giorgio partage cette perspective et, citant des passages des *Proverbes* et de l'*Ecclésiaste*, il met en opposition les opérations divines et les limites humaines[60].

On ne saurait nier que la pensée de Giorgio ait exercé un certain impact sur celle de Tyard en ce qui concerne l'éternité et le commencement du temps. Toutefois, les constatations de Platon sur la création dans le *Timée*, sur les distinctions entre éternité et chronologie dans *La République* et sur la fluidité du temps dans le *Parménide*[61] réapparaissent dans le traité de Giorgio et dans le dialogue de Tyard[62]. Malgré l'importance de la pensée de Platon transmise par les traductions et les commentaires de Ficin sur ces dialogues, Hieromnime insiste sur les allusions bibliques citées par Giorgio et suggérées par Scève. Mettre en opposition les différences entre chronologie et éternité, c'est aussi, à ses yeux, établir une distinction entre les problèmes politiques et économiques du moment et la pérennité de la gloire divine. Toutefois, ces deux modes d'existence sont liés entre eux, et les allusions bibliques élargissent et enrichissent le dialogue. La manière dont Hieromnime présente l'histoire de Noé et du déluge selon la *Genèse* illustre cette conviction. Grâce à l'inspiration divine, Noé apprend le moyen de sauver son peuple ; et c'est ainsi que l'immortalité de Dieu triomphe de la faiblesse des efforts humains. En

58 Varron, *De lingua latina*, 6, 2, 11 ; Censorinus, *De die natali*, 16, 4 ; Isidore, *Etymologiæ*, 5, 38, 4 ; Giraldi, *De annis et mensibus*, p. 2-3.

59 Francesco Giorgio, *De harmonia mundi*, Paris, Andrea Berthelin, 1545, 2, 1, 10.

60 *Ibid.*, 1, 1, 10.

61 Platon, *Timée*, 37d-38b ; *La République*, 608d ; *Parménide*, 141a-e, 151e-153b.

62 Giorgio, *De harmonia mundi*, 1, 2, 10.

conséquence, le récit que Hieromnime emprunte à l'Ancien Testament confirme la distinction entre le mystère de l'éternité associé à Dieu et l'indéniable réalité du temps qui conduit l'homme à la « ruine du miserable corps » et au « dechet de vieillesse caduque » (338v°).

Les éditions de 1578 et 1587 reflètent l'approfondissement du développement spirituel de Tyard et de ses intérêts ecclésiastiques ; et le nombre des allusions bibliques et de leurs interprétations confirme l'utilisation de ces sources. C'est ainsi que pour expliquer la mesure du temps relatif à la vie de Noé Tyard se sert du livre apocryphe d'*Énoch* qui, par l'intermédiaire d'un message de l'ange Gabriel, attribue cinquante-deux semaines à l'année. Hieromnime développe cette donnée et, se fondant sur des passages scripturaux pertinents, calcule que chaque année compte douze mois. Isidore et Bède avaient déjà remarqué ce fait (338r°)[63]. Toutefois, Tyard insiste sur les dimensions bibliques de ces phénomènes, s'appuyant sur des commentaires de *Genèse* 7 et 8 par Ambroise, Augustin, Bède, Alcuin et Hugues de S. Victor[64]. Ainsi, comme Bède qui dans *De temporum ratione* traite tant du nombre de jours dans le mois solaire[65] que de son analogue biblique[66], Tyard pousse Hieromnime à relier les événements de l'Ancien Testament avec la mesure du temps. Mais Hieromnime limite sa discussion des phénomènes naturels aux pensées expliquées dans l'Écriture et dans les commentaires bibliques. Il se fonde sur l'autorité de *Genèse* 1, 5 pour définir le jour comme consistant d'un matin et d'un soir (342v°). Plus loin, il réfléchit à la création par Dieu en six jours suivis d'un Sabbat (347r°), c'est-à-dire en une semaine. Isidore, Bède et Giraldi incluent ce fait dans leurs encyclopédies[67], mais le passage de

---

63 Isidore, *Etymologiæ*, 5, 36, 3, et Bède, *De temporum ratione*, 12 et 16. Voir aussi Giraldi, *De annis et mensibus*, p. 111, et Alessandri, *Genialium dierum*, f. 76r°-77r° (3, 24).

64 Ambroise, *De Noe et arca liber unus*, éd. Jacques-Paul Migne, *Patrologia Latina*, Paris, Migne-Garnier, 1841-1855, XIV, col. 389 ; S. Augustin, *Quæstiones in Heptateuchum*, éd. Jacques-Paul Migne, *Patrologia Latina*, Paris, Migne-Garnier, 1841-1855, XXXIV, col. 549 ; Bède, *Hexæmeron*, éd. Jacques-Paul Migne, *Patrologia Latina*, Paris, Migne-Garnier, 1841-1855, XCI, col. 89-92 ; Alcuin, *Opuscula exegetica*, éd. Jacques-Paul Migne, *Patrologia Latina*, Paris, Migne-Garnier, 1841-1855, C, col. 527-528 ; Hugues de Saint-Victor, *De arca Noe morali*, éd. Jacques-Paul Migne, *Patrologia Latina*, Paris, Migne-Garnier, 1841-1855, CLXXVI, col. 627-629.

65 Bède, *De temporum ratione*, 18.

66 Bède, *De temporum ratione*, 11.

67 Isidore, *Etymologiæ*, 5, 30, 9 ; Bède, *De temporum ratione*, 3 et 8 ; Giraldi, *De annis et mensibus*, p. 171.

Genèse 2, 1-2 auquel Hieromnime fait allusion est également l'objet de commentaires prolongés chez Augustin et Giorgio en relation avec la définition de la semaine[68].

En reliant le savoir ancien à l'enseignement biblique, Hieromnime reconnaît la dette d'Hésiode à l'égard de Moïse, dette que Philon et Giorgio avaient également notée[69]. Enfin, le Solitaire décrit les qualités magiques de certains chiffres (un, quatre, cinq et dix) qui, d'origine pythagoricienne, pouvaient aider à expliquer le cours de la vie quotidienne. Le Solitaire énumère ses sources comme provenant d'Hésiode et de Virgile, mais Plutarque, Pline, H. C. Agrippa commentent également cette idée (345r°)[70]. En somme, les allusions à des textes bibliques, anciens, médiévaux et humanistes mettent en relief la nature encyclopédique du texte en même temps que les complexités de la théorisation et de la mesure du temps.

Vers la fin du dialogue, où les interlocuteurs discutent de l'élimination de onze jours proposée par le pape Grégoire XIII, Hieromnime décrit la nécessité d'adapter les calendriers (362v°-363r°). Bien qu'il attribue cette idée à une déclaration de Moïse interprétée par les kabbalistes, les *Antiquités judaïques* de Josèphe ainsi que le *De harmonia mundi* de Giorgio sont également des sources possibles[71]. Tyard en tant qu'interlocuteur reconnaît la pertinence du lien perçu par Hieromnime entre les constatations bibliques et l'observation scientifique ; et, en répétant l'histoire relatée dans les *Saturnalia* de Macrobe[72], il utilise la mythologie grecque pour justifier l'ajout de cinq jours au calendrier égyptien (363r°). Ces deux comptes-rendus, qui en apparence divergent de l'explication scientifique, confirment en fait l'importance de la démonstration scientifique dans l'établissement

---

68 S. Augustin, *De Genesi ad litteram*, éd. Jacques-Paul Migne, *Patrologia Latina*, Paris, Migne-Garnier, 1841-1855, XXXIV, 4, 1 ; Giorgio, *De harmonia mundi*, 2, 3, 3.

69 Philon, *De æternitate mundi*, *Œuvres*, t. 9, éd. et trad. F. H. Colson, Cambridge, Mass., Harvard University Press, 1941, 4, 18-19 ; Philon, *Quæstiones et solutiones in Genesim*, *Œuvres*, supplément 1, éd. et trad. Ralph Marcus, Cambridge, Mass., Harvard University Press, 1953, 4, 152 ; Giorgio, *De harmonia mundi*, 1, 1, 8.

70 Hésiode, *Les Travaux et les Jours*, dans *Théogonie – Les Travaux et les Jours – Le Bouclier*, éd. et trad. P. Mazon, Paris, Les Belles Lettres, 1928, v. 768-772 ; Virgile, *Géorgiques*, 1, v. 432. Voir Plutarque, *Camille*, 19, 1-3 et *De E apud Delphos*, *Moralia*, 393a-b ; Pline, *Histoire naturelle*, 79, 347 ; Philon, *De opificio mundi*, *Œuvres*, chap. 30 à 42.

71 Flavius Josèphe, *Antiquités judaïques*, 1, 31 ; Giorgio, *De harmonia mundi*, 1, 2, 10.

72 Macrobe, *Saturnalia*, 1, 15, 1.

des calendriers ; et, grâce à l'utilisation par Tyard de sources faisant autorité, Scève se contente d'accepter ces « deux bons tesmoignages » (363v°).

Après avoir examiné le sens des *Horæ*, les trois interlocuteurs abordent le sujet de l'astrologie. Diodore de Sicile, Macrobe, Bède, Melanchthon, Giorgio, Giraldi, ainsi que des astrologues et encyclopédistes anciens et humanistes tels que Firmicus Maternus, Christophe Clavius, Gregor Reisch, Gemma Frisius et Petrus Apianus avaient commenté le zodiaque[73] ; et il se peut qu'en décrivant le calendrier astrologique Tyard se fonde sur leurs textes. Mais le sujet de la discussion passe de la mesure du temps à l'influence des mouvements planétaires sur les éléments terrestres et les affaires humaines. C'est peut-être Marsile Ficin qui dans *De vita libri tres* offre une des analyses les plus lucides de la croyance en l'influence astrologique[74] ; et nous savons que Tyard dans *Mantice* réfléchit aux problèmes, ramifications et controverses relatifs à la divination astrologique. Toutefois, dans le *Discours du temps*, il évite le débat sur l'intensité de l'influence astrologique, et concentre son attention sur le cours des planètes et de ses effets vis-à-vis de la situation humaine. Il cite comme source de son information Albumazar et Pietro d'Abano (Petrus Aponensis) (345v°), tous deux mentionnés par Ludovicus Rhodiginus dans *Lectiones antiquæ* (1542)[75]. Les mouvements célestes affectent le climat et, par conséquent, les conditions de la santé humaine expliquées par Hippocrate et Galien et réaffirmées par Ficin, Stöffler, Fracastoro et Le Roy[76]. Semblablement, en décrivant les « jours [...] tyranniques

---

73 Diodore de Sicile, *Bibliothèque historique*, 2, 30, 6-7 ; Macrobe, *Saturnalia*, 1, 21, 1-3 ; Bède, *De temporum ratione*, 39 ; Melanchthon, *Initia doctrinæ physicæ*, Wittenberg, Johannes Lufft, 1549, f. 57r°-70v° ; Giorgio, *De harmonia mundi*, 1, 6, 18 ; Giraldi, *De annis et mensibus*, p. 141-143 ; Firmicus Maternus, *Mathesis*, 2, 3 ; Christophorus Clavius, *In sphæram Joannis de Sacro Bosco commentarius*, Rome, Dominicus Basa, 1581, p. 231 ; Gregor Reisch, *Margarita philosophica*, Fribourg-en-Brisgau, J. Schottus, 1504, 7, 14 ; Gemma Frisius, *Usus annuli astronomici*, dans Petrus Apianus, *Cosmographia*, Anvers, Gregorio Bontio, 1550, f. 59r°-v° ; Georg von Peurbach, *Theoricæ novæ planetarum*, éd. et commentée par Erasmus Reinhold, Wittenberg, J. Crato, 1580, f. A3r°-v°. Voir Tyard, *Le Premier Curieux*, éd. J. Céard, p. 206, n. 129.

74 Marsile Ficin, *De vita libri tres*, 1989, 3, 6 et 3, 18.

75 Ludovicus Cælius Rhodiginus, *Lectiones antiquae*, Bâle, Aurelius et Ambrosius Froben, 1542, 14, 9. Voir Ficin, *De vita libri tres*, 3, 6 ; Henri Corneille Agrippa, *De occulta philosophia*, 2, 32 ; et Firmicus Maternus, *Mathesis*, 3, 3, 9.

76 Voir, en particulier, Hippocrate, Περὶ φυσῶν *(Des vents)*, *Œuvres*, 11 t., éd. et trad. W. H. S. Jones, E. T. Withington et P. Potter, Cambridge, Mass., Harvard University

ou royaux » ou « des jours Alcyonides » (346v°) qui comportent une influence planétaire sur la vie humaine, Tyard semble utiliser des textes de Fracastoro et de Rhodiginus[77]. L'astrologie et l'astronomie ont des caractéristiques en commun ; l'une et l'autre examinent l'interaction entre mouvements planétaires et activités humaines. Toutefois, l'astrologie ne traite pas directement de la mesure du temps, et ne peut donc avoir trait directement à une des questions affectant la vie humaine, celle de la datation de Pâques.

À l'époque de la publication de la seconde et troisième édition du *Discours du temps*, Tyard était au courant des problèmes de la datation de Pâques ainsi que des réformes proposées par le pape Grégoire XIII. En utilisant des textes de Macrobe, Bède, Isidore et Giraldi, il présente les difficultés que rencontraient les astronomes de l'Antiquité dans leurs efforts pour déterminer la durée de la révolution de la Terre par rapport au soleil, et les pertes de temps causées par les calculs fautifs. En particulier, il note l'écart de onze jours entre la durée de la révolution de la Terre autour du soleil et la datation de Pâques que Johann Stöffler avait décrite dans son *Calendarium romanum magnum*[78]. Cependant, il s'abstient d'examiner les débats concernant la validité des réformes de Grégoire. Il fait plutôt état des observations contradictoires d'astronomes du XVIe siècle tels que Reinhold, Stöffler et Maestlin afin de démontrer les limites auxquelles se heurte le calcul du temps requis pour parvenir à un calendrier infaillible[79]. Enfin, il tient compte des différences entre les tables alphonsines et pruténiques. Établies durant le règne d'Alphonse X d'Espagne (1252-1284), les tables alphonsines fournissaient des données fondées sur le système ptolémaïque, et Clavius s'en sert dans la formulation du calendrier grégorien. En faisant allusion aux tables alphonsines, Tyard s'appuie

---

Press, 1923-2018, t. 2, 1-5 ; Galien, *De diebus decretoriis*, *Opera omnia*, t. 9, surtout livre III, et *De Hippocratis et Platonis placitis*, 9, 8. Ficin, *De vita libri tres*, 2, 20 ; Johann Stöffler, *Calendarium romanum magnum*, Oppenheim, J. Köbel, 1518, f. 9v°-11r° ; Fracastoro, *Homocentrica*, Venise, 1538, f. 72r° ; Louis Le Roy, *De la vicissitude ou varieté des choses en l'Univers*, Paris, Pierre l'Huilier, 1576, f. 1v°.

77 Fracastoro, *Homocentrica*, f. 71v° ; Rhodiginus, *Lectiones antiquae*, p. 151.

78 Stöffler, *Calendarium romanum magnum*, f. 31v°, 47v°-48r°, 49v°-50r°, et 56r°. Voir Eusèbe de Césarée, *Histoire ecclésiastique*, 5, 23-25.

79 Stöffler, *Calendarium romanum magnum*, f. 63r° ; Reinhold, *Theoricæ novæ*, f. 34v°-35r°, et 232v°-233r° ; M. Maestlin, *Ephemerides novæ, ab anno salutiferæ incarnationis 1577 ad annum 1590*, Tübingen, G. Gruppenbachius, 1580, f. f2v°.

sur des renseignements fournis par les traités de Clavius, Stöffler et Reinhold[80]. Mais il tient compte également des réformes, contradictoires entre elles, rapportées par Reinhold et formant la base des tables pruténiques (ou prussiennes). À la différence de Clavius, Reinhold fonde son observation sur des notions coperniciennes ; et il fait état de données en conflit avec les tables alphonsines, et confirmées par l'astronome allemand Maestlin[81]. Ces calculs pourraient être valables, mais ils rendent le Solitaire perplexe.

Ainsi les sources de Tyard reflètent le changement de ses intérêts dans la direction de la spiritualité et des questions religieuses mais aussi des changements en voie de se produire en France au XVIe siècle. Les allusions aux calendriers égyptien, babylonien et juif font preuve d'une certaine curiosité vis-à-vis de l'orientalisme. Censorinus, Macrobe, Isidore, Giraldi, et Alessandri ont tous remarqué et probablement recueilli des renseignements pertinents chez Pline, Plutarque, Aulu-Gelle et des historiens de l'Antiquité[82]. De plus, en France au XVIe siècle, l'astrologie était acceptée en tant que science, notamment à la cour de Catherine de Médicis où Nostradamus occupait une place d'honneur. Scève, en tant qu'interlocuteur, met en relief l'importance de l'astrologie laquelle, avec le pouvoir magique des nombres, la divination et la démonologie, témoigne du rôle de l'occultisme parmi les courants intellectuels. Tyard explore ces domaines en s'appuyant sur des textes de Platon, Plutarque, Philon et Henri Corneille Agrippa[83]. Enfin, il met en relief les difficultés du processus de définition de la longueur

---

80 Clavius, *In sphæram Joannis de Sacro Bosco commentarius*, p. 56 ; Stöffler, *Calendarium romanum magnum*, f. 63r° ; Reinhold, *Primus liber tabularum directionum, discentibus prima elementa astronomiæ necessarius et utilissimus*, Tübingen, U. Morhardus, 1554, f. 35r°. Voir Maurolico, *Cosmographia*, Venise, héritiers de Lucantonio Giunta, 1543, f. 56r° ; Jacques Bassantin, *Astronomique discours*, Lyon, Jean de Tournes, 1557, p. 197-198 ; et Petau, *Opus de doctrina temporum*, 3 t., Anvers, Georgius Gallet, 1703, t. 1, 4, 25.

81 Reinhold, *Prutenicæ tabulæ cœlestium motuum*, Wittenberg, M. Welack, 1585, f. b2v° et 35v°, et *Theoricæ novæ*, *op. cit.*, f. 34r°-v° et 233r° ; Maestlin, *Ephemerides novæ*, f. f2v°.

82 Voir, par exemple, Pline, *Histoire naturelle*, 2, 78, 188 ; Plutarque, *Quæstiones romanæ*, *Moralia*, 284c-f ; Aulu-Gelle, *Les Nuits attiques*, 3, 2-4 ; Censorinus, *De die natali*, 23, 3 ; Macrobe, *Saturnalia*, 1, 3, 4, et 1, 3, 6 ; Isidore, *Etymologiæ*, 5, 30, 4 ; Giraldi, *De annis et mensibus*, p. 134-135 ; et Alessandri, *Genialium dierum*, f. 105v° (4, 20).

83 Voir, par exemple, Platon, *Timée*, 34b-35b ; Plutarque, *De Iside et Osiride*, *Moralia*, 381f et *De E apud Delphos*, *Moralia*, vol. 5, 393c ; Philon, *De opificio mundi*, *Œuvres*, t. 1, 36, 106 et *Legum allegoria*, *Œuvres*, t. 1, 1, 5, 15 ; Henri Corneille Agrippa, *De occulta philosophia*, 2, 7 et 2, 10-11.

de l'année et de sa figuration dans le calendrier. Ces tentatives de synchronisation, tant grecques que romaines, étaient documentées dans des textes anciens aussi bien que médiévaux porteurs de renseignements qui feront partie des commentaires humanistes ainsi que du dialogue de Tyard. Toutefois, dans les éditions de 1578 et de 1587, Tyard incorpore des renseignements contemporains encourageant Grégoire XIII à réformer le calendrier. En mettant son texte à jour en 1578 et 1587, Tyard fait allusion aux controverses portant sur la validité de la théorie héliocentrique de Copernic qui défie la théorie conventionnelle de Ptolémée. Au cours de cette période subséquente au Concile de Trente (1545-1563), les astronomes prenaient parti du côté catholique ou protestant. Clavius et Ignazio Danti soutenaient les réformes de Grégoire tandis que les astronomes Reinhold et Maestlin critiquaient leurs données. Tyard prend note des observations des deux groupes, ce qui enrichit son encyclopédie tout en produisant plus de questions que de réponses.

De toute évidence, Tyard ne travaillait nullement dans le vide. Grâce aux inventaires de sa bibliothèque publiés par Silvio Baridon et par François Roudaut[84], il nous est loisible d'identifier la plupart de ses sources. Mais l'identification des sources est une science inexacte. Chacune des sources de Tyard remonte à des antécédents ; tout comme il aurait pu puiser dans les *Saturnalia*, Macrobe aurait pu recueillir ses pensées chez Platon, Varron, Plutarque, et divers historiens de l'Antiquité.

Le *Discours du temps* reflète un vif intérêt à l'égard de la notion du temps, largement explorée au cours du XVIe siècle en France. Les *Hymnes* (1555) et les *Hymnes des saisons* (1563) de Ronsard, ainsi que *La Sepmaine* (1578) et la *Seconde Sepmaine* (1584) de Du Bartas, sans compter les innombrables allusions au vieillissement, à la mort et à l'immortalité répandues au travers des recueils de sonnets, traités et essais, témoignent autant de l'importance de ce thème que de la place du texte de Tyard au sein de la littérature de l'époque. Cette omniprésence de la réflexion sur le temps peut certes nous aider à comprendre l'élaboration et la signification du texte de Tyard, mais rend complexe l'identification

---

84 Silvio F. Baridon, *Inventaire de la Bibliothèque de Pontus de Tyard*, Genève-Lille, Droz-Giard, 1950 ; François Roudaut, *La Bibliothèque de Pontus de Tyard*, Paris, Honoré Champion, 2008.

de ses sources. Néanmoins, l'ensemble de ses emprunts à des sources bibliques, antiques, médiévales et contemporaines constitue un corpus d'information témoignant de la complexité du calcul du temps, et de sa signification, au XVIe siècle en France.

CONTEXTES

DEUX PERSPECTIVES TEMPORELLES : LA CHRONOLOGIE ET L'ÉTERNITÉ

Au début du dialogue, le Solitaire établit les frontières de la discussion sous la forme de deux notions du temps : la chronologie ou suite temporelle, et l'éternité. Il note que le cours de la vie ressemble au déploiement d'une pièce de théâtre en cinq actes. Comme l'action représentée dans la tragédie et la comédie, le parcours de la vie humaine est marqué par les vicissitudes que sont les changements dans le domaine de la santé, des habitudes, des émotions, et du jugement. Fortunes et circonstances varient : « invisible » et « insensible » (335v°), le passage perceptible du temps sape la stabilité de l'existence. La réflexion de Tyard sur la mutabilité, incarnée dans la chronologie, mène à un questionnement concernant la définition et les dimensions de cette temporalité, condition même de l'existence humaine.

La description de l'éternité proposée par Scève va à l'encontre de la pensée du Solitaire concernant la chronologie. Selon Scève, le temps est « un estat eternel » (336r°), en conflit avec la notion de chronologie ; selon lui, la fuite du temps dépasse la fluidité de l'eau : « par le souvenir prompt, le penser certain, et l'imaginaire espoir, avons memoire du passé, cognoissance du present, et attente de l'advenir » (336r°). Mais Scève distingue entre perceptions sensorielles et vérité d'origine divine. La notion d'éternité appartient à Dieu et « s'approprie aux Anges et ames humaines » (336v°). C'est pourquoi le Solitaire tente de définir sa perspective temporelle à l'image de la fixité spatiale. Il invoque l'image d'un anneau qui, dans l'édition de 1578, apparaît situé « tres-veritablement au Ciel » (336v°). Les rotations continuelles de l'anneau confondent entre elles les catégories temporelles : le présent devient le passé, et l'avenir le présent. Ainsi, en imaginant un présent perpétuel sous la forme d'un anneau tournoyant constamment, on peut s'imaginer la dynamique de l'éternité. Mais encore fallait-il que cet anneau indiquant une place fixe dans l'espace fût créé ; et cette action implique une progression temporelle suggérant des activités présentes et passées et laissant prévoir des événements à venir. Par ailleurs, l'éternité est un état précédant la création et survivant à la dissolution du monde.

La distinction entre l'idée d'éternité et la chronologie comme mesure empirique d'une durée évoque des comparaisons avec des théories tant antiques que contemporaines[85]. Comme Varron, Censorinus et Giraldi, Scève fait remonter la notion d'éternité au terme latin *ævum* qui, dérivant d'*ætas* ou âge, évolue vers *æternus* ou éternel[86]. En outre, selon Giorgio, l'éternité est indivisible ; coulant comme l'eau, elle saisit tous les êtres vivants, soutenue par « le Verbe divin[87] ». L'espace chronologique, toutefois, peut être mesuré en fonction de la durée de son mouvement par rapport à un objet fixe. Deux modèles historiques émergent à partir de cette progression chronologique : 1. un mouvement linéaire indiquant des perspectives passées, présentes et futures et 2. une vision cyclique englobant un flux et reflux d'événements[88]. La rotation des planètes, qui rappelle l'image tyardienne de l'anneau, semble perpétuelle. En fait, Macrobe avait envisagé l'univers comme étant « toujours en mouvement, tournant en rond[89] ». Et Giorgio décrit Dieu comme le commencement et la fin d'un cercle éternellement présent[90]. Dans sa traduction française des *Dialoghi d'amore* de Léon

85 F. H. Brabant, *Time and Eternity in Christian Thought*, Londres, Longmans, 1937 ; H.-I. Marrou, *L'ambivalence du temps de l'histoire chez saint Augustin*, Montréal, Institut d'études médiévales, 1950, p. 43-46 ; Ricardo J. Quinones, *The Renaissance Discovery of Time*, Cambridge, Mass., Harvard University Press, 1972, p. 14-15.

86 Varron, *De lingua latina*, 6, 2, 11 ; Censorinus, *De die natali*, 16, 4 ; Giraldi, *De annis et mensibus*, p. 1-2.

87 Giorgio, *De harmonia mundi*, 2, 1, 10.

88 Achsah Guibbory, *The Map of Time : Seventeenth-Century English Literature and Ideas of Pattern in History*, Urbana et Chicago, University of Illinois Press, 1986, ch. 1. Voir Frank E. Manuel, *Shapes of Philosophical History*, Stanford, Stanford University Press, 1965, p. 46-69 ; Herschel Baker, *The Race of Time : Three Lectures on Renaissance Historiography*, Toronto, University of Toronto Press, 1967, p. 59-65 ; R. J. Quinones, *op. cit.*, p. 5-15 ; C. A. Patrides, *The Grand Design of God*, Toronto, University of Toronto Press, 1972.

89 Macrobe, *Saturnalia*, 1, 9, 11 : « *mundus semper eat dum in orbem volvitur et ex se initium faciens in se refertur* [...]. ».

90 Giorgio, *De harmonia mundi*, 1, 1, 10.

l'Hébreu, Tyard voit Cronos comme un « "temps determiné" ou "circuit temporel[91]" ». Ainsi, les « siècles tournants » de Virgile[92] et les « rénovations politiques » de Marc-Aurèle peuvent[93] sembler continus, mais font partie du mouvement cyclique des planètes daté et affirmé par l'histoire. L'éternité transcende de tels événements et, selon Platon, la perspective temporelle perçue et comprise par l'humanité commence nécessairement au moment de la création[94]. Semblablement, Giraldi situe l'éternité dans une période de chaos précédant l'existence terrestre ; et la chronologie, qui peut être disposée en journées, mois, années et siècles, exige une organisation du temps selon des catégories fixes susceptibles de préserver et de mettre en ordre activités humaines et mouvements planétaires[95].

Saint Augustin clarifie les notions opposées mais convergentes de l'éternité et de la succession chronologique. Dans ses *Confessions*, il attribue un statut égal à la nature éternelle de Dieu et à l'état présentement transcendant de l'éternité[96]. La présence de Dieu triomphe du passé, et l'avenir est destiné à se muer en passé. L'état éternel de Dieu précède la création et perdure au-delà d'elle[97]. Cependant, la preuve de la succession chronologique consiste dans le mouvement et dans le changement et, selon saint Augustin dans *La Cité de Dieu*, elle est mesurée par les intervalles plus ou moins longs grâce auxquels les occurrences qui ne peuvent avoir lieu simultanément se succèdent[98]. La division de ces mesures temporelles en heures, jours et mois est empiriquement vérifiable mais suscite des doutes[99]. La définition de la chronologie, par exemple, implique une série d'événements passés, présents et futurs difficilement saisissables. Le passé n'existe que dans la mémoire ; les événements futurs ne sont pas encore réalisés ; et le présent n'est du temps que dans la mesure où il fuit[100]. En outre, les dimensions de

91 Léon l'Hébreu, *Dialogues d'amour*, trad. de Pontus de Tyard, p. 189.

92 Virgile, *Bucoliques*, 4, v. 5 : « *magnus ab integro sæclorum nascitur ordo* ». Voir C. A. Patrides, *op. cit.*, p. 1.

93 Marc-Aurèle, *Pensées*, 11, 1 : « τὴν περιοδικὴν παλιγγενεσίαν τῶν ὅλων », cité par C. A. Patrides, *op. cit.*, p. 1.

94 Platon, *Timée*, 38c.

95 Giraldi, *De annis et mensibus*, p. 4-6.

96 S. Augustin, *Les Confessions*, 11, 13.

97 *Ibid.*

98 S. Augustin, *La Cité de Dieu*, 11, 6.

99 S. Augustin, *Les Confessions*, 11, 14-16 et 20-21. Voir surtout 11, 20.

100 *Ibid.*, 11, 21. Voir S. Augustin, *La Cité de Dieu*, 11, 6.

temps sont relatives[101], et l'expérience humaine de la longueur d'une journée diffère de la durée d'un jour décrite à l'occasion de la création du monde par Dieu[102]. Saint Augustin se porte témoin de l'existence de la chronologie mais avoue qu'en comprendre le sens dépasse la portée de l'expérience sensorielle[103]. D'autre part, la notion d'une éternité qui ne soit pas sujette au changement et qui dépasse les limites de l'observation humaine est ontologiquement saisissable mais demeure un mystère. C'est une réalité qui, identifiée à Dieu, englobe mais transcende le passage chronologique du temps.

En conséquence, la chronologie se concentre sur les problèmes et le processus de la datation des phénomènes ; et la mesure temporelle de ces événements peut être divisée selon des perspectives qui, à leur tour, tracent les contours circulaires et linéaires de l'histoire. Le Soleil et la Lune, comme d'autres planètes, se lèvent et descendent ; et, grâce à leur rythme régulier, leurs mouvements peuvent être prédits. Ce retour des actions correspond à la circularité des planètes et suggère que l'histoire suit à son tour un modèle cyclique qui rend compte des processus naturels de la naissance, de la vie et de la mort. Selon Homère, le vent peut déplacer des feuilles dépouillées au cours de l'automne précédent, et qui reviendront au printemps ; et ainsi, une génération d'hommes va se multiplier, pendant qu'une autre dépérira[104]. De même, Sénèque observe que « [r]ien ne trouve son terme, c'est un enchaînement circulaire des éléments du monde, ils fuient et s'entre-suivent[105] ». Comme Tyard, qui range le déclin de la civilisation en cinq stages successifs, Jean Bodin dans sa *Methodus* (1566) adopte le mythe classique de quatre âges consécutifs mais déclinants (or, argent, bronze et fer), qu'il met en relation avec la vision des quatre monarchies chez *Daniel* (2, 31-45)[106]. Mais la circularité des planètes, reflétée dans les événements terrestres, ne mène pas inévitablement

101 S. Augustin, *Les Confessions*, 11, 21.

102 S. Augustin, *La Cité de Dieu*, 11, 7.

103 *Ibid.*

104 Homère, *L'Iliade*, 6, v. 148-149, cité par C. A. Patrides, *op. cit.* p. 1.

105 Sénèque, *Lettres à Lucilius* : « *Nullius rei finis est, sed in orbem nexa sunt omnia, fugiunt ac secuntur* » (XXIV, 26).

106 Jean Bodin, *Methodus ad facilem historiarum cognitionem*, trad. Beatrice Reynolds, New York, Columbia University Press, 1945, p. 296-298. Voir C. A. Patrides, *op. cit.*, p. 58-59 ; A. Guibbory, *op. cit.*, p. 6-7. Voir aussi Henri Sée, « La philosophie de l'histoire de Jean Bodin », *Revue historique*, CLXXV (1935), p. 497-505.

au déclin. En effet, Bodin croit également en la possibilité d'un cheminement du changement cyclique en vertu duquel les vices peuvent se transformer en vertus, l'ignorance en connaissance et l'obscurité en lumière[107]. De même, Louis Le Roy, dans *De la vicissitude et varieté des choses en l'Univers* (1575), décrit l'histoire en termes de récurrence de cycles fixes répétitifs[108]. L'ascension de Rome fut suivie par son déclin et sa destruction ; il craint que la renaissance du savoir dans l'Europe du XVIe siècle ne soit condamnée au sort des phases précédentes. Pourtant, grâce à la possibilité d'une intervention divine, le progrès peut remplacer la destruction, et des civilisations plus puissantes pourraient émerger. Tyard n'émet aucune hypothèse sur les conséquences de la circularité temporelle. Il imagine plutôt, en utilisant l'image de la « ronde », la danse cyclique des mouvements planétaires et son reflet dans les retours des jours, des semaines, des mois, et des années. La continuité de ce mouvement évoque une vision intemporelle. Néanmoins, en dépit du retour régulier des saisons, des mois et des jours, les mesures du temps démontrant le fonctionnement de la chronologie enregistrent les événements terrestres distinctifs et les diverses activités humaines.

Les allusions de Tyard aux cinq âges suggèrent également une séquence chronologique d'événements successifs et linéaires (335v°). Selon la vision hébraïque de l'histoire, les six jours de la création décrits dans la *Genèse* mènent éventuellement au Jugement Dernier[109]. Les théologiens chrétiens ont développé cette conception, y intégrant la vie, la mort et la résurrection du Christ et imaginant une « chaîne d'or » reliant Adam au Christ. Chroniques et histoires affirment une telle progression linéaire ; et l'humanité en tant que microcosme dans ce monde plus vaste qu'elle vit, de la naissance au jugement dernier, une traversée temporelle. La notion de l'éternité encadre cette chronologie ; car selon les théologiens et autres penseurs de la Renaissance l'existence, dont le dessein linéaire est temporel, naît de l'éternité et se termine en elle.

107 C. A. Patrides, *op. cit.*, p. 57-58 ; A. Guibbory, *op. cit.*, p. 9-11, 13.

108 Louis Le Roy, *De la vicissitude et varieté des choses en l'Univers*, f. 2r°-5v°, 14r°-15r° ; voir C. A. Patrides, *op. cit.*, p. 58 ; A. Guibbory, *op. cit.*, p. 11, 13, 20-21 ; Werner L. Gundersheimer, *The Life and Works of Louis Le Roy*, Genève, Droz, 1966, p. 97, 99, 102-103, 106.

109 Frank E. Manuel, *Shapes of Philosophical History*, p. 58 ; C. A. Patrides, *op. cit.*, p. 5-6 ; A. Guibbory, *op. cit.*, p. 29-30.

Dans *La Cité de Dieu*, saint Augustin distingue les formes cycliques de la chronologie de ses formes linéaires[110]. Les théorisations des cycles périodiques permettaient aux sciences naturelles d'affirmer que l'univers se renouvelle ; et les révolutions décrites par Platon et Cicéron expliquent la disparition et réapparition de la vie[111]. L'âme humaine, cependant, procède vers un plus haut voyage qui aspire à la béatitude. De son côté, l'auteur de l'*Ecclésiaste* décrit la notion des mouvements circulaires retraçant le déclin des phénomènes terrestres et leur retour à la vie[112]. Toutefois, selon saint Augustin, la finalité physique de la mort, qui complète le voyage linéaire d'un être humain, libère son âme des contraintes chronologiques d'une génération spécifique et l'assure des récompenses spirituelles qui lui sont offertes par l'espace immuable de l'éternité[113].

Les distinctions perçues par saint Augustin dans *La Cité de Dieu* entre les dimensions cycliques et linéaires de la chronologie suggèrent des oppositions irréconciliables que Tyard renforce par l'utilisation d'images telles que « la ronde » et les cinq âges de l'histoire. Le retour régulier des jours, des mois et des saisons évoque une circularité en conflit avec le mouvement linéaire de la vie et des événements. Cependant, les processus astronomiques influencent l'existence humaine et semblent relier ces oppositions l'une à l'autre, car la révolution des planètes détermine la mesure du temps qui, à son tour, donne forme à la succession linéaire des activités humaines. Notons comment Jacques Le Goff définit deux sortes différentes de chronologie affectant l'ordre des activités humaines telles que perçues au XIIIe siècle : celle de l'église, qui programme prières, lectures liturgiques et services régulièrement et répétitivement ; et celle du marchand qui organise ses activités à son propre gré soit successivement, soit cumulativement[114]. Les deux modèles temporels coexistent.

---

110 S. Augustin, *La Cité de Dieu*, XII, 13-14 et 17-20, et 22, 30 ; *De Genesi contra Manichæos*, éd. Jacques-Paul Migne, *Patrologia Latina*, Paris, Migne-Garnier, 1841-1855, XXXIV, 1, 23. Voir C. A. Patrides, *op. cit.*, p. 17-18.

111 Platon, *Timée*, 22a-e, 38c-39e, 40b, et *Lois*, 822a-c ; Cicéron, *De natura deorum*, 2, 16, 44 ; 2, 19, 49-50 ; et 2, 27, 67.

112 C. A. Patrides, *op. cit.*, p. 6.

113 Voir, en particulier, S. Augustin, *Les Confessions*, 11, 13 et 31 ; *La Cité de Dieu*, 12, 20 et 22, 30.

114 Jacques Le Goff, « Au Moyen Âge : Temps de l'Église et temps du marchand », *Annales, E.S.C.*, XV, 1960, p. 417-433. Voir aussi R. J. Quinones, *op. cit.*, p. 5 ; Gerhard Dohrn-van Rossum, *History of the Hour : Clocks and Modern Temporal Orders*, trad. Thomas Dunlap, Chicago, University of Chicago Press, 1996, p. 13.

En fait Tyard, comme Varron, Giorgio et Giraldi[115], fait observer que c'est le temps qui mesure la durée des mouvements planétaires (336v°) ; et, ainsi que nous l'avons vu, il confirme dans sa traduction des *Dialoghi d'amore* de Léon l'Hébreu que le mouvement circulaire des étoiles détermine, à son tour, la longueur de l'année ou « le temps du cours du Soleil[116] ». Néanmoins, la répétition régulière du mouvement planétaire reflétant la circularité des cadrans solaires, des sabliers, et des cadrans d'horloge est en contraste avec la succession d'événements historiques singuliers. Dans *Le Premier Curieux*, Tyard réaffirme le contraste entre la circularité des mouvements célestes et la linéarité des événements historiques[117]. Pourtant, en dépit de ces différences, le Curieux affirme que ces oppositions s'unissent en une harmonie[118], et que la révolution des planètes détermine la durée du temps mesurée en heures, jours, semaines, mois, années et siècles[119].

À bien des égards, les idées de Tyard concernant la distinction entre éternité et chronologie sont de pure convention. Dans son *Liber de nihilo* (1510) Charles de Bovelles avait défini *æternitas* comme durée de temps sans commencement ni fin[120] ; et Ronsard, dans son « Hymne de l'éternité », l'avait représentée « [s]ans nul commencement, sans meillieu, ne sans bout, / Invincible, immuable, entiere, et toute ronde[121] ». Par ailleurs, la chronologie mesure la longueur d'événements empiriques. Scève, dans sa *Délie* (1544), déplore la souffrance prolongée d'un cœur humain ; tandis que, dans son *Microcosme* (1562), il relate la série d'événements qui débute avec la création d'Adam et se termine par l'apparition du Christ. Aux yeux de Tyard, ces aspects circulaires et linéaires de l'expérience du temps présentée par Scève sont liés entre eux, car le calendrier reflète le dessin cyclique des mouvements célestes tout en favorisant l'ordonnance des activités humaines. Ainsi, le calendrier qui incorpore la synchronisation du

115 Varron, *De lingua latina*, 6, 2, 3 ; Giorgio, *De harmonia mundi*, 1, 1, 10 ; Giraldi, *De annis et mensibus*, p. 4.

116 Léon l'Hébreu, *Dialogues d'amour*, trad. Pontus de Tyard, éd. T. Dagron et S. Ansaldi, Paris, Vrin, 2006, p. 189.

117 Tyard, *Le Premier Curieux*, éd. J. Céard, p. 62, 66-67.

118 *Ibid.*, p. 177.

119 *Ibid.*

120 Charles de Bovelles, *Libellus de nihilo*, 1510, réimpression, Stuttgart, Frommann, 1970, f. 64v°.

121 Pierre de Ronsard, « Hymne de l'éternité », *Œuvres complètes*, t. VIII, éd. P. Laumonier, Paris, Didier, 1935, p. 254, v. 128-129.

mouvement circulaire des planètes et la linéarité de l'expérience humaine devient un des sujets du dialogue. Toutefois, si tant est que les efforts pour mesurer le temps justifient le sens et la pertinence de la chronologie, la forme, la précision et l'utilité du calendrier restent compromises par les aléas de l'observation et les différences d'interprétation.

COMPLEXITÉS DE LA MESURE DU TEMPS ET RÉFORMES DU CALENDRIER

Dans sa préface au *Discours du temps* (1578), Tyard analyse les difficultés qui guettent la compréhension et la manière de mesurer le passage du temps. La circularité des planètes évoque « beauté, splendeur, et divers mouvemens » (334r°) dignes d'observation et d'étude. Comme l'Ouroboros représentant un serpent ou un dragon mangeant sa propre queue, cette vision du temps rappelle l'allusion du Solitaire à « la ronde », et suggère un mouvement cyclique du Soleil, de la Terre, de la Lune et d'autres planètes affectant la vie quotidienne. Pourtant, « si la contemplation du ciel est aggreable, la pratique n'en est moins necessaire » (334v°). La société nécessite une gestion de ce temps admettant des unités chronologiques (p. ex. jours, mois, années) et différenciant les perspectives passées, présentes et futures. Ce passage linéaire du temps qui commence à la naissance et aboutit à la mort devient, selon le Solitaire, le « vray distributeur de l'œconomie, police, et humaine societé » (334v°). L'ensemencement et la récolte des moissons, la réception des impôts et la désignation des jours fériés exigent que le temps soit ainsi organisé et que soit calculée la durée du mouvement des planètes transposée dans le plan du calendrier. Tyard n'essaie pas de parvenir à la quadrature de ce cercle. Mais en résumant les différentes définitions du temps, et les difficultés de parvenir à des mesures précises du temps, il parvient à réconcilier la complexe coordination de l'observation astronomique avec la planification des affaires humaines, et du même coup à examiner le complexe établissement d'un calendrier exact et maniable.

Trois phénomènes fondamentaux déterminent la mesure du temps : 1. la rotation de la Terre autour de son axe produit l'alternance de la nuit et du jour ; 2. la révolution de la Terre autour du soleil reflète la longueur de l'année et la succession des saisons ; 3. la révolution de la lune autour de la Terre produit la durée des mois[122]. Un calendrier note ces unités

122 Alexander Philip, *The Calendar : Its History, Structure and Improvement*, Cambridge, Cambridge University Press, 1921, p. 1.

temporelles, attribuant des dates aux occurrences passées et consacrant des dates aux événements à venir. Trois sortes de calendriers en résultèrent[123].

Le calendrier solaire mesure la longueur de l'année sur la base de la révolution de la Terre autour du soleil ; mais en attribuant à chaque mois une longueur arbitraire, il ne représente pas avec exactitude la durée des mouvements lunaires. Les calendriers lunaires notent le temps de la rotation de la Lune autour de la Terre et déterminent le nombre de mois dans l'année, mais ne rendent pas compte de la révolution de la Terre autour du Soleil. Ainsi, la longueur de l'année est déterminée d'une manière arbitraire. En fin de compte, le calendrier lunisolaire tente de représenter à la fois la durée exacte du mois déterminée par la révolution de la Lune, et celle de l'année calculée en fonction de la révolution de la Terre autour du Soleil. Il en résultait des inégalités ; mais en ajoutant ou intercalant des jours ou des mois, on pouvait assurer une synchronisation plus précise de ces mouvements, et obtenir un calendrier plus maniable.

En compilant et en présentant les divers moyens de calculer le passage du temps, Tyard fait allusion à trois réformes du calendrier : 1. les tentatives grecques pour produire un calendrier lunisolaire, 2. l'adoption romaine d'un calendrier solaire, 3. la réalisation d'un calendrier grégorien en vue d'une datation de Pâques plus raffinée. Le calendrier lunisolaire formulé par les Babyloniens et réalisé par les astronomes grecs corrigea les inégalités du calendrier lunaire mesurant seulement la durée de la révolution de la Lune et ne couvrant qu'approximativement la durée d'un mois[124]. Comme les différentes définitions du jour et de la nuit, les calculs portant sur la longueur des mois variaient. Par exemple, comme le fait remarquer le Solitaire, les Indiens voient le mois comme ayant quinze jours tandis que Romulus lui en attribue vingt, et plus tard plus de trente-cinq (348r°). En dépit de ces définitions contradictoires, la durée d'une révolution lunaire est approximativement de vingt-neuf jours et demi. Bien que cette observation aboutisse à une détermination viable de la durée d'un mois, elle comporte des problèmes de synchronisation avec la durée d'une année qui, selon des données empiriques remontant à l'Antiquité, égale 365 ou 366 jours. En résumé, l'attribution de vingt-neuf jours et demi à chacun des douze mois donne un total de 354 jours, durée ne correspondant pas au temps de l'orbite de la Terre par rapport au Soleil, qui est de 365 jours et

123 *Ibid.*, p. 6.

124 *Ibid.*, p. 6-7 ; E. G. Richards, *op. cit.*, p. 94-97.

quart. En outre, du fait que les Romains divisaient l'année en dix mois (348v°), d'autres inconséquences et incommodités s'ensuivaient ; car le calendrier lunaire, qui ne mesure que la lunaison, est de peu d'utilité pour les communautés agricoles dont les vies sont réglées par les saisons.

Tyard s'abstient de passer en revue les réformes effectuées par les Grecs, mais ses allusions au « grand An » (357r°), à Œnopide de Chios (357v°) et à Méton (357v°, 359r°) indiquent une certaine familiarité avec les tentatives de formuler un calendrier lunisolaire maniable. Dans ses *Saturnalia* Macrobe théorise que la réalisation de Numa d'un calendrier de douze mois alternant entre six mois de trente jours et six mois de vingt-neuf jours soit provenue des Grecs. Le total de 354 jours aboutit à un déficit de onze ou douze jours qui puisse égaler 365 jours d'orbite de la Terre par rapport au Soleil. Solon résolut le problème en ajoutant un mois de trente jours à une année sur deux[125]. Malheureusement, un autre écart survient. Deux années lunaires comportent 738 jours (354 × 2 = 708 + 30 = 738), tandis que deux années tropiques enregistrant la durée de la révolution de la Terre autour du Soleil égalent 730 jours et demi (365 ¼ × 2 = 730 ½). Afin de remédier à ce manque, Cléostrate de Ténédos proposa que l'on élimine le mois intercalaire tous les huit ans. Ainsi, ce cycle de huit ans, l'*Octœteris*, allait contenir quatre-vingt-dix-neuf mois et 2 922 jours ; huit années solaires comportaient également 2 922 jours[126]. Tyard fait allusion à l'« Octœteride » (359r°) ainsi qu'à son rapport avec les dates des Jeux Olympiques qui avaient lieu tous les quatre ans ou demi-*Octœteris* (359r°, 360v°). Ce calcul semblait correct. Cependant, la durée de quatre-vingt-dix-neuf lunaisons est de 2 923,528 jours, ce qui ajoute un jour et demi au bout de huit ans, ou trente jours après cent-soixante années[127].

Cet écart réclamait que l'on y portât remède. Méton révisa le cycle de huit ans de Cléostrate, et en 432 av. J.-C. en introduisit un autre qui comptait dix-neuf ans. Cependant, il ajouta sept mois, c'est-à-dire un mois tous les trois, cinq, huit, onze, treize, seize et dix-neuf ans. Chaque mois ne comportait pas trente jours ; et, afin d'assurer qu'il y eût synchronisation, il assigna trente jours à 235 mois, et vingt jours à 110 mois. Ceci produisit un manque de trente minutes qui fut toléré

---

125 Macrobe, *Saturnalia*, 1, 13, 4 et 10. Voir aussi Isidore, *Etymologiæ*, 6, 17, 29 ; Bède, *De temporum ratione*, *op. cit.*, 12 ; Stöffler, *Calendarium romanum magnum*, *op. cit.*, f. 48r°-v° ; Giraldi, *De annis et mensibus*, p. 40-41 et 128.

126 E. G. Richards, *op. cit.*, p. 94-95.

127 *Ibid.*, p. 84, 94-95.

jusqu'au raffinement du calendrier par Callippe de Cyzique (ca. 370-300 av. J.-C.) (357v°)[128]. Celui-ci remplaça le cycle métonique par un cycle comprenant soixante-seize ans et nécessitant l'omission d'une journée dans chaque quatrième cycle de dix-neuf ans (19 × 4 = 76) ou de l'année 57 à l'année 76. Cet écart de trente-deux secondes dans le cycle calippique semble négligeable. Pourtant, les ajustements continuèrent. Le Solitaire fait allusion au « Cycle d'Hipparque » de 304 années (362r°). Selon Hipparque de Nicée (ca. 180-125 av. J.-C.) un jour doit être omis lors de chaque quatrième cycle callipique (76 dans le cycle de Callippe × 4 = 304) (357v°-358r°)[129]. Un tel raffinement refléterait plus exactement la durée de la lunaison, mais allait également ajouter six minutes à la durée de l'orbite de la Terre autour du soleil. La connaissance d'un tel cycle ne contribue guère à la précision du calendrier lunisolaire. Toutefois, l'attentif calcul portant sur la lunaison contribue à la connaissance de la conduite temporelle de celle-ci, et par conséquent, ainsi que nous le verrons, à la datation de Pâques.

Les Romains continuèrent à raffiner le calendrier, tentant de synchroniser mouvements planétaires et mise en pratique d'un calendrier maniable. À l'origine, l'année romaine consistait en 304 jours distribués entre dix mois[130]. Dans le but de corriger l'inconséquence entre la durée de l'orbite terrestre et le calendrier[131], Numa ajouta cinquante-et-un jours, justifiant ainsi l'ajout de deux mois au calendrier (363v°-364r°). En dépit de l'augmentation de l'année jusqu'à trois cent cinquante-cinq jours et douze mois, d'autres corrections s'imposèrent, et fut adopté un mois supplémentaire de vingt-deux ou vingt-trois jours tous les deux ans. C'est ainsi que les autorités romaines adoptèrent un *mensis intercalis* ou, selon Plutarque, Mercedonius, tentant de synchroniser le calendrier avec le changement des saisons[132].

---

128 Censorinus, *De die natali*, 18, 8 ; Diodore de Sicile, *Bibliothèque historique*, t. 2, 2, 47, 6 et t. 4, 12, 36, 2-4 ; Géminos, *Isagoge*, 8, 59-60 ; Stöffler, *Calendarium romanum magnum*, *op. cit.*, f. 1v° ; E. G. Richards, p. 96, 106.

129 Censorinus, *De die natali*, *op. cit.*, 18, 9 ; Pline, *Histoire naturelle*, 2, 9, 53 ; Géminos, *Isagoge*, 8, 57-60 ; E. G. Richards, *op. cit.*, p. 96, 106.

130 A. Philip, *op. cit.*, p. 9 ; E. G. Richards, *op. cit.*, p. 207.

131 Plutarque, *Numa*, 18, 2 et *Quæstiones romanæ, Moralia*, 268b ; Ovide, *Les Fastes*, 3, v. 152-166 ; Censorinus, *De die natali*, 20, 4-5 ; Macrobe, *Saturnalia*, 1, 13, 1-7 ; Isidore, *Etymologiæ*, 6, 17, 21 ; Bède, *De temporibus liber*, 9 ; Stöffler, *Calendarium romanum magnum*, f. 43v° ; A. Philip, *op. cit.*, p. 9-10 ; E. G. Richards, *op. cit.*, p. 207.

132 Plutarque, *César*, 59, 1-4. Voir aussi, Plutarque, *Numa*, 18, 2 ; Ovide, *Les Fastes*, 3, v. 155-166 ; Suétone, *César*, 40 ; Pline, *Histoire naturelle*, 2, 6, 35, et 18, 57, 211 ; Censorinus, *De*

Suivant les conseils de l'astronome égyptien Sosigène, Jules César remarqua des inconséquences et proposa des réformes qui aboutirent en 46 av. J.-C. à un nouveau calendrier[133]. Abandonnant le calendrier lunisolaire, il demanda la mise en pratique d'un calendrier solaire indépendant de la lunaison et établissant une séquence de dates fondée sur la durée de l'orbite terrestre autour du soleil. Ainsi que nous l'avons vu, Tyard décrit les réformes majeures du calendrier julien : la reconnaissance d'une année consistant en 365 jours et quart, la mise en pratique d'un calendrier de 365 jours pendant trois ans, puis de 366 jours au cours d'une quatrième année bissextile de 366 jours (363v°). Mais il fallait encore élaborations et ajustements. Tout d'abord, le jour supplémentaire, tous les quatre ans, devait être placé après le 23 février. En outre, chacun des douze mois devait consister en trente ou trente-et-un jours, sauf février, limité à vingt-huit jours et bénéficiant d'un jour intercalaire tous les quatre ans. Dans le passé, toutefois, de telles substitutions avaient abouti à la confusion. Par exemple, Cicéron avait auparavant daté l'équinoxe de printemps (le 21 mars) comme étant le 15 mai. Afin de rectifier de telles méprises temporelles, César prolongea l'année 46 av. J-.C., « dernière année de la confusion » (expression attribuée à Jules César, voir 363v°), à quatre-cent quarante-cinq jours. Ainsi que nous l'avons vu, il fallait également une énumération des journées ; et, comme le fait remarquer le Solitaire (343v°, 349r°), les Romains divisaient les mois en trois segments fondés sur des points fixes : Calendes, Nones, et Ides. Le calendrier des jours de travail (*dies fasti*) et des jours de fête (*dies festi*) était intégré dans ce cadre. Enfin, en 44 av. J.-C. (353v°), Jules César changea le nom du mois *Quintilis* en juillet ; et Auguste César persuada le sénat, en 8 av. J.-C., de changer le nom de *Sextilis* en août (353v°).

---

die natali, 20, 4-5 ; Macrobe, *Saturnalia*, 1, 13, 2 ; Isidore, *Etymologiæ*, 6, 17, 21 ; Bède, *De temporum ratione*, 12, et *De temporibus liber*, 6 et 9 ; Stöffler, *Calendarium romanum magnum*, f. 57r°-v° ; Giraldi, *De annis et mensibus*, p. 54-58 ; A. Philip, *op. cit.*, p. 10-11 ; E. G. Richards, *ibid*, p. 207.

133 Voir, en particulier, Giraldi, *De annis et mensibus*, p. 54-58. Plutarque, *Quæstiones romanæ, Moralia*, 268b ; Ovide, *Les Fastes*, 3, v. 152-166 ; Censorinus, *De die natali*, 20, 8-10 ; Macrobe, *Saturnalia*, 1, 14, 1-13, 6-7 ; Isidore, *Etymologiæ*, 6, 17, 21 ; Bède, *De temporibus liber*, 6 et 9 ; Stöffler, *Calendarium romanum magnum*, f. 43v°-44r°. A. Philip, *op. cit.*, p. 11-16 ; E. G. Richards, *op. cit.*, p. 212-217 ; Denis Feeney, *Caesar's Calendar : Ancient Time and the Beginnings of History*, Berkeley, University of California Press, 2007, p. 150-156 ; Agnes K. Michels, *The Calendar of the Roman Republic*, Princeton, Princeton University Press, 1967.

Les réformes du calendrier proposées par Jules César avaient pour but d'harmoniser mouvements planétaires et activités humaines. Cependant, des inégalités continuaient à se produire ; mais, ainsi que nous l'avons vu, Scève les considère comme étant « de petite importance » (364v°). Toutefois, des désaccords mineurs peuvent causer de grandes difficultés, surtout en ce qui concerne la datation de Pâques. Au treizième siècle, Roger Bacon, un moine anglais, avait remarqué une différence de onze minutes entre le calendrier julien et l'année solaire[134]. Ce supplément de temps allait avoir pour résultat une journée supplémentaire tous les cent-trente ans, ce qui en fin de compte allait ajouter le mois de mars à l'hiver et le mois d'août au printemps. Guy Le Gros Foulques, qui allait devenir le pape Clément IV, apprit les données de Bacon et demanda une explication. En 1267, Bacon envoya à Clément un traité, *Opus maius*, exposant les erreurs de calcul et décrivant leurs ramifications en ce qui concernait la datation de Pâques. Les observations de Bacon n'étaient guère originales. Ptolémée (ca. 100-178) avait déjà calculé la perte d'une journée tous les trois cents ans ; Bède (ca. 725) avait observé un glissement temporel ; l'astronome indien Aryabhata (476-550), le mathématicien Muhammad ibn Musa al-Khwarizmi (ca. 780-850), Robert Grossetête (1178-1253), et John Holywood ou Sacrobosco († 1244) avaient également fait état de telles différences. Bacon proposait une solution : la suppression d'une journée tous les 125-130 ans. L'Église se pencha sur le problème, mais des situations plus urgentes telles que la Peste noire (1347-1348), et le manque d'action au Concile de Constance (1415) et à celui de Bâle (1434), empêchèrent toute décision. Au troisième Concile de Trente (1563) l'Église résolut de changer le calendrier, afin de garantir la célébration de Pâques à une date appropriée. Devenu pape en 1572, Grégoire XIII entreprit d'effectuer ces réformes.

Afin de pouvoir assurer la datation correcte de Pâques, Grégoire avait besoin de preuves scientifiques ; or, l'astronome Ignazio Danti (1536-1586) affirmait que les équinoxes se situaient à des dates erronées. Au cours de cette période, Grégoire reçut une proposition de réforme du calendrier de la part d'Aluise Baldassar Lilio (1519-1576). Elle fut acceptée par une commission ; l'humaniste Pedro Chacon (1526-1581) en prépara un sommaire et l'envoya à Grégoire, qui le sanctionna le 24 février 1582[135].

---

134 E. G. Richards, *op. cit.*, p. 239-243.
135 *Ibid.*, p. 241-247.

Deux changements encadrent le calendrier révisé et contribuent à rendre plus précise la datation de Pâques : 1. le retour de l'équinoxe de printemps au 21 mars, changement qui à son tour exigeait que fût révisé le calendrier de 1582 ; 2. la formulation de calendriers futurs surmontant la différence de onze minutes, quatorze secondes entre l'année tropique ou astronomique et le calendrier julien. Puisque Pâques est défini comme ayant lieu le premier dimanche après la pleine lune de l'équinoxe de printemps, Grégoire réaffirma la date de l'équinoxe de printemps comme étant celle du 21 mars qui avait été déterminée par le Concile de Nicée (325). Toutefois, afin de concilier réalités astronomiques et calendrier julien, il élimina dix jours du calendrier de 1582 (le 5 octobre devenant le 15 octobre). Souhaitant garantir la précision des dates au cours des années subséquentes, il décréta que trois sur quatre des années marquant des fins de siècle (p. ex. 1600, 1700, 1800, 1900) ne seraient pas classées comme années bissextiles. Autrement dit, seules les années marquant des fins de siècle et divisibles par 400 seraient maintenues comme années bissextiles, ce qui permettait de conserver la journée intercalaire[136].

Dans son édition de 1587, Tyard met en doute l'efficacité des nombres d'or et des épactes en vue de la datation de Pâques. Ces allusions ont trait indirectement aux réformes proposées par Grégoire. En vue de la datation de Pâques il fallait des tables déterminées en partie par la lunaison. En 1532, Dionysius Exiguus introduisit un calendrier coordonnant le chiffre d'or de l'année (c'est-à-dire la place de l'année dans le cycle métonique) avec la date de la nouvelle lune. Ainsi que nous l'avons noté, les réformes du calendrier effectuées par Méton tentaient de synchroniser le calendrier du Soleil avec celui de la Lune survenant en une période de dix-neuf ans. Toutefois, une période intercalaire de sept mois est nécessaire au cours de ce cycle de dix-neuf ans, ce qui nécessite l'addition d'un mois tous les trois, cinq, huit, onze, treize, seize et dix-neuf ans du cycle, et explique le terme de nombre d'or appliqué aux années du cycle. En employant le cycle métonique, Dionysius observa qu'une pleine lune apparaissait deux semaines après la nouvelle lune. La date de Pâques peut donc être identifiée en trouvant le nombre d'or de l'année donnée et la date de la nouvelle lune, puis en déterminant le premier quatorzième jour survenant le

136 A. Philip, *op. cit.*, p. 61-82 ; E. G. Richards, *op. cit.*, p. 247-252.

21 mars ou subséquemment. Le premier dimanche suivant cette date est celui de Pâques[137].

En raison de l'importance des mouvements lunaires en vue de la datation de Pâques, les almanachs lunaires fondés sur les nombres d'or d'années du cycle métonique étaient utilisés communément. Un écart regrettable d'une journée entre le cycle métonique et le calendrier julien allait se produire tous les 308 ans. Des adaptations auraient pu avoir lieu. Mais Grégoire opta pour un moyen différent : l'astronome Christophe Clavius, sur la base de l'utilisation des nombres d'or par Lilio et Chacon, détermine la date de Pâques selon l'épacte, c'est-à-dire l'âge de la lune lors du 1er janvier[138]. La phase lunaire du 1er janvier détermine les dates de toutes les lunes nouvelles et pleines au cours de l'année donnée. En construisant une série de trente cycles d'épactes, Clavius construisit une charte susceptible de préserver le calendrier grégorien pendant 7 000 ans, et de déterminer la date de Pâques.

En dépit de ce raffinement, la détermination de l'épacte d'une année donnée n'en est pas moins dictée par le cycle métonique, et le résidu d'une journée n'en continue pas moins à se produire tous les 308 ans. Dans le but de surmonter ce défaut, Clavius proposa un changement de calendrier tous les 2 500 ans. En outre, il reconnut que la longueur de l'année dans le cycle métonique et le calendrier julien (365 jours et quart) dépasse l'année tropique ou naturelle par onze minutes et quatorze secondes. Dans le but d'harmoniser le calendrier avec l'année astronomique, Clavius proposa, ainsi que nous l'avons vu, la suppression d'une journée intercalaire toutes les quatre « années centurielles ». Au bout d'une période de 7 000 ans la table est épuisée et peut donc être appliquée à nouveau ; en d'autres termes, l'année 8500 de l'ère chrétienne serait conforme au calendrier de 1500[139].

Chacune de ces trois réformes fait progresser la précision des calculs déterminant le calendrier. Toutefois, la mesure absolument exacte du temps semble éluder les capacités humaines ; fautes d'observation, limites de l'instrumentation, et relativités géographiques conduisent à des conflits dans l'information, ce qui fait obstacle à l'établissement d'un calendrier fiable et libre de contradictions. L'existence d'autres

137 A. Philip, *op. cit.*, p. 64-68 ; E. G. Richards, *op. cit.*, p. 106-108, 350-351.
138 E. G. Richards, *op. cit.*, p. 369-370.
139 A. Philip, *op. cit.*, p. 69-82 ; E. G. Richards, *op. cit.*, p. 370-378.

calendriers complique également les tentatives de mesure du temps. Certes, les références au calendrier astrologique, et aux cartes employées par les Égyptiens, les Grecs, les Babyloniens, les Indiens et les Hébreux améliorent les données, mais démontrent du même coup la difficulté de représenter adéquatement la synchronisation des mouvements planétaires et des activités humaines. Finalement, les tentatives d'Hieromnime pour établir un lien entre références bibliques et preuves astronomiques font naître de nouvelles questions sur l'exactitude des mesures du temps et sur la composition d'un calendrier. À la fin du dialogue un paradoxe se fait jour. En tant qu'auteur encyclopédique, Tyard a utilisé des sources lui permettant de faire place à diverses pensées concernant le jour, la semaine, le mois et l'année ainsi qu'aux efforts pour intégrer ces observations dans des calendriers viables. Toutefois, ces données provoquent doute et confusion ; et l'acceptation des limites humaines par le Solitaire semble compatible avec les paroles finales d'Hieromnime : « ce n'est à nous de cognoistre les temps reservez à la prescience de la divinité » (368r°). Les preuves empiriques existent, les certitudes spirituelles également, mais en conflit mutuel.

SCEPTICISME ET FIDÉISME EN FRANCE AU XVIe SIÈCLE

Les incertitudes et inexactitudes qui affectent la mesure du temps mènent Tyard à réfléchir aux limites de la raison humaine et à sa capacité d'explorer le sens de la sagesse divine. En dépit de l'objectivité des quantifications concrètes, les conflits parmi les données présentées, notamment dans l'édition de 1587, démontrent à quel point est problématique la validité de la mesure du temps. Scève résume les difficultés de l'assemblement et de l'intelligibilité des données pertinentes (366v°) ; et le Solitaire confirme cette incertitude : les astronomes ne réussiront jamais à prévoir le cheminement des mouvements célestes, et la découverte de phénomènes méconnus conduit à un surcroît de perplexité (367r°). L'équivoque des preuves mène au doute ; il importe donc de confier à Dieu les mystères de la vérité ultime (366v°). Selon Hieromnime, les efforts humains pour comprendre la signification du temps montrent un désir arrogant de saisir des mystères réservés à Dieu seul (366v°). De même, les doutes du Solitaire concernant la certitude humaine coïncident avec son fidéisme ; car l'être humain ne peut jamais pleinement vérifier la vérité astronomique : la nature d'une telle connaissance transcende la capacité de compréhension de celui-ci (367r°). Cet échange de vues opposant l'inconstance de la raison humaine à la certitude de la sagesse divine reflète l'intensité croissante du spiritualisme de Tyard qui s'exprime dans la troisième édition, et reflète le développement du scepticisme, et les arguments en faveur du fidéisme présents en France au XVIe siècle.

LE SCEPTICISME EN FRANCE AU XVIe SIÈCLE

Ainsi que l'a montré Richard Popkin, l'épistémologie sceptique remonte à la Grèce antique et peut être caractérisée comme académique et pyrrhonienne[140]. Selon les Académiques, aucune connaissance n'est possible. En formulant cette pensée, Arcésilas (315-241 av. J.-C.) et Carnéade (ca. 213-129 av. J.-C.) postulent que la connaissance dérive d'une proposition qui devient évidente grâce à la perception ou au raisonnement humains. L'un et l'autre de ces moyens de connaissance fournit une information incomplète, et toute proposition fondée sur celle-ci ne peut donc aboutir qu'à des conclusions probables. Les certitudes demeurent élusives. Cicéron dans *Academica* et dans *De natura deorum*, et saint Augustin dans *Contra academicos* acceptent cette idée, résumée par Diogène Laërce dans ses *Vies des philosophes éminents*[141]. Le scepticisme pyrrhonien formulé par Pyrrhon d'Elis (ca. 380-275 av. J.-C.) et développé par son disciple Timon s'accorde avec ces perspectives. Mais, plutôt que d'analyser les causes des incertitudes, ils décrivent la présence continuelle de données contradictoires. Puisqu'aucune proposition ne peut viser à la certitude, le jugement doit demeurer suspendu. Sextus Empiricus élabore cette ligne de pensée[142] dans ses *Hypotyposes* et dans *Adversus mathematicos*.

Ne pas croire aux preuves n'empêche pas que la vérité existe. Le fidéisme considère l'esprit humain incapable de prouver ou d'établir la vérité. Des facteurs persuasifs peuvent, du moins, stimuler la croyance. La foi peut alors avoir priorité sur le raisonnement, et aucune vérité n'existe sans croyance en une idée. Le fidéisme n'exclut donc pas le

140 Richard H. Popkin, *The History of Scepticism : From Savonarola to Bayle*, 3e éd. revue et augmentée, Oxford, Oxford University Press, 2003, p. 3, 17-18. Voir aussi Charles B. Schmitt, *Cicero Scepticus : A Study of the Influence of the* Academica *in the Renaissance*, La Haye, M. Nijhoff, 1972.

141 R. H. Popkin, *op. cit.*, ch. 2.

142 *Ibid.*, p. 17-35.

doute. Plutôt, en favorisant la suspension du jugement face à des perceptions contradictoires et à un raisonnement fautif, il vise à percevoir la vérité au moyen de la croyance[143].

De telles tentatives pour saisir la vérité peuvent mener à une *crise pyrrhonienne* et constituer quelques-unes des raisons de l'éveil du mouvement réformateur. La foi est à la base de la connaissance religieuse et, selon Martin Luther, elle peut conduire le croyant à découvrir la connaissance dans l'Écriture[144]. L'interprétation des textes provenant du pape et de ses conseillers étant humaine est sujette à caution. Jean Calvin, dans son *Institution de la religion chrétienne* (1535), pense ainsi, ajoutant que Dieu élit ceux qui croient en la vérité scripturaire[145]. Érasme, dans *De libero arbitrio* (1524), propose une *via media* entre ces vues opposées. Il affirme que la piété chrétienne mène à la rédemption ; en ce qui concerne notre compréhension de l'univers, il faut s'attendre à des conflits entre perceptions et raisonnement, et suspendre notre jugement[146]. L'Église peut ouvrir notre pensée humaine à la sagesse divine. Mais Luther, dans *De servo arbitrio* (1525), refuse cette confiance, le dogme ecclésiastique pouvant être subjectif et erroné[147].

De son côté, Henri Corneille Agrippa envisage la complexité de l'appréhension de la vérité. Dans *De occulta philosophia* (1510, publié en 1533), il s'aventure à dire que l'on peut apprendre grâce à des forces magiques. Les êtres humains participent à trois mondes : le terrestre, le céleste et le spirituel. En tant que microcosme au sein d'un macrocosme harmonieux, l'esprit humain peut déchiffrer le sens de phénomènes que sont les mots et les lettres qui, influencés par des forces sidérales, peuvent devenir porteurs terrestres de messages divins[148]. Plus tard, cependant, dans *De incertitudine et vanitate scientiarum et artium* (1526, publié en 1530), Agrippa change sa position, déniant toute validité à la capacité humaine de percevoir la vérité. Les contradictions inhérentes aux sciences et aux arts sont pernicieuses, voire pestilencielles ! C'est pourquoi, selon lui,

143 *Ibid.*, p. 3.
144 *Ibid.*, p. 3-9.
145 *Ibid.*, p. 10-11.
146 *Ibid.*, p. 7-9.
147 *Ibid.*, p. 8-9.
148 R. H. Popkin, *op. cit.*, p. 29. Voir aussi Charles Nauert, « Magic and Skepticism in Agrippa's Thought », *Journal of the History of Ideas*, XVIII, 1957, 167-182 ; B. C. Bowen, « Cornelius Agrippa's *De Vanitate* : Polemic or Paradox ? », *Bibliothèque d'Humanisme et Renaissance*, XXXIV, 1972, p. 249-256.

seul le fidéisme permet d'atteindre la vérité dans le domaine des écrits bibliques[149]. Dans *Phædrus sive de laudibus philosophiæ* (1533, publié en 1538), Jacques Sadolet présente des vues également ambivalentes. Au livre I, Phædrus l'interlocuteur défend le fidéisme, déclarant que Dieu dissimule les secrets de la nature, et que c'est par la révélation que la vérité est atteinte. La philosophie, tant morale que naturelle, est inutile ; la dialectique aboutit à un discours et à des syllogismes vides de sens. Au second livre, toutefois, Sadolet défend le raisonnement humain, et en particulier les philosophies de Platon et d'Aristote qui donnent accès au savoir religieux et à la sagesse divine[150]. Louis Le Caron, dans le *Courtisan second* qui figure parmi ses *Dialogues* (1556), résume les arguments de Sadolet[151].

Guy de Brués, dans ses *Dialogues* (1557), souligne les tensions entre raisonnement humain et fidéisme, s'appuyant sur des arguments qui justifient, mais en fin de compte réfutent, le scepticisme[152]. Deux interlocuteurs, Jean-Antoine de Baïf et Pierre de Ronsard discutent, dans le premier de trois dialogues, de l'épistémologie du scepticisme. Selon Baïf, la notion de vérité impliquerait la constance des lois ; mais, sous l'influence de données sensorielles, les pensées considérées comme absolues se fragmentent en propositions relatives et la connaissance n'est plus alors qu'une série d'opinions. Selon Ronsard, la raison est capable de percevoir la vérité. Comme Baïf, il considère les enquêtes des sciences naturelles comme postulant des opinions fondées sur des perceptions sensorielles. Mais il avance également un double argument à l'encontre des affirmations de Baïf. L'être humain possède des pouvoirs intellectuels qui le distinguent des animaux. La raison lui permet de discerner la validité des questions morales, et de connaître les principes reflétant les idées innées correspondant à la révélation divine. L'application de ces idées innées à l'action morale dépend donc de l'exercice de la raison.

149 R. H. Popkin, *op. cit.*, p. 28-30.

150 R. H. Popkin, *op. cit.*, p. 30-31 ; Henri Busson, *Le rationalisme dans la littérature française de la Renaissance (1533-1601)*, Paris, Vrin, 1957, p. 101-103 ; Richard M. Douglas, *Jacopo Sadoleto, 1477-1547 : Humanist and Reformer*, Cambridge, Mass., Harvard University Press, 1959, p. 5 et 196-198.

151 Louis Le Caron, *Dialogues*, éd. Joan A. Buhlmann et Donald Gilman, Genève, Droz, 1986, p. 30-34 et 125-180. Voir aussi, H. Busson, *op. cit.*, p. 100.

152 Guy de Brués, *The Dialogues of Guy de Brués*, éd. P. P. Morphos, Baltimore, Johns Hopkins University Press, 1953, p. 25-71. Voir aussi R. H. Popkin, *op. cit.*, p. 33-35.

C'est ici que s'applique la psychologie des facultés courante au XVIe siècle. L'utilisation du jugement logé au ventricule du milieu du cerveau permet d'évaluer les perceptions sensorielles situées dans la première partie de l'intellect, et les réconcilie avec le souvenir d'expériences et d'idées conservées dans la partie postérieure. C'est ainsi que, grâce à l'utilisation du jugement ou du raisonnement humain, les particularités changeantes et instables des *sensibilia* reflètent les universaux constants et permanents inhérents aux *intelligibilia*[153]. Pour l'instant, Baïf semble convaincu ; mais il insiste pour attendre de connaître l'application de cette épistémologie à la morale et aux lois, sujets que les autres interlocuteurs, Jean Nicot et Guillaume Aubert, vont aborder dans les dialogues subséquents.

Comme Tyard, Brués connaissait la Brigade[154]. À coup sûr, le fait d'intégrer Baïf et Ronsard au sein du dialogue comme interlocuteurs reflète sa familiarité avec leurs idées. En outre, comme plusieurs historiens l'ont noté, Brués devint membre de la Pléiade en 1554, de même que Nicot, Choiseul et Pasquier. Mais il était également associé aux réformes de Pierre de La Ramée et d'Omer Talon. En fait, Talon publia en 1548 ses *Academica* qui résument nombre des idées sceptiques promulguées par Cicéron. Les données empiriques, dont procèdent les idées, donnent lieu à la croyance. Les convictions religieuses, à la différence de connaissances provenant uniquement de données empiriques, se fondent sur la croyance en des idées qui peuvent s'avérer discutables ; de là, la fonction du fidéisme qui identifie l'idée, puis vise à justifier la croyance en rassemblant des preuves. Inévitablement, le scepticisme tend à saper la confiance en la validité de la croyance ; du moins le fidéisme offre-t-il la possibilité d'allier croyance et preuves vérifiables dans la mesure où l'on a conscience du statut discutable de l'idée en question. Tyard et Brués ne se sont peut-être pas connus personnellement, mais leurs contacts respectifs avec des membres de la Pléiade rendent probable une appréciation commune de la pensée de Brués concernant le scepticisme et, par extension, du résumé par Talon des *Academica* de Cicéron[155].

153 Murray W. Bundy, *The Theory of Imagination in Classical and Mediaeval Thought*, Urbana, University of Illinois Press, 1927, ch. 3 et 9 ; Grahame Castor, *Pléiade Poetics : A Study in Sixteenth-Century Thought and Terminology*, Cambridge, Cambridge University Press, 1964, ch. 14.

154 Brués, *op. cit.*, p. 21-25.

155 R. H. Popkin, *op. cit.*, p. 31-33.

La publication par Henri Estienne d'une traduction en latin des *Hypotyposes* de Sextus Empiricus, suivie par la *Vie de Pyrrhon* (1562) de Diogène Laërce, renforça la prééminence du scepticisme en France au XVIe siècle[156]. Dans son texte, Sextus décrit la situation humaine comme prisonnière du dogme prescrivant les normes d'évaluation des problèmes et menant par la suite à des conclusions erronées. Dans *Adversus astrologos*, publié en 1568, il décrit les difficultés de la prédiction astrologique. La première édition du *Mantice* de Tyard précède la publication par Estienne des œuvres de Sextus. Toutefois, la pensée de Sextus était largement diffusée en Europe à la fin du XVe siècle et au début du XVIe[157]. Le frère dominicain Jérôme Savonarole, dans son opposition à l'autorité ecclésiastique, semble s'être servi de l'œuvre de Sextus pour attaquer le pape en 1497 et 1498. En tant qu'enseignant de la logique scolastique au couvent de Saint-Marc à Florence, il chargea trois de ses étudiants de préparer une traduction latine de l'œuvre manuscrite de Sextus[158]. Pic de la Mirandole témoigne de ce que Savonarole conseillait la lecture des écrits de Sextus comme introduction à la foi chrétienne. En outre, un de ces manuscrits appartenait effectivement à Pic de La Mirandole[159], dont les arguments à l'encontre de la divination astrologique, exposés dans ses *Disputationes adversus astrologiam divinatricem* (1496), coïncident avec ceux de Sextus[160]. Jean-François, neveu de Jean, poursuit ces attaques dans *De rerum prænotione* (1520)[161]. Ainsi que l'a démontré Sylviane Bokdam, Tyard a pu puiser sa pensée dans la *Vie de Pyrrhon* qui parut au XVe siècle dans des traductions latines et retrace les grandes lignes du scepticisme pyrrhonien (Venise 1475 ; Nuremberg 1476)[162]. À coup sûr, les doutes à l'encontre de l'astrologie judiciaire faisaient rage[163].

156 *Ibid.*, p. 36.

157 *Ibid.*, p. 5-7, 17-19.

158 Pour une description de la transmission du pyrrhonisme, voir R. H. Popkin, *op. cit.*, p. 3-6 et 17-31 ; Charles B. Schmitt, *op. cit.* ; Richard Bett, *Pyrrho, His Antecedents, and His Legacy*, Oxford, Oxford University Press, 2000 ; et Luciano Floridi, *Sextus Empiricus : The Transmission and Recovery of Pyrrhonism*, Oxford, Oxford University Press, 2002.

159 R. H. Popkin, *op. cit.*, p. 6 et 20-21.

160 Pontus de Tyard, *Mantice*, éd. J. Céard, p. 15, 17, 20-23. Voir aussi Pontus de Tyard, *Mantice*, éd. S. Bokdam, p. 49, et R. H. Popkin, *op. cit.*, p. 6-7.

161 R. H. Popkin, *op. cit.*, p. 6-7 et 304, n. 10 ; Tyard, *Mantice*, éd. S. Bokdam, p. 26.

162 Tyard, *Mantice*, éd. S. Bokdam, p. 64, n. 9.

163 K. M. Hall, *op. cit.*, p. 90-94, 167-171 ; Tyard, *Mantice*, éd. S. Bokdam, p. 16-28 ; Tyard, *Mantice*, éd. J. Céard, p. 15-36.

Le scepticisme devient alors une attitude épistémologique justifiée ; et, selon la description par Tyard de l'astrologie judiciaire dans *Le Premier Curieux*, « plusieurs endroits de ceste divinatrice doctrine, sont fondez sur sablon trop mouvant[164] ».

LA *CRISE PYRRHONIENNE* DE TYARD

Dans *Mantice* (1558, 1573, 1587) Tyard, comme Sextus Empiricus et Jean ainsi que Jean-François Pic de La Mirandole, analyse les validités de l'astrologie qui mettent en question les certitudes de l'information empirique et aboutissent à la suspension du jugement. Utilisant la structure dialogique de la *disputatio* ou du *débat*, il met en scène deux interlocuteurs qui examinent deux points de vue opposés. Le Curieux utilise les perceptions des sens et le raisonnement en vue d'analyser les mouvements astronomiques, mais met en question les effets des forces sidérales sur l'action humaine. Les étoiles produisent lumière et chaleur, et leurs mouvements affectent les changements de saison. Toutefois, l'argument de l'astrologue, selon lequel l'arrivée de l'hirondelle cause le printemps, est, selon son jugement, fautif et ne peut être soutenu par la logique[165]. Mantice contredit cet argument, voyant un lien entre mouvements astraux et phénomènes terrestres. C'est l'harmonie qui définit l'ordre divin du cosmos ; elle est inhérente à la base mathématique des douze maisons du zodiaque. Dans cette perspective les astres sont les signes du dessein divin et les instruments au moyen desquels Dieu communique cet ordre aux humains. Le Solitaire fait office d'arbitre de la discussion ; il assume une position équivoque. Certes, les mouvements planétaires affectent l'existence humaine, nous faisant « sentir çà bas quelque efficace de leurs vives vertuz[166] ». Néanmoins, sans tout à fait appuyer la position du Curieux, le Solitaire rejette l'astrologie judiciaire qui perçoit un lien de cause à effet entre les mouvements célestes et les événements humains et donne lieu à des prédictions d'événements terrestres causés par des influences astrales. *Mantice* a donc pour sujet, en apparence, le fonctionnement et l'application de l'astrologie, mais en profondeur attire l'attention sur la quête de la vérité.

164 Tyard, *Le Premier Curieux*, éd. J. Céard, p. 131 (voir aussi p. 173-174).
165 Tyard, *Mantice*, éd. J. Céard, p. 69.
166 *Ibid.*, p. 134.

Selon Sylviane Bokdam, le Curieux est « le représentant d'une épistémologie (presque pré-cartésienne) de l'évidence[167] » ; et, en introduisant le sujet de l'astrologie, le Solitaire confesse que « autour de l'Ouy et du Non de sa verité, est un nœud fort difficile à deslacer [...][168]. » Pour le Curieux, le savoir doit être fondé sur des « cognoissances acquises par vives et naturelles demonstrations, assises sur quelques principes et fondemens veritables, certains, et tellement cogneuz, que les nier fust dementir ses sens et raison naturelle[169] ». Ainsi, des doutes apparaissent souvent ; et les bases épistémologiques du scepticisme permettent au Curieux de voir « l'Astrologie Divinatrice estre fausse, frivole, et mensongere[170] ». D'autre part, Mantice, comme les fidéistes, suspend son jugement devant « l'authorité d'une personne illustre[171] », reconnaissant que la cause d'événements terrestres provient des « admirables efficaces Celestes[172] ». Aucun lien de cause à effet entre mouvements planétaires et occurrences terrestres ne se fait jour, et la position du Solitaire à la fin du dialogue est ambivalente :

> [...] je suis demeuré suspendu entre l'OUY et NON : aimant mieux rester encor douteux en subjet tant serieux, que legerement me liguer d'une part, qui possible, seroit plus foible et la moins soustenable[173].

En explorant le sujet de l'astrologie, le Solitaire met à l'épreuve les prétentions de celle-ci à la connaissance et les critères de sa validité. L'emploi de mots tels que « suspendu » et « douteux » est significatif. Dans sa *Vie de Pyrrhon* Diogène Laërce reconnaît les effets négatifs du doute qui fait obstacle à la compréhension humaine et, par l'emploi du débat, laisse entendre la suspension du jugement[174]. Ainsi, puisque, selon le Solitaire, la validité de la divination astrologique implique « creance aux jugemens fondez sur ces incertitudes[175] », des doutes se font jour et finissent par entraîner cette suspension.

---

167 Tyard, *Mantice*, éd. S. Bokdam, p. 45.
168 Tyard, *Mantice*, éd. J. Céard, p. 49.
169 *Ibid.*, p. 73.
170 *Ibid.*, p. 92.
171 *Ibid.*, p. 93.
172 *Ibid.*, p. 99.
173 *Ibid.*, p. 128.
174 Diogène Laërce, *Pyrrhon*, *Vies*, 9, 70 et 78-79.
175 Tyard, *Mantice*, éd. J. Céard, p. 129.

Dans sa méticuleuse étude de la composition des *Discours philosophiques*, Kathleen Hall considère la structure de cette encyclopédie en forme de dialogue comme un mouvement évolutif depuis une acceptation fidéiste des idées vers une mise en question de leur validité et en fin de compte vers des conflits entre les pouvoirs de la raison humaine et la réalité de la vérité théologique[176]. Le cadre néoplatonicien des *Solitaires* permet à Tyard d'accepter une autorité d'un ordre supérieur qu'il décrit dans le *Solitaire premier* comme « la sourse de bonté, beauté, et sapience de l'unique Soleil divin[177] ». La description du dynamisme de la fureur poétique dans le *Solitaire premier* trouve son prolongement parmi les complexités de l'harmonie musicale analysées dans le *Solitaire second.* Des différences existent entre la perception sensorielle de la *musica mundana* et les harmonies cosmiques de la *musica divina* ; mais la synthèse de ces deux phénomènes aboutit à « une vraye resolution de la chose disputée en nos espris[178] ». Selon Kathleen Hall, la réconciliation des deux perspectives devient tendue en 1556, et la friction entre les idées empiriques du Solitaire et la pensée fidéiste de Hieromnime dans le *Discours du temps* témoigne d'une mise en question de l'autorité. En outre, les différences entre données empiriques et compréhension intellectuelle deviennent plus évidentes dans *L'Univers* (1557) et *Mantice* (1558). Toutefois, le scepticisme de Tyard ouvre la voie à sa foi en une vérité théologique, car la Bible reflète la source ultime d'un jugement qui, selon le Curieux, est le « tesmoignage franc de toute exception[179] ». Il reste que des disparités parmi les données empiriques mènent à des évaluations erronées et à des conclusions invalides. Néanmoins, la nature reflète la gloire de la création divine, et les pouvoirs de raisonnement qui donnent lieu au doute cèdent le pas à la reconnaissance intuitive de la vérité offerte par le fidéisme, confiant en « la Grace en l'humanité de la parole Divine. De ce simulacre second la vraye, bonne, et unique clarté procedante de la vraye, bonne, et unique source de lumiere, a ouvert les yeux humains : et par la vive persuasion de sa doctrine a donné aux voyans cognoissance de la verité[180] ». Tyard ne conteste pas la présence de preuves empiriques dans le domaine des sciences naturelles. Cependant,

176 K. M. Hall, *op. cit.*, p. 136-171.
177 Tyard, *Solitaire premier*, éd. S. F. Baridon, p. 2.
178 Tyard, *Solitaire second*, éd. C. M. Yandell, p. 233.
179 Tyard, *Le Premier Curieux*, éd. J. Céard, p. 145.
180 *Ibid.*, p. 62.

d'autres vérités résident dans « la parole Divine[181] ». Ces deux domaines épistémologiques coexistent, et l'immuabilité de la vérité théologique n'est pas subvertie par les preuves scientifiques. Il reste que les doutes causés par les perceptions des sens éveillent des questions exigeant que soit suspendu le jugement, et que soit acceptée l'autorité divine.

Dans la première édition du *Discours du temps* (1556) Tyard fait état de données empiriques désaccordées : variations dans le calendrier, calculs contradictoires dans la mesure du temps et la datation des jours, difficultés pour déterminer la durée d'un jour, d'un mois, d'une année. La validité de chacun des résultats en question est empiriquement vérifiable, mais le dialogue commence et finit dans l'impossibilité de comprendre la nature du temps. Au dire du Solitaire, « l'estat de nostre vivre, tant inconstant et incertain, que fable (tant soit-elle fabuleuse) ne me semble moins avoir de verité en vraye essence [...]. » (335r°) Plus loin, Scève observe combien il est difficile de fixer les moyens de mesurer le temps exactement et à l'aide de critères uniformes ; à ses yeux tous ces efforts ne sont qu'« obscure speculation » ; et il va jusqu'à renchérir sur la comparaison du Solitaire entre entendement humain et « fable » en traitant l'entendement de mensonge. À la fin du dialogue, Scève, comme le Solitaire dans *Mantice*, assume le rôle d'arbitre, reconnaissant que l'esprit humain est capable de définir l'œuvre de la sagesse divine et d'ordonner la vie comme un don de Dieu (368r°). Ce rapport entre la vie pratique de tous les jours et la réalité de la vérité cosmique suggère l'existence d'un lien entre chronologie et éternité ; mais la nature de cette dynamique interactive échappe à l'entendement humain. Le scepticisme mènerait donc au fidéisme, ce qui serait conforme à l'idée de Kathleen Hall sur la structure des *Discours philosophiques* comme progression depuis les certitudes du néoplatonisme dans les *Solitaire* jusqu'aux doutes sur le calcul du temps, aux incertitudes de l'astrologie et aux limites de la compréhension des sciences naturelles. Toutefois, il faut noter qu'en examinant la composition des *Discours* Kathleen Hall ne tient pas compte de la signification des changements et des additions à chaque texte individuel, que l'interprétation devrait incorporer. En fait, elle considère que ces modifications n'ajoutent guère à la substance des dialogues. Pourtant, les ajouts intégrés par Tyard dans le *Discours du temps* reflètent une conscience intensifiée des limites de la raison humaine, et de l'incompréhensibilité de la vérité divine.

181 *Ibid.* Voir K. M. Hall, *op. cit.*, p. 153.

Ainsi que nous l'avons fait observer, l'inclusion de la préface, et le rôle plus important attribué à Hieromnime, contribuent à mettre en relief, dans la seconde édition du *Discours* (1578), le thème de l'harmonie cosmique. Dans la préface, Tyard reconnaît les « divers mouvemens » des planètes qui font partie de la « constante inconstance » (334r°) des événements terrestres et des mouvements planétaires. Deux préoccupations épistémologiques également significatives se font jour au sein de cette vision d'une *discordia concors* : 1. l'aspect pratique du besoin de mesurer le temps, 2. la contemplation des planètes célestes (334v°). Les contradictions provenant de différents calendriers, modes de mesure et calculs en désaccord étaient déjà présentes dans la première édition, et font partie de la seconde ; et les doutes provoqués par les données empiriques définissent la crise intellectuelle que le Solitaire affronte au début du dialogue. Le fait que Hieromnime s'appuie sur l'autorité de l'Écriture, la Providence et l'histoire ecclésiastique suggère qu'il ne croit pas l'esprit humain capable de saisir la notion du temps ; et qu'il éprouve le besoin de confier le maniement des opérations cosmiques à une autorité supérieure.

Le fidéisme adopté par Hieromnime devient donc une position épistémologique viable, qui reconnaît les complexités et l'incompréhensibilité de la nature du temps. De nouvelles preuves empiriques interviennent dans la troisième édition (1587), ajoutant aux doutes sur la fiabilité et l'utilité du raisonnement humain. Ce sont en particulier les tentatives pour attribuer une date à Pâques qui provoquent de telles questions. Les réformes proposées par le pape Grégoire XIII paraissent nécessaires et justifiées ; elles sont fondées sur des données scientifiques soigneusement recueillies et analysées. Pourtant, cette information n'est pas de tout repos.

Ainsi, la connaissance des données recueillies par Tyard entre la seconde et la troisième édition ne conduit nullement à une réponse définitive et unifiée. Les incertitudes persistent. À la fin du texte, le Solitaire admet que « ny le cours de ses estoiles ne sera jamais certainement cogneu : et que tant plus les Astronomes entreront avant en telles considerations, et tant moins ils auront de certitude [...] » (366v°-367r°). La croyance d'Hieromnime en la « prescience de la divinité » (368r°) contredit les doutes du Solitaire. Il est possible, ainsi que nous l'avons vu, que les remarques finales de Scève sur la mise en ordre de sa vie mortelle donnée par un Dieu immortel (368r°) suggèrent un lien entre la mutabilité de la vie terrestre et l'immutabilité de la sagesse divine. La *crise pyrrhonienne* formulée par le Solitaire au début et à la fin du dialogue mène donc vers une suspension du jugement qui ne nie point les preuves empiriques mais reconnaît les limites de la raison humaine.

CONCLUSION

Comme le Solitaire dans *Mantice*, les trois interlocuteurs du *Discours du temps* se voient obligés de suspendre leur jugement à propos de l'idée du temps. Les doutes provenant de données empiriques contradictoires font obstacle à la construction d'un calendrier dont les mesures chronologiques seraient exactes. Mais les preuves scientifiques existent, en même temps que la foi en Dieu et la perception de l'éternité demeurent intactes et constantes. Le personnage de Scève incarne le lien entre réalités spirituelles et terrestres en conformité également avec la pensée de Tyard dans ses homélies. Ainsi, dans ses *Homilies sur l'Oraison dominicale* (1586), il affirme la capacité humaine d'étudier les phénomènes tant terrestres que célestes. Cependant, il décrit également la substance de Dieu en ce qu'elle « outrepasse du tout la capacité ou cognoissance de l'entendement de l'homme[182] ». Selon l'analyse de ces textes par Eva Kushner, la Muse de Tyard, c'est « le Christ vers qui chaque page doit être tournée[183] ». Une *coincidentia oppositorum* se fait jour ; mais, malgré la validité du paradoxe, la dynamique interactive des dimensions mesurables et éternelles du temps échappe à la raison humaine. Dans *De Trinitate*, saint Augustin remarque que « *[F]ides quærit, intellectus invenit*[184] », mais dans ses *Confessions* il indique que le temps demeure un mystère[185]. Le temps, selon lui, doit être perçu dans une dimension psychologique qui, en tant que *distentio animi*, atteint et même dépasse la capacité de la raison humaine[186]. La tension entre scepticisme et fidéisme inhérente aux idées de Tyard sur le

182 Tyard, *Homilie IIII, « Ton nom soit sanctifié », Livres d'homilies, Premier Livre, « Sur l'Oraison dominicale »* dans Tyard, *Œuvres complètes*, t. VI, éd. Marie-Madeleine Fragonard, François Rouget et François Roudaut, Paris, Honoré Champion, 2007, p. 216.

183 E. Kushner, *Pontus de Tyard et son œuvre poétique*, *op. cit.*, p. 84.

184 S. Augustin, *De Trinitate*, 2 t., éd. W. J. Mountain, CCSL 50-50A, 1968 ; réimpression, Turnhout, Brepols, 2001, t. 1, 15, 2, 2.

185 S. Augustin, *Les Confessions*, 11, 14-15. Voir John Spencer Hill, *Infinity, Faith, and Time : Christian Humanism and Renaissance Literature*, Montréal et Kingston, McGill-Queen's University Press, 1997, p. 81.

186 S. Augustin, *ibid.*, 11, 28-31 ; J. S. Hill, *ibid.*, p. 82.

temps rappelle la pensée augustinienne et reflète plus généralement la problématique relation entre les limites de l'entendement humain et la croyance en une sagesse divine.

STRUCTURE ET ARGUMENTATION

Les complexités et l'importance du temps et des méthodes utilisées pour le mesurer appellent une synthèse d'idées, d'évaluations et de faits historiques. Dans son œuvre encyclopédique, Tyard réunit cette information d'une manière complète et rigoureuse. Certes, les données empiriques tendent à entrer en conflit avec les croyances spirituelles ; et les certitudes atteintes par les mathématiques, la logique et la grammaire éludent les sujets discutables que sont le temps et les modalités de sa mesure. Dans *Sceve ou discours du temps*, ainsi que nous l'avons noté, Tyard répond correctement aux défis de l'observation et de la compréhension de la circularité des mouvements planétaires menant à formuler un dessein linéaire, concrètement représentable, et applicable aux affaires humaines. Idées, découvertes, et calculs variés et même contradictoires se font jour et doivent figurer dans le texte. Comme nombre de penseurs, théologiens, spécialistes en sciences naturelles et théoriciens littéraires Tyard aurait pu communiquer ces pensées sous forme de commentaire ou de traité. De prestigieux précédents auraient justifié un tel choix : Aristote, Plutarque, Censorinus, Bède, Isidore, Thomas d'Aquin et Giraldi trouvaient ce genre approprié. Mais Tyard choisit la forme du dialogue qui, grâce à Platon, Cicéron et Lucien, était largement utilisée. Le fait d'avoir traduit en français les *Dialoghi d'amore* de Léon l'Hébreu a pu permettre à Tyard de discerner les qualités et traits particuliers d'un genre qui a tant contribué à l'art et à l'argumentation caractéristiques du *Discours du temps.*

Dans un essai séminal, Hanna Gray a défini le dialogue de la Renaissance comme une forme flexible de discussion[187]. Il est certain que les dialogues de Platon, de Lucien et de Cicéron démontrent les emplois

187 Hanna H. Gray, « Renaissance Humanism : The Pursuit of Eloquence », *Journal of the History of Ideas*, XXIV, 1963, p. 497-514, surtout p. 512.

possibles d'un genre destiné plus tard à assumer la forme du débat médiéval et de l'enquête humaniste. La diversité des sujets qui embrassait sciences, philosophie, poésie, rhétorique, musique, mathématiques, politique, grammaire, éducation, religion et langue paraissait illimitée. Afin de gagner dans une dispute, ou d'élucider une matière donnée, ceux qui prenaient la parole utilisaient nombre de techniques et de stratégies pour attaquer ou applaudir : la présentation démonstrative, l'explication théorique, la critique vitupérative, l'invective satirique, l'exposition comique. L'*Éloge de la folie* (1511) d'Érasme et l'*Utopie* (1516) de More abondent en exemples de la multitude de sujets et de techniques dont disposaient les auteurs de dialogues. Rabelais, Marguerite de Navarre, et Bonaventure Des Périers utilisent la forme dialoguée parmi d'autres stratégies. Mais, durant la décennie de 1550, le dialogue comme genre en soi gagne encore en popularité. Le *Dialogue de l'orthographe* (1550) de Jacques Peletier du Mans examine les complexités de la transcription écrite des sons. Étienne Pasquier explore les rapports entre l'amour et le mariage dans *Le Monophile* (1554) ; Le Caron traite du gouvernement de l'état, de la sagesse, de l'épistémologie, du talent poétique et de la métaphysique dans ses *Dialogues* (1556) ; et Guy de Brués dans ses propres *Dialogues* (1557) défend l'emploi de la raison en morale et en matière de droit. Au cours des décennies suivantes, Jacques Tahureau (*Les Dialogues*, 1565), Pierre de L'Hostal (*Discours philosophiques*, 1579), et Madeleine et Catherine Des Roches (*Œuvres, Secondes Œuvres, Missives*, 1586) continuent à utiliser la forme dialoguée en vue d'examiner différentes problématiques[188]. Les *Discours philosophiques* de Tyard s'inscrivent dans ce courant, dépassant les limites de la simple forme encyclopédique

188 Pour une description du dialogue en France au XVIe siècle, voir, en particulier, Mustapha Bénouis, *Le Dialogue philosophique dans la littérature française du seizième siècle*, La Haye-Paris, Mouton, 1976 ; Eva Kushner, « Réflexions sur le dialogue en France au XVIe siècle », *Revue des Sciences Humaines*, CXLVIII, 1972, p. 485-501 ; E. Kushner, « The Dialogue of the French Renaissance : Work of Art or Instrument of Inquiry ? », *Zagadnienia Rodzajów Literackich*, XX, 1977, p. 23-35 ; E. Kushner, « Le dialogue en France au XVIe siècle : quelques critères génologiques », *Canadian Review of Comparative Literature*, V, 1978, p. 141-153 ; E. Kushner, « Le dialogue de 1580 à 1630 : articulations et fonctions », dans *L'automne de la Renaissance 1580-1630*, études réunies par Jean Lafond et André Stegmann, Paris, Vrin, 1981, p. 149-162 ; E. Kushner, « Le dialogue en France de 1550 à 1560 », dans *Le Dialogue au temps de la Renaissance*, éd. M.-T. Jones-Davies, Paris, Touzot, 1984, p. 151-167 ; C. J. R. Armstrong, « the Dialectical Road to Truth : The Dialogue », dans *French Renaissance Studies, 1540-1570 : Humanism and the Encyclopedia*, éd. Peter Sharratt, Edinburgh, Edinburgh University Press, 1976, p. 36-51 ; Donald Gilman, « Theories of Dialogue », dans *The Dialogue in*

par la vivacité des échanges entre différents personnages aux perspectives divergentes.

Dans le *Discours du temps*, chacun des interlocuteurs incarne une position exigeant la présentation de preuves. Réalité et fiction s'entremêlent dans cet échange dramatique. En tant qu'auteur du dialogue, Tyard est un personnage historique chargé de rassembler des données concernant la nature et la mesure du temps. Mais en tant qu'un des interlocuteurs, il est, assumant la voix du Solitaire, un personnage fictif dont la curiosité intellectuelle le pousse à explorer les mystères de la condition humaine caractérisée par le changement et l'inconstance. Selon la remarque de Saulnier, cette « curiosité est immédiatement encyclopédique[189] ». Tyard cherche à comprendre la dynamique du temps au moyen d'une distinction entre l'éternité et la chronologie, un classement des unités de temps et un survol des réformes du calendrier. Les données empiriques qu'il recueille auprès de différentes autorités paraissent indiscutables, et Scève et Hieromnime ne mettent pas en doute leur validité. Ces connaissances reflètent donc une mesure de certitude. Mais observations variables et erreurs de calcul entraînent des révisions menant au questionnement et au doute. L'interprétation des données concrètes est sujette à la perspective de l'interprétant ; la formulation de calendriers lunaires, lunisolaires, solaires fournit des renseignements précis mais comporte aussi des erreurs qu'il s'agit de rectifier. En définitive, la certitude empiriquement vérifiable fait naître les doutes sur lesquels portera la discussion.

La position d'Hieromnime est à l'opposé de celle du Solitaire. Contrairement à l'interlocuteur à la fois fictif et réel qu'est Tyard ou le Solitaire, c'est un personnage imaginaire incarnant le sens étymologique de son nom. *Hieron*, le divinement inspiré, rappelle la romanisation du nom Jérôme, et surtout saint Jérôme, docteur de l'Église, mais fait également penser à *hieromnomen*, gardien officiel des cultes sacrés[190]. En empruntant des énoncés et des récits à la Bible et à d'autres sources

---

Early Modern France, 1547-1630 : Art and Argument, éd. Colette H. Winn, Washington, D.C., Catholic University of America Press, 1993, p. 5-76, surtout, p. 7-28.

189 V.-L. Saulnier, *Maurice Scève, prince de la Renaissance lyonnaise*, 2 t., Paris, Klinksieck, 1948, I, p. 390.

190 Clément d'Alexandrie, *Exhortation aux Grecs*, 2, 21 ; Eusèbe de Césarée, *La préparation évangélique*, 7, 10, 14 ; Tyard, *The Universe of Pontus de Tyard*, éd. John C. Lapp, Ithaca, Cornell University Press, 1950, p. XIX, n. 18.

religieuses, Hieromnime, comme Tyard lui-même, cherche à utiliser des données essentielles à la formulation d'un calendrier viable. Mais, plutôt que de se fonder sur des observations et des calculs astronomiques, il met en rapport textes sacrés et phénomènes terrestres : 1. la réconciliation du livre apocryphe d'*Énoch* avec l'histoire du déluge telle que racontée dans la *Genèse* pour justifier l'année de douze mois, 2. la définition du jour par Moïse, ou selon la datation de la naissance du Christ à minuit (342v°), 3. la création du monde par Dieu en six jours et le repos du sabbat, avec la durée de la semaine (346v°-347r°), 4. les différences entre les calendriers grecs et romains « qui ont mis schisme entre l'Eglise Grecque et l'Eglise Latine » (361r°), 5. l'accord entre les calculs astronomiques des épactes et les écrits de Moïse et des kabbalistes (362v°-363r°).

Cependant, ces oppositions ne sont pas absolues, car ni le Solitaire ni Scève ne sont en désaccord total avec Hieromnime. Par exemple, le Solitaire parle de la signification de certains jours et de leurs « superstitieuses raisons » (345r°) selon Hésiode et Virgile[191]. Hieromnime rattache ces pensées aux « livres de Moyse, enveloppant si cautement les secrets de la creation, et le repos de Dieu souz le reply de ses fables » (345r°). Le Solitaire ne retire pas son jugement vis-à-vis d'Hésiode mais affirme qu'Hésiode, comme les prophètes et grands personnages bibliques, peut avoir reconnu la vérité, et que ses œuvres reflètent une « image de verité » (345r°). Semblablement, Scève est d'accord avec Hieromnime en ce qui concerne l'ignorance de l'homme une fois privé de la grâce : « [n]ul de nous [...] refuse ceste votre raison » (338v°). Chaque personnage est bien défini ; et Scève critique Hieromnime, lui reprochant de s'éloigner du sujet de la discussion, qui est la mesure du temps. La caractérisation du Solitaire suit le même modèle : il est d'accord avec Hieromnime tout en sapant la base de l'argument de celui-ci. Hieromnime, à la suite de son explication de la manière dont Moïse et les kabbalistes incorporent les mouvements planétaires dans leur enseignement, fait également état, à cet égard, de la théologie égyptienne. En un sens, il semble accepter l'idée de percevoir la vérité à travers les images créées par Hésiode et Virgile (345r°) ou des fables tirées de la mythologie égyptienne (363r°). Même s'ils semblent s'accorder à cet égard, les deux interlocuteurs doivent affronter les contradictions inhérentes au domaine dont il est question. Hieromnime reconnaît les limites de l'entendement humain

191 Hésiode, *Les Travaux et les Jours*, v. 769-772 ; Virgile, *Géorgiques*, 1, v. 432.

(366v°) ; et le Solitaire reste empêtré parmi des données contradictoires. Hieromnime construit alors un argument fondé sur le rapport entre la mesure du temps et les écrits spirituels, problématique en opposition avec l'argument du Solitaire et, jusqu'à un certain point, celui de Scève. Le sujet nécessite ces oppositions, mais il reste qu'à la fin du dialogue cette complexité continue à éluder, pour les trois interlocuteurs, une compréhension finale.

La position de Scève reste intermédiaire. Comme le Solitaire, il perçoit la signification de l'astronomie en matière de détermination de la mesure du temps ; il élabore la définition du jour et de la nuit offerte par le Solitaire (341r°-345v°), sa description des mois (349r°-362v°), sa pensée concernant les mouvements planétaires (356r°-359r°) et son embarras face aux décalages entre la durée des mouvements célestes et la présentation de celle-ci dans les calendriers (359r°-362v°). Parmi tous ces efforts pour assembler des données empiriques, Scève prend part à la préparation d'une encyclopédie du temps et à la création d'un dialogue faisant place à une voix nouvelle, différente. Il partage certaines caractéristiques d'Hieromnime, se distinguant ainsi du Solitaire. Au début du dialogue, Scève réfléchit à la notion de l'éternité, en contraste avec les propositions concrètes du Solitaire visant à mesurer la chronologie (336r°-337v°). Ses idées donnent à Hieromnime l'occasion de discuter de l'efficacité de la grâce et de l'inspiration divines (338r°-v°), et de réconcilier ainsi des vues opposées. En outre, Scève écoute l'exposé des jours de travail et de liberté énoncé par le Solitaire mais, comme Hieromnime, il met le calendrier en relation avec les pratiques religieuses : « Et n'ose peindre de ceste couleur la devotion des Juifs au jour du Sabath si supersticieusement observé, que leur repos à ce jour, fust seule cause que le grand Pompée conquist Hierusalem » (343v°-344r°). De plus, il y a échange d'idées entre Scève et le Solitaire concernant les rapports entre astrologie et astronomie (339v°-341r°, 345v°-346r°). Le Solitaire explique d'une manière scientifique l'influence des mouvements célestes sur les éléments météorologiques et, éventuellement, sur les humeurs et la santé humaine (339r°-v°). Scève poursuit cette voie et, s'appuyant sur l'autorité de Galien et d'Hippocrate, il décrit le rôle des facteurs astronomiques et astrologiques dans les événements terrestres et les affaires humaines. Empiriquement, on peut observer des liens entre le climat et la santé ; mais selon Scève la prévisibilité de cette influence est affaire de pronostic. Certains jours peuvent être « judiciaires » (345v°), ceux où « les corps celestes estendent çà bas, et sur toutes choses elementaires, leur puissance » (346r°). Selon Ficin et d'autres philosophes et savants du XVIe siècle, l'astrologie révèle l'influence des astres sur les phénomènes terrestres[192]. Mais les prédictions relatives à ces influences sont du domaine spirituel ; et comme Tyard le montre dans *Mantice*, elles peuvent s'avérer invalides. Néanmoins, les affirmations de Scève concernant l'interaction entre astrologie et prévisions rappellent les idées d'Hieromnime sur le pouvoir de l'inspiration divine. Ainsi, Scève élargit la présentation de faits empiriques que favorise le Solitaire mais, comme Hieromnime, il considère la possibilité de la compréhension ultime comme un mystère spirituel détenu par Dieu seul, en qui il se confie : « quant à moy j'estime la vie m'estre donnee de Dieu, comme un depost en garde : et vrayment je la garderay tant et si cherement qu'il me sera possible, attendant qu'il plaise au Seigneur, duquel j'en ay la charge, de la r'avoir de moy [...]. » (368r°).

Dans son effort pour allier information concrète et forme fictive, Tyard utilise le dialogue, si fertile en possibilités de puiser à la fois aux ressources de la philosophie et à celles de la poésie. Il a pu sans peine trouver des modèles chez Platon, Cicéron, Bonaventure des Périers, Peletier du Mans, Pasquier, Le Caron, et Brués. Dans la préface de son dialogue *La Claire* (1554), Le Caron offre une définition en même temps qu'une défense du genre[193]. Didactiquement sérieux, il s'exprime d'une manière concrète et directe, libre d'embellissements poétiques. Platon offre l'exemple de cette sorte de discussion dépourvue d'ornements ; mais, selon Le Caron, il sait l'enrichir d'humour et d'épisodes imaginaires si bien que la substance est mise en valeur par ces éléments de fiction. Le Caron ne rédigea pas son dialogue en vers. À ses yeux l'éloquente prose de Démosthène, de Théophraste, et de Cicéron l'emporte sur l'élégance qui pourrait être celle du lyrisme. Quintilien adopte également cette attitude que confirment au XVIe siècle Daniello (1536), Minturno (1559), et Scaliger (1561) dans leurs traités

192 Marsile Ficin, *De vita libri tres*, 2, 20, aussi, p. 33-38. Voir Tyard, *Mantice*, éd. S. Bokdam, p. 49 ; Tyard, *Mantice*, éd. J. Céard, p. 22-23 et 29-30 ; Don Cameron Allen, *The Star-Crossed Renaissance*, Durham, N.C., Duke University Press, 1941, p. 3-37.

193 Louis Le Caron, *La Claire, ou de la prudence de droit, dialogue premier*, Paris, Guillaume Cavellat, 1554 ; D. Gilman, « Theories of Dialogue », *op. cit.*, p. 19-20.

théoriques[194]. En somme, le dialogue, selon Carlo Sigonio (1561) expose, « en prose, les préceptes des sujets les plus sérieux[195] » mais exige que l'argumentation s'enrichisse de l'imitation de perspectives divergentes sachant utiliser techniques poétiques et tropes rhétoriques.

La caractérisation, nous l'avons constaté, provient de la représentation de différents points de vue et voix divergents, créant ainsi un texte à la fois poétique et philosophique. Deux autres procédés contribuent à la verve et à la vivacité de la discussion. En premier lieu, le *locus amœnus*[196]. Comme Platon, Cicéron, Castiglione dans son *Cortegiano*, et More dans *Utopie*, Tyard situe la discussion en un lieu agréable invitant à l'échange d'idées. Certes, en faisant usage du *locus amœnus*, Tyard se conforme à une convention largement utilisée dans des textes anciens et humanistes, mais il le fait de manière à suggérer une ambiance particulière. Parlant des vicissitudes de la vie, le Solitaire exprime sa propre solitude et sa mélancolie (336r°) en contraste avec la personne de Maurice Scève, « de gentile et louable naissance » (335v°). Le Solitaire cherche une situation semblable qui accueillerait ses changements d'humeur et se prêterait à des échanges de vue en profondeur. Son jardin encourage de tels échanges aboutissant à un examen en commun des « termes du Temps et de ses parties » (336r°). Malgré la substance didactique de la conversation l'ambiance fictive y est présente ; la fontaine, et l'air agréable du jardin, rappellent à Tyard les plaisirs des jours d'Halcyon, ce qui mène à la considération de diverses sortes de jours. À la fin de la conversation les musiciens font leur entrée, et par leurs chants et leur musique instrumentale enrichissent l'agrément de la rencontre.

Hôte du *locus amœnus* où se déroule la discussion, Tyard offre également aux interlocuteurs la vivacité de son active rhétorique, c'est-à-dire, son emploi de l'*energeia*[197]. Par exemple, tout en marquant les changements de

194 Quintilien, *Institution oratoire*, 7 t., éd. et trad. J. Cousin, Paris, Les Belles Lettres, 1975-1980, t. 3, 5, 11, 39 et t. 6, 10, 1, 81 ; Bernardino Daniello, *La Poetica*, Giovanni Antonio Nicolini da Sabbio, Venise, 1536, réimpression, Munich, W. Fink, 1968, p. 22-23 ; Antonio Sebastiano Minturno, *De poeta*, Venise, F. Rampazetum, 1559, réimpression, Munich, W. Fink, 1970, p. 16-17 ; Jules César Scaliger, *Poetices libri septem*, Lyon, A. Vincentius, 1561, réimpression, Stuttgart, F. Frommann, 1964, p. 13-14. Voir D. Gilman, « Theories of Dialogue », *op. cit.*, p. 7.

195 « *præcepta rerum gravissimarum pedestri oratione complexi sunt* », Carlo Sigonio, *De dialogo liber*, éd. Johannes Jessenius, Leipzig, H. Osthausus, 1596, p. 5.

196 Voir, en particulier, Eva Kushner, « Le rôle structurel du *locus amœnus* dans les dialogues de la Renaissance », *Cahiers de l'Association Internationale des Études Françaises*, XXXIV, 1982, p. 39-57.

197 Pour une définition de ce concept et les différences entre *enargeia* et *energeia*, voir Aristote, *Rhétorique*, 1411b21-1413b1 ; Quintilien, *Institution oratoire*, 8, 3, 61-62 ; Cicéron, *De l'orateur*,

locuteurs par l'utilisation de verbes usuels tels que « dire » ou « répondre », il anime le discours au moyen d'expressions plus vivantes et nuancées telles que « poursuyvit-il », « [j]e consenty », « adjousta-il », « reprin-je » (337r°), « entrerompy-je » (342r°), « luy demanday-je » (346v°), « si je puis ainsi parler » (351v°), et « ay-je bien souvenance d'avoir leu » (353v°). Les réactions des locuteurs sont empreintes de vitalité. Le Solitaire répond à Scève, s'adressant à lui avec un « sou-ris » (347v°) ; puis, afin de renforcer sa position, il réplique « de mesme face » (347v°). Il infuse de l'énergie dans la signification de verbes tels que « interrompre » ou « répondre » par l'emploi de circonlocutions et de participes présents : « Scève lui coupant la parole », ou « dy-je prenant la parole » (361v°). L'action rend individuelles les allusions et la caractérisation des interlocuteurs, ce qui invite le lecteur à s'engager. Hieromnime décrit Hésiode comme ayant « bien fueilleté les livres de Moyse » (345r°). Dans le but de surmonter la monotonie d'une longue série de faits le Solitaire introduit de l'action : « Ce disant nous approchasmes mon jardin, duquel leur monstrant l'entrée [...] » (346v°). Des remarques personnelles caractérisent les interlocuteurs. Le Solitaire diverge d'une simple présentation empirique, disant entre parenthèses : « si j'ay bonne memoire de ce que j'ay leu » (355r°). Semblablement, Scève prétend mettre en doute sa mémoire, en disant « au moins le pensé-je avoir leu » (361v°). Enfin, les récits sont là (341v°, 362v°-362r°) pour soutenir des idées, pour caractériser des personnages, pour contribuer à la vitalité d'un texte philosophique dans sa substance mais narrativement projeté dans l'imaginaire.

Dans *De copia* (1512), Érasme définit le dialogue comme un genre présentant « chaque personne comme pourvue d'expressions appropriées à son type, son pays, son mode de vie, sa disposition intellectuelle, et son caractère[198] ». Il est possible que Tyard ait songé à cette définition

---

3, 41, 163 ; Érasme, *De copia*, *Opera Omnia*, t. 1, partie 6, éd. Betty I Knott, Amsterdam, North Holland, 1988, 2, 5. Voir aussi N. L. Rudenstine, *Sidney's Poetic Development*, Cambridge, Mass., Harvard University Press, 1967, p. 149-171 ; F. G. Robinson, *The Shape of Things Known : Sidney's* "Apology" *in Its Philosophical Tradition*, Cambridge, Mass., Harvard University Press, 1972, p. 131-151 ; Kathy Eden, *Poetic and Legal Fiction in the Aristotelian Tradition*, Princeton, Princeton University Press, 1986, p. 71-75, 88-94 ; D. Gilman, « Theories of Dialogue », *op. cit.*, p. 62-67.

198 Érasme, *De copia*, *ibid.* : « *quoties unicuique sermonem accomodamus, ætati, generi, patriæ, vitæ, instituto, animo, moribusque congruentem* », p. 212. Voir aussi *De copia*, dans *Collected Works of Erasmus*, vol. 24, éd. Craig R. Thompson et trad. et commentaires par Betty I. Knott, Toronto, University of Toronto Press, 1978, p. 586. La traduction française ci-dessus est d'Eva Kushner.

en composant son *Discours du temps.* Mais, dans sa caractérisation de personnages tant fictifs qu'historiquement existants, il tient compte également de deux objectifs que les critiques humanistes considéraient comme indispensables : la didactique et la dispute. Le drame de la discussion devient le cadre fictif qui, selon Scaliger, permet à l'auteur du dialogue de communiquer « des arguments éclairants et un discours Divin[199] ». Ainsi que nous l'avons noté, chacun des intervenants du dialogue de Tyard propose sur les aspects du temps des vues contradictoires qui expliquent et soutiennent une perspective particulière. Malgré la validité et le ton persuasif de chaque argument, chacune des disquisitions individuelles est incomplète. Collectivement, toutefois, les trois perspectives offrent un ensemble d'informations sur la nature du temps et sur la complexité des méthodes employées pour le mesurer. Tyard pose des questions qui demeurent sans réponse mais qui du même coup fournissent des renseignements supplémentaires et stimulent le questionnement.

Ainsi que Scaliger le fait observer dans ses *Poetices* (1561), l'argumentation constitue la substance du dialogue, et dans le texte tyardien la prise de position de chaque interlocuteur oriente le cours de la dispute et soutient la prémisse donnée. Dans son traité intitulé *De dialogo liber* (1561), Carlo Sigonio définit le genre, décrit sa structure, prescrit différents principes et techniques rhétoriques inhérents à sa composition, et propose des stratégies en vue de l'argumentation[200]. En se fondant sur les *Réfutations sophistiques* d'Aristote[201] et sur la *Vie de Platon* de Diogène Laërce[202], Sigonio classe les dialogues selon deux types de raisonnement : 1. argumentation didactique, 2. dispute dialectique. L'argument didactique examine la nature, les causes, les conséquences et les ramifications d'un

199 « *argumentis illustribus et divina oratione* », Scaliger, *Poetices libri septem*, p. 6 (traduction française ci-dessus par Eva Kushner).

200 K. J. Wilson, *Incomplete Fictions : The Formation of English Renaissance Dialogue*, Washington, D.C., Catholic University of America Press, 1985, p. 11-14, 29-33 ; Jon R. Snyder, *Writing the Scene of Speaking : Theories of Dialogue in the Late Italian Renaissance*, Stanford, Stanford University Press, 1989, ch. 2 ; Raffaele Girardi, « "*Elegans imitatio et erudita*" : Sigonio e la teoria del dialogo », *Giornale storico della letteratura italiana*, CIII, 1986, p. 321-354 ; et Donald Gilman, « The Reconstruction of a Genre : Carolus Sigonius and the Theorization of Renaissance Dialogue », dans *Acta Conventus Neo-Latini Torontonensis*, éd. A. Dalzell, C. Fantazzi, et R. Schoeck, Binghamton, N.Y., Medieval and Renaissance Texts and Studies, 1991, p. 345-355.

201 Aristote, *Réfutations sophistiques*, 165a-b.

202 Diogène Laërce, *Vie de Platon*, *Vies*, 3, 50 et 56.

sujet irréfutable. En tant qu'instrument explicatif ce genre de dialogue démontre les complexités d'un domaine tel que les mathématiques et la musique ; il prend souvent la forme d'un catéchisme par lequel le *magister* informe le *discipulus*. Si tant est que cette forme d'argumentation didactique ou examinatrice puisse être qualifiée d'*expositio*, en revanche *inquisitio*, le questionnement, caractérise la dispute dialectique dont la fonction est de confirmer ou de réfuter les prémisses d'un sujet discutable, dans un domaine tel que l'éthique, la politique, l'esthétique. Trois genres d'*inquisitio* se font jour. L'argumentation éristique présente, sous forme de dialogue, une prémisse suivie d'une série de questions. Chaque question exige une réponse affirmative ou négative aboutissant soit à l'admission, soit au déni de la validité de la prémisse. La seconde structure rappelle les débats-concours de Platon dans lesquels Socrate, ou un antagoniste, confesse son ignorance de la prémisse mais parvient, par une série de questions pointues, à forcer les répondants à renier leurs positions, à admettre leur ignorance, et à reconnaître la vérité en eux-mêmes. Enfin, les débats sophistiques incluant la troisième sorte de dispute dialectique utilisent des techniques semblables pour défendre une prémisse initiale erronée. Parce que de tels débats sophistiques pouvaient mener à des conceptions indéfendables, les auteurs de dialogues ne prêtaient aucune crédibilité à leur mode d'argumentation[203].

En vue d'évaluer l'importance de la dispute dans le développement du dialogue en tant que genre, on ne saurait sous-estimer la signification du classement aristotélicien des arguments appliqué par Diogène Laërce et par Sigonio à sa description. En outre, Cicéron utilise des structures définies par Sigonio comme soit « ouvertes » soit « obscures[204] ». Le dialogue « ouvert » est caractérisé par l'explication ; il est conforme à la notion aristotélicienne de l'argumentation didactique ou *expositio*. Mais, à la différence d'Aristote qui limite ces modes d'examen à des sujets irréfutables, Cicéron, au dire de Sigonio, pense que des matières prêtant à discussion telles que la rhétorique et l'éthique sont inévitables, et que ce type de dialogue en forme d'*inquisitio* représente un instrument efficace pour élucider les complexités de telles matières. *De partitione oratoria*, *Brutus*, et *De amicitia* illustrent la structure et les visées du

203 Voir, en particulier, K. J. Wilson, *op. cit.*, p. 47-50 ; D. Gilman, « Theories of Dialogue », *op. cit.*, p. 46-48.

204 D. Gilman, « Theories of Dialogue », *op. cit.*, 49-51.

dialogue didactique. Le dialogue « obscur » échappe à toute définition. Une question est proposée, puis analysée dans ses différents aspects et selon différentes perspectives. Selon la définition aristotélicienne de la disputation dialectique, la nature de ce genre de dialogue, *disputatio in utramque partem*, exige que chaque interlocuteur défende une position spécifique et utilise les ressources dont il dispose : information, dialectique et rhétorique, dans le but de défendre et de promouvoir sa prémisse particulière. À la différence de Platon chez qui Socrate force son opposant à renier sa prémisse, Cicéron rejette la possibilité d'une réponse définitive. Ainsi, dans des dialogues tels que *De finibus*, *De natura deorum*, et *De fato*, il explore et expose tous les aspects pertinents aux assomptions et affirmations du sujet donné. Les positions des interlocuteurs demeurent valables sur le plan individuel mais collectivement elles sont en conflit, ce qui laisse soupçonner la nature « obscure » de cette sorte de dialogue.

Tyard ne connaissait probablement pas le traité de Sigonio, mais il avait accès aux textes d'Aristote et de Diogène Laërce. De plus, grâce à la disponibilité de nombreux textes de Platon, Cicéron et de leurs disciples médiévaux et humanistes, il lui était loisible d'imiter la structure argumentative de nombreux modèles. Dans le *Discours du temps*, il présente un seul sujet : l'examen de la nature du temps et des complexités de sa mesure. Malgré les divergences entre les positions spécifiques des trois interlocuteurs, le lecteur peut comparer les présupposés et données respectifs en vue d'une saisie plus complète et plus précise des divers aspects de ce sujet à controverse. C'est pourquoi, à la différence de la définition aristotélicienne de l'argument éristique et du discours didactique conduisant à une conclusion, l'emploi cicéronien de l'argument peirastique ou *disputatio in utramque partem* semble offrir à Tyard un modèle rendant possible la forme dialoguée. Une unique conclusion définitive demeure incertaine. Mais l'exploration de la temporalité a progressé et invite de nouveaux questionnements.

On ne saurait nier le rapport entre dialogue et dialectique. Bien que, dans le *Discours du temps*, la réponse unifiée à la question de la nature du temps échappe aux interlocuteurs, Tyard propose du moins une interaction harmonieuse entre l'astronomie et la mesure du temps. Scève accepte la pertinence des données empiriques et des mystères de la cosmologie. Au début du dialogue il discute avec le Solitaire des différences entre éternité et temporalité, et ajoute des précisions concernant la difficulté de mesurer le temps. Il reconnaît également les limites de l'entendement humain. Des preuves contradictoires obligent le Solitaire à accepter la certitude de la notion du temps mais à reconnaître la relativité des moyens de le mesurer avec précision. À bien des égards, ces doutes confirment les inquiétudes de Tyard concernant l'inconstance de la vie humaine que nous avons mentionnées. Néanmoins, c'est Scève qui a le mot final, reconnaissant « la vie m'estre donnee de Dieu » (368r°) et attendant avec plaisir l'intermède musical qui va suivre l'entretien. Il est possible que le motif de la musique constitue l'élément final de cette dispute dialectique. Ainsi que Tyard l'avait proposé dans le *Solitaire second*, la musique en tant que source d'harmonie émerge sous la forme de *musica mundana* ou bien de *musica divina*[205]. Semblablement, la synchronisation des mouvements célestes et des calculs portant sur le calendrier dénote une relation intellectuellement réelle et pertinente. Cependant, la résolution dialectique est fragile ; car en dépit de la validité d'une compréhension intuitive les conflits entre faits fondés sur observation et calculs demeurent présents et évidents.

En donnant à un corpus encyclopédique la forme d'un dialogue, Tyard adapte *Sceve ou discours du temps* aux visées et à la structure des autres textes contenus dans les *Discours philosophiques.* Les deux *Solitaire* instruisent le lecteur-auditeur, respectivement, des origines de la créativité poétique et des dimensions de l'harmonie musicale ; et, néoplatoniciens en substance, les deux dialogues sont comparables à des manuels d'autres arts. En tant que dialogues didactiques, les deux textes offrent un enseignement concernant des matières indiscutables, matières exigeant d'être enseignées plutôt que débattues ou discutées. Dans *Mantice*, Tyard présente un débat entre deux interlocuteurs, le Curieux et Mantice, sur la divination astrologique. Il y a échange de pensées mais le texte s'écarte des conventions habituelles aux dialogues antiques et humanistes ; il n'y a pas de *locus amœnus* ; la discussion courtoise devient violente diatribe ; et le Solitaire se transforme, à la fin du dialogue, de narrateur en arbitre. À la différence du Socrate de Platon, le Solitaire ne pousse pas son opposant dans une situation d'*elenchus*, de réfutation logique ou de situation *sic et non* imposant une vérité supérieure. Selon le Solitaire, les mouvements planétaires affectent par leurs puissantes

205 Tyard, *Solitaire second*, éd. C. M. Yandell, p. 218-237.

forces le devenir terrestre ; mais toute méthodologie qui permettrait de prédire des phénomènes spécifiques et de limiter le libre-arbitre demeure incertaine. Ainsi, au moyen de l'argumentation, l'auteur du dialogue utilise le savoir encyclopédique pour présenter d'une manière plus complète l'astrologie en tant que telle, mais aussi les limites de la prédiction astrologique.

Dans les deux parties de *L'Univers*, Tyard met en scène la concurrence entre observation objective et perception intuitive. Dans *Le Premier Curieux* il se penche sur la nature de l'être humain et de son monde matériel ; dans le *Second Curieux* il interroge l'âme humaine, la Providence, et l'existence de Dieu. Les certitudes rationnelles tombent sous le coup de preuves contradictoires et des manifestations paradoxales apparaissent. Par exemple, le Curieux fait observer dans *Le Premier Curieux* l'aspect changeant de l'arc-en-ciel[206]. En tant que phénomène scientifique, l'arc-en-ciel apparaît comme une substance, à moins de s'en approcher. Cependant, Hieromnime défend son existence en tant que telle, mais sa nature doit être justifiée en termes symboliques. Dans la *Genèse*, après le déluge, Dieu créa un arc-en-ciel pour signaler l'unité de la terre et du ciel. La perception humaine confirme cette intention tant du point de vue de la vision physique que de la vérité théologique. Pourtant, les données scientifiques contredisent l'autorité biblique. À la fin du *Second Curieux*, Tyard juge l'esprit humain incapable de saisir le dynamisme du mystère divin[207]. Ainsi, le lecteur peut reconnaître, grâce à de tels exemples de faits vérifiables, la nature complète mais limitée de l'être humain et de son existence terrestre. Le sujet spécifique en question fait l'objet d'une exploration ; et bien qu'en définitive le problème posé ne puisse être résolu, le lecteur absorbe des connaissances substantielles, apprend à apprécier différentes perspectives, et à connaître les multiples aspects d'un problème prêtant à controverse. C'est ainsi que, dans les deux *Curieux*, on voit exploré et mis à l'épreuve le contraste entre les limites de l'entendement humain et la réalité de la vérité divine.

Le mode d'échange des idées qui caractérise *Sceve ou discours du temps* démontre la forme dialogique du texte ; et les emprunts de Tyard à l'argumentation aristotélicienne, et son imitation de la structure

206 Tyard, *Le Premier Curieux*, éd. J. Céard, p. 133-134.

207 Pontus de Tyard, *Le Second Curieux*, éd. François Roudaut, Paris, Classiques Garnier, 2013, p. 184-187.

cicéronienne lui permettent d'explorer les complexités et les contradictions suscitées par la nature du temps. En outre, la structure du texte est complémentaire de celles des autres dialogues constituant les *Discours philosophiques* ; et comme eux, par divers modes d'argumentation, elle permet d'explorer tant les validités que les défaillances du savoir humain. Bien que tous ces textes diffèrent dans leurs structures et leurs modes d'argumentation, ils ont en commun leur mode de présentation d'une problématique du savoir humain. Collectivement, ils présentent une image nuancée, riche en contrastes, des dimensions et des limites de ce savoir. La structure dialogique de *Sceve ou discours du temps* reflète ce mode d'argumentation ; elle permet d'explorer les certitudes, doutes et complexités inhérents à la problématique de la mesure du temps ; et, en tant que *disputatio in utramque partem*, elle permet au lecteur de saisir d'un seul regard les réalités concrètes de la chronologie et les visions idéalisantes de l'éternité. Bref, Tyard propose des réponses provisoires mais valables au « Que sais-je ? » de Montaigne ; car par l'art avec lequel il manie l'argumentation, il convertit les oppositions inhérentes à la dispute en un modèle dialogique conforme à l'inconstance de la situation humaine.

NOTE SUR L'ÉTABLISSEMENT DU TEXTE

D'une manière générale, notre texte se présente comme une transcription de l'exemplaire conservé à la Bibliothèque Nationale[1]. En écrivant *Sceve ou discours du temps*, Tyard s'appuie sur le *Discours du tems* publié à Lyon par Jean de Tournes (1556). Des ajouts considérables ainsi que de nombreuses modifications stylistiques caractérisent la deuxième édition du *Discours* publiée à Paris chez Mamert Patisson (1578). Quant à la troisième édition, *Sceve ou discours du temps*, publiée dans la dernière partie des *Discours philosophiques* (Paris, L'Angelier, 1587), elle contient des ajouts substantiels reflétant les nouvelles observations astronomiques, l'application du calendrier grégorien et une vive conscience de la difficulté de mesurer le temps. L'édition finale incarne donc de la manière la plus complète la réfléxion tyardienne sur le temps et la temporalité. C'est pourquoi l'édition de 1587 sert de texte de référence à notre édition.

Cette édition finale ne comporte que de légères modifications dans l'orthographe et la ponctuation. Nous n'avons observé et corrigé que quelques erreurs d'impression. Nous distinguons *i* et *j*, ainsi que *u* et *v* ; nous ajoutons les accents permettant de distinguer entre *ou* et *où*, *des* et *dès*, *a* et *à*. Les écarts orthographiques n'affectant pas le sens ont été conservés afin de permettre au texte de refléter son édition d'origine : par exemple l'omission de l'accent aigu au féminin (*commencee* ou *commencée*), la conservation du *i* ou du *y* (*moi* ou *moy*), et celle de *ain* ou *ein* (*incertain* ou *incertein*). La fluidité de l'orthographe française du XVIe siècle est indéniable. Kathleen Hall propose une taxinomie des variations apparaissant parmi les dialogues des *Discours philosophiques*[2].

---

1 Cote : R-3437.

2 Kathleen Hall, « Pontus de Tyard and his *Discours philosophiques* », thèse de doctorat, Oxford University, 1953, p. 309-329.

1556	*1578*	*1587*
nuict	*nuit*	*nuit*
quant	*quand*	*quand*
declara	*declaira*	*declaira*
fasse	*face*	*face*
entretenus	*entretenuz*	*entretenus*
nommoient	*nommoyent*	*nommoient*
neuvieme	*neufieme*	*neufiesme*
settieme	*septieme*	*septiesme*
autorité	*auctorité*	*authorité*

Cependant, même si ces variations n'affectent pas la compréhension du texte, elles ont été retenues, ce qui assure l'authenticité de la troisième édition. En rédigeant ces trois éditions, Tyard a rassemblé de nouvelles données ; le texte de l'édition finale de 1587 est augmenté d'un tiers par rapport à celui de 1556. Nous faisons état de ces considérables ajouts, ainsi que des modifications stylistiques, dans notre annotation de bas de page, les identifiant par *56* ou *78* en italiques. Grâce à l'article de John McClelland concernant la copie annotée par Tyard, les corrections notées par lui sont également enregistrées[3]. Des notes de l'édition de 1587 d'un caractère plus marginal ont été dûment ajoutées au texte.

Directement et indirectement, Tyard fait appel à de nombreuses sources, d'où l'importance particulière des notes explicatives identifiées par les chiffres insérés dans le texte. Plusieurs de ces références indiquent des emprunts directs. D'autres évoquent idées ou faits que signale une liste de sources associées. L'excellente étude de François Roudaut sur la bibliothèque de Tyard[4] donne accès à ces sources. Les informations bibliographiques pertinentes apparaissent dans notre bibliographie.

---

3 John McClelland, « Un exemplaire annoté des *Discours philosophiques* de Pontus de Tyard », *Bibliothèque d'Humanisme et Renaissance*, XLI, 1979, p. 317-339.

4 François Roudaut, *La Bibliothèque de Pontus de Tyard*, Paris, Honoré Champion, 2008.

La préparation de cette édition résulte de l'aide et des conseils de nombreux spécialistes et amis. Eva Kushner mérite ma profonde gratitude pour son adaptation de la version française de l'introduction, et pour son attention méticuleuse, avec l'assistance de David Dagenais, aux détails de l'ensemble de l'ouvrage. John McClelland m'a enseigné la rigueur et la finesse de la critique textuelle et m'a gratifié de ses conseils inestimables et d'encouragements constants. Kathleen Hall, Cathy Yandell et Sylviane Bokdam m'ont initié aux complexités du projet. Laura Willett, Jacqueline Glomski, Robert Goulding et Georgianna Ziegler m'ont assisté dans l'identification de sources importantes. Anthony Rodrigues et Horatiu Burcea ont initialement contribué à la version française de l'introduction et des notes, et David Dagenais, David DeVore et James Morton m'ont assisté dans la transcription et la compréhension des termes grecs et de certains passages. Je suis reconnaissant envers Cathleen Bauschatz, Marsha Collins, Darryl Gless, Marina Guntsche, Bart Huelsenbeck, Edwin Isley, Richard King, Anne Larsen, Bénédicte Miyamoto, Walter Moskalew, Chin-Sook Pak, Louis Perraud, Chris Shea, Dorothy Stegman, Ellen Thorington et Scott Ward pour leur intérêt à ce projet et leurs encouragements. Les comités de recherche de l'Université Ball State et de l'Université de Toronto m'ont accordé une assistance financière en vue de mes travaux, et Tamara Edwards a mis à ma disposition ses compétences informatiques. Enfin, les aimables et compétents personnels de la Bibliothèque nationale de France, de la Bibliothèque de l'Arsenal, de la British Library, de la Folger Shakespeare Library, de la Huntington Library, et des bibliothèques universitaires de Toronto, de Warburg Institute, de Colorado à Boulder, de Saint Louis, de Californie à Los Angeles, d'Indiana à Bloomington et de Ball State à Muncie m'ont été d'une aide considérable en me permettant un accès rapide aux sources primaires et secondaires.

[334 r°]

Au roy de France et de Poloigne.

SIRE,

S'il y a aucune chose en la Nature, digne de consideration diligente, c'est, à mon advis, l'admirable mouvement, et la gracieuse harmonie des corps celestes, embellis de la plus resplendissante clairté, et douez de la plus durable perfection corporelle. Tellement que si jamais les ames genereuses se sont eslevees en contemplation de quelque excellence, le Ciel me semble en avoir esté le plus louable sujet, la beauté, splendeur, et divers mouvemens duquel les ont toujours invitees d'employer leur plus soigneuse observation, et curieuse estude, pour cognoistre la constante inconstance, et bien reglee diversité de ses cours ordinaires. Ceux aussi mettent à trop bas prix ceste tant eslevee cognoissance, qui en veulent priver l'entendement des Princes, et des Rois, comme indigne de tant dignes rechercheurs. Et doivent changer d'opinion, s'ils ne veulent blasmer Alexandre, Cesar, Auguste, Alphonse, Charles le grand, le grand Roy François, vos ayeuls, vous, SIRE, et grand nombre de Princes tres-illustres, et les estimer indignes du tiltre de Majesté. Ou s'ils ne pensent qu'un homme s'abaisse trop vilement, [334 v°] de recognoistre le haut estage et couverture de sa maison, et les fenestres par lesquelles il reçoit la lumiere du jour. Je ne recueilleray icy l'utilité qui provient de la science des mouvemens celestes, pource que vostre esprit assez desireux, et cognoissant, n'a besoing d'y estre poussé par quelques persuasives raisons. Mais je suppliray vostre M. de recevoir ce petit Discours, par lequel vous verrez, que si la contemplation des mouvemens du Ciel est aggreable, la pratique n'en est moins necessaire, pour cognoistre l'usage de celle esmerveillable mesure des periodes, et cours de toutes choses, que l'on nomme le Temps. Car sans l'usage de telle pratique, l'espece humaine demeureroit moins capable du choix et difference des Mois, Ans, et autres distinctions de l'espace du passé, present et advenir, que les bestes brutes : entre lesquelles il s'en treuve quelques unes, pourveues de si belle participation de raison, qu'elles par leurs naturelles actions, servent comme d'horloge et calendrier certain, pour remarquer aux hommes la distinction des heures, saisons, et autres departemens du Temps, vray distributeur de l'œconomie, police, et humaine societé. Cecy que je vous donne, SIRE, est peu, mais vostre bonté luy peut accroistre sa valeur en le recevant de gracieuse main, comme tres-humble recognoissance des services que je doy à V. M. laquelle Dieu vueille conserver treslonguement et tres-heureusement. De Paris ce dernier jour de May M. D. LXXVIII.

Vostre tres-humble, tres-obeïssant et tres-fidelle
subjet et serviteur Pontus de Tyard[a].

---

a AU ROY DE FRANCE ET DE POLOIGNE [...] subjet et serviteur PONTUS DE TYARD. *78*.

[335 r°]

SCEVE
OU DISCOURS
DU TEMPS, DE L'AN,
ET DE SES PARTIES.

Par PONTUS DE TYARD,
Seigneur de Bissy :
et depuis Evesque de Chalon[a].

Vie de l'homme accomparee aux jeux de Comedies et Tragedies.

Diversité causee aux personnes par le cours des âges.

Le premier qui dit[b], la vie de l'homme estre pertinemment comparable à la fable representee par une Tragedie, ou Comedie[1], me semble avoir depeint de toutes couleurs, et avec singuliere industrie, l'estat de nostre vivre, tant inconstant et incertain, que fable (tant soit-elle fabuleuse) ne me semble moins avoir de verité en vraye essence[c], qu'il s'en rencontre en nous[2]. Soit que nous la cherchions en autruy, ou qu'en nous mesmes essayons de l'asseurer[d] en nous mesmes. Les âges de certains en certains ans, voire d'un en autre jour, ou d'heure en heure[e] nous transforment la personne, la santé, les mœurs, et les *affections. Mais se voit-il[f] joueur de Tragedie, qui en plus divers habits se desguise, ores en Dieu, ores en Roy, ores en Philosophe, ores en personne vulgaire, taschant de se *contrefaire ainsi qu'il pense plus favorablement flechir les populaires yeux, [335 v°] bien qu'il ne sente aucune essencielle constance de laquelle il sceust se *surnommer, *sinon qu'il est industrieux representeur de ce dont il n'a rien ? S'en voit-il (veux-je dire) qui se desguise plus

---

a Sceve ou [...] Chalon. *87* ; Discours du tems, de l'an, et de ses parties. *56* ; Discours du temps, de l'an, et de ses parties. Par Pontus de Tyard, Seigneur de Bissy. *78*.

b Le premier qui dit *87* ; Celui [Celuy *78*] qui dit premier *56-78*.

c en vraye essence *78-87* ; ou vray semblance *56*.

d de l'asseurer en nous mesmes. Les âges *87* ; de l'assurer [l'asseurer *78*]. Les âges *56-78*.

e voire d'un en autre jour, ou d'heure en heure *78-87* ; (mais d'un en autre jour, ou d'heure en heure) 56.

f les affections. Mais se voit-il *78-87* ; les affeccions : et ne se voit *56*.

variablement que nous[a], transformez de moment en moment, ou par vraye mutation de nos opinions, ou, souvent, par feinte et dissimulation ? Vrayment Varron, docte generalement, s'il en a esté un, et[b] meslé en toutes disciplines, *onc ne rencontra mieux, qu'alors qu'il divisa l'âge humain, en cinq pieces rapportables aux cinq Actes gardez par les Comiques et Tragiques Poëtes anciens[3]. Car le cours de nos ans, escoulé en heur, en malheur, en joye, en dueil, maintenant d'une *humeur, et puis d'une autre[c] (comme les personnes Comiques font diverses sorties) nous laisse si peu en un estre durable, que ce qui aujourd'huy nous semble vray ou bon, demain nous sera en reputation de mensonger et meschant : et pis, que ce qu'en nous, nous pensons[d] estre estimable, semble aux plus prochains[e] voisins et compagnons tant peu digne de bonne veue, que derriere nous ils en rident le front, et froncent le sourcil. Donc ne sçaurions-nous *arrester ceste vie sur le *plinthe de quelque solide et cubique seureté ? Il faudroit (croy-je) *retrancher l'aisle du Temps, duquel l'invisible, voire[f] l'insensible fuite, entraine continuellement toute nostre asseurance. Comme *disertement ces jours passez sçavoit bien discourir Maurice Sceve : qui avec quelques jeunes hommes de gentile et louable naissance, m'estoit venu voir. J'avois essayé de les recevoir avec la plus joyeuse *chere que je pouvois former : laquelle je n'ac-**[336 r°]**compagnois toutesfois, de face si riante, qu'à mon objet la melancholie, la solitude, et telles tenebres ne vinssent en propos : poursuyvant lequel, la mutation des fortunes, et puis la diversité des siecles donnerent occasion de parole si ample, que desja nous en estions entretenuz long espace : quand la disposition de l'air nous convia d'aller prendre *l'esbat en un mien jardin, de si commode plant, que le non trop affecté *agencement, mais aussi la non trop negligente culture, pouvoit assez nous donner de plaisir. Sortis donc de la maison, le *devis commencé ne se relaschoit point, mais estendu d'un en autre discours, et en fin reduit sur les termes du Temps et de ses parties. Les Anciens

Variable instinct des humains.

---

a sinon qu'il est industrieux [...] plus variablement que nous, *78-87* ; ([...] sinon qu'il est industrieus representeur de ce dont il n'a rien) que nous, *56*.

b docte generalement, s'il en a esté un, et *78*.

c escoulé en heur, en malheur, en joye, en dueil, maintenant d'une humeur, et puis d'une autre *78-87* ; ores en heur, ores en malheur, ores en joye, ores en dueil, ores d'une humeur, ores d'une autre *56*.

d que ce qu'en nous, nous pensons *78-87* ; que ce qu'en nous pensons *56*.

e prochains *78-87* ; importans *56*.

f voire *78-87* ; mais *56*.

(dit Maurice Sceve) assez vainement se sont opiniastrez, qui soustenant ceste, qui l'autre opinion : si l'Eternité, le Temps, et ce que les Latins nomment *Ævum*, sont tout un, ou non : si l'on peut imaginer un estat eternel, auquel il n'y ait, ny Avant, ny Apres, ny Devant, ny Derrier, ny Maintenant : et que tout soit confus en eternité, sans passé, present, ny advenir[4]. Mais telles considerations me semblent de bien difficile *apprehension, à nous principalement qui sentons couler le temps plus sensiblement que ceste eau, (monstrant de la main un petit et clair ruisseau, qui couloit contre le canal, environnant l'isle de mon jardin)[a] et qui par le souvenir prompt, le penser certain, et l'imaginaire espoir, avons memoire du passé, cognoissance du present, et attente de l'advenir[5]. *Mesmes qu'entre eux est differente la difference des mots. Car l'espace imaginé devant la creation du Ciel, s'appelle[b] Eternité, sans fin ny com-[336 v°]mencement, appartenant simplement à Dieu[c6]. *Ævum* (car je ne sçay comme dire cecy en nostre langue, puis que le mot Aage n'est assez signifiant)[d] ayant commencement sans fin, signifie l'espace qu'on imagine avoir eu commencement et qui ne finira jamais, c'est à dire, celle duree d'espace qui s'approprie aux Anges et ames humaines qui recognoissent un commencement, *nonobstant qu'en consideration de la fin, elles soyent eternelles[e7]. Le Temps signifie l'espace qui aura fin et eut commencement[f] : duquel (pour ne dire davantage des deux autres, lesquels Chalcide n'estime qu'un) la source est le mouvement du Ciel[8]. Vous voudriez donc (dy-je) que le Temps, le Ciel, et le mouvement fussent inseparables. Il le faut bien ainsi (adjousta-il) car imaginant qu'il n'y a point de Ciel, vous ne pourriez imaginer son mouvement : et privant vostre imagination de Ciel, et de mouvement, comme luy feriez-vous concevoir quelque Temps ? Et si le Temps est l'espace du mouvement, comme peut estre le mouvement sans Temps, ou le Temps sans mouvement ? Vous retournez

Contrarieté des Anciens touchant l'Eternité, le Temps et ce que les Latins nomment *Ævum*.

Ævum.

Temps.

Source du Temps.

Temps, Ciel et mouvement inseparables.

a (monstrant de la main un petit et clair ruisseau, qui couloit contre le canal, environnant l'isle de mon jardin) *78*.

b Car l'espace imaginé devant la creation du Ciel, s'appelle *78*.

c Eternité, sans fin ny commencement, appartenant simplement à Dieu. *78-87* ; Eternité sans fin et commencement. *56*.

d ([...] puis que le mot Aage n'est assez signifiant) *78*.

e signifie l'espace qu'on imagine avoir eu commencement et qui ne finira jamais, c'est à dire, celle duree d'espace qui s'approprie aux Anges et ames humaines qui recognoissent un commencement, nonobstant qu'en consideration de la fin, elles soyent eternelles. *78*.

f Le Temps signifie l'espace qui aura fin et eut commencement *78-87* ; et Tems ayant fin et commencement *56*.

Figure ronde.

(repliquay-je) à l'eternité. Car si outre toutes figures, la ronde (qui est tres-veritablement au Ciel)[a] est sans fin et sans commencement : de tous mouvemens le mouvement en rond semblera estre de mesme condition que la figure ronde, privee d'aucun arrest, et se mouvant d'un seul mouvement poussé en un mesme moment, haut et bas, devant et derriere, à droit et à gauche, et se continuant en soy et de soy, non d'autruy, ou en autruy[9]. Voyez que si le mouvement en rond, (j'enten le celeste) est eternel, c'est à dire sans commencement **[337 r°]** ny fin, aussi est le Temps, qui est inseparable du Ciel et du mouvement : et si le Temps est eternel, vous le privez de commencement et fin. Respondez (dit-il) je vous prie : y a il esprit tant grossier qui ne puisse imaginer l'estre d'un temps present ? Non, respondy-je. Et que le temps present (poursuyvit-il) soit milieu entre le passé et l'advenir[10] ? Je consenty. Un milieu (adjousta-il) ne *requiert-il pas necessairement deux extremitez ? vous ne le nieriez. Voyez donc le Temps n'estre eternel, puis qu'il reçoit milieu, et par necessité deux extremitez. Ce mesme argument le me fait (reprinje) plus vivement eternel : car si l'on ne peut imaginer aucun temps sans present : et si le present est entre le passé et l'advenir, j'enten fin du passé, et commencement de l'advenir : il est evidemment necessaire, que le Temps soit eternel, qui ne peut *faillir d'estre present, et ayant ses deux extremitez les va perpetuellement et continuellement estendant, coulant sans cesse, le present en passé, et l'advenir en present. Or ne permet l'impossibilité que le present, comme milieu, soit sans son advenir et son passé, comme entre deux extremitez : et par ainsi l'Estre se transmue et change d'un perpetuel mouvement, en Avoir esté : et le Devoir estre, en Estre, ou essence de present[11]. Or de ceste eternelle revolution seriez-vous *contraint de conclure l'eternité du Ciel, si le Ciel, le mouvement, et le Temps sont inseparables[12]. Vrayement il me semble qu'il vaudroit mieux donner autre source au Temps que ceste-cy, pour eviter l'inconvenient de telle consequence. Et bien (dit-il) imaginons qu'avant que le Ciel fust creé **[337 v°]** (puis qu'il ne le faut croire eternel) il y avoit un espace, ou autre je ne sçay quel estre eternel, incomprehensible à nous : et qu'au moment de la creation, ce que nous appellons Temps (image d'eternité à Timee) print son origine[13]. Mais (repliquay-je) quelle necessité avons-nous de joindre tant indissolublement le Ciel et le Temps ? Vous semble l'opinion du vulgaire soustenable, qui

Temps present.

Preuve de l'eternité par la consideration du temps present.

Source du Temps.

---

a (qui est tres-veritablement au Ciel) *78*.

indifferemment appelle du nom de Temps, le Ciel et l'Air, quand en s'enquerant de la disposition de l'air, il demande, Quel temps fait-il[a] ? J'ose bien penser (dit-il) ceste mode de parler estre tombee du langage de quelque docte, entre les mains du vulgaire, qui, l'ayant recueillie sans *esgard ou discretion (selon sa nature) en abuse, ou use mal proprement : mais j'estime le Ciel et le Temps devoir estre ainsi joints, tant pource que je pense le Temps estre la duree du Monde et de son mouvement, duquel la plus illustre et belle partie est le Ciel : que pource que la variation et les effets du Temps ne nous sont cogneus, que par le tournoyement du Ciel, et principalement des astres et lumieres en luy roulantes, ou fichees[14]. En quoy divisons-nous le Temps, sinon en ans, saisons, mois, sepmaines, jours, et heures[b] ? Mais d'où est le retour des saisons, la difference de jour et nuict, sinon du Ciel et des astres ? Ceste dispute *s'eschaufant entre nous[c], nous entrasmes en propos de la diversité des Ans : desquels l'estendue sembloit à quelqu'un de la compagnie[d] avoir esté mesuree ores courte, ores briefve, selon les diverses nations : autrement la vie des Peres escrite par le Theographe Moyse[15], sembleroit monstreuse au *parangon de **[338 r°]** nostre Temps. Oh (dist un de la compagnie, homme remply de pieté, et diligent observateur de la religion[e], nommé Hieromnime[16]) parlons *piement : et croyons les Ans, avant le deluge, avoir esté mesurez par mesme raison, qu'ils ont esté depuis ce naufrage universel : duquel il est facile à croire, qu'entre les bonnes choses la cognoissance du cours celeste nous fust sauvee : et que ce bon pere favorit de Dieu, Noha, n'en estant ignorant, mais respirant encores la sainte *afflation de ses predecesseurs, en declara à ceux de ses enfans qui en furent capables, autant qu'ils en peurent comprendre et retenir : et tant, qu'assez nous en est demeuré pour entretenir et lier l'humaine compagnie de ces nœus politiques, et œconomiques, avec lesquels le genre humain se doit perpetuer à la gloire de son createur.

Longueur des Ans avant le deluge.

---

a quand en s'enquerant de la disposition de l'air, il demande, Quel temps fait-il ? *78*.

b sinon en ans, saisons, mois, sepmaines, jours, et heures *87* ; sinon en Ans, Mois, Semeines, Jours, et Heures *56* sinon en Ans, Mois, Sepmaines, Jours, et Heures *78*.

c s'eschaufant entre nous, *78-87* ; s'eschaufoit entre nous, quand pour quelques raisons qu'il me dist à l'oreille, et pour le respet lequel la presence des personnes qui escoutoient, nous commanda d'avoir, *56*.

d l'estendue sembloit à quelqu'un de la compagnie avoir esté mesuree *78-87* ; l'estendue nous sembloit avoir esté mesuree *56*.

e dist un de la compagnie, homme rempli de pieté, et diligent observateur de la religion *78-87* ; dist un pie et religieus de la compagnie *56*.

Que si pour la preuve de la verité de la longueur de l'An, le tesmoignage du livre des Revelations d'Enoch, recitant que l'ange Uriel luy apprint que l'An estoit de 52. sepmaines, vous semble reprochable comme apocryphe[17] : je veux produire un plus *recevable tesmoing recogneu de chacun sans reproche. L'Histoire du Deluge escrite bien au long, et par le *menu dans le premier livre de Moyse, fait mention du dixiesme mois, et de 54. jours, puis contant le jour du septiesme mois (que l'Arche toucha terre sur le mont Ararat d'Armenie) nombre le dixseptiesme[18]. N'est-il donc *apparent que l'An estoit de douze mois[19] ? Et si vous demandez combien le mois avoit de jours, puis qu'il *conte depuis le 17. du second mois jusques au 17. du septiesme, cent cinquante jours, il faut confesser que trente jours faisoyent le **[338 v°]** mois entier[20]. *Mesmes qu'il *conte jusques au 27. du second mois, au temps de son issue de l'Arche[a]. Quant à la difference recogneue en la longueur des vies, et au change lequel nous voyons estre fait en nous, de moins que d'un mois à un an : le peché et les abominations en furent cause, et *possible encores aujourd'huy *abregent, ou *abregeront l'âge mortel. Car alors que l'homme estoit un net et luisant temple de Dieu, la grace de tant saint hoste, lui faisoit faveur d'immortalité : et la divine splendeur tenoit en paix la naturelle discorde des elemens mis en œuvre en ceste composition[21]. Mais depuis que (malle mercy du mespris enfreignant le divin commandement) la sacree lumiere indignee, s'eslongna, et laissa son logis malheureux (jadis demeure de luisante vertu) en habitation de vice tenebreux : la bride fut laschee à la discorde elementaire, et avec les vices prindrent force en la ruine du miserable corps les innombrables maladies, et le *dechet de vieillesse *caduque : et depuis s'est tournee et tourne journellement en juste et meritee vengeance, la menace du Seigneur, disant : D'ores en avant mon esprit ne continuera plus si long temps les *controverses avecques l'homme : l'homme qui est tout de chair[22]. Nul de nous (dit Sceve) refuse ceste vostre raison : mais il n'est defendu de recognoistre comme differemment les nations diverses ont ordonné le terme de leur An : et ne pourriez nier que les Chaldees en l'antiquité de leurs disciplines n'ayent mesurez leurs Ans au cours Lunaire d'un mois : et qu'aux autres choses ils ne l'estendissent en Solaires annees[23] : et que les antiques histoires Espa-**[339 r°]**gnoles

Cause de la brieveté des vies en ces derniers temps.

Comme les Chaldees mesuroyent leur An.

Ans des anciens Espagnols.

---

a Que si pour la preuve de la verité de la longueur de l'An, le tesmoignage du livre des Revelations d'Enoch [...] au temps de son issue de l'Arche. *78*.

pour un an n'entendent que quatre mois[24]. Mais pour venir au Temps : les moindres parties desquelles ordinairement on le divise, sont les Heures, portieres (dit Homere) du Ciel[25], et par les anciens portraites sur le chef de Jupiter avec les Parques, en signifiant qu'il est seul gouverneur des Destinees et dispensateur des heures[26]. Il me souvient (prins-je la parolle) d'avoir veu une medaille antique, de laquelle l'image estoit effacee, mais le revers *apparent d'un Dieu, *accosté à droit de quatre Nymphes, couronnees l'une de deux branches (enlacees en couronne trionfale) fleuries et fruitieres : la seconde d'espis de froument : l'autre de pampre et de raisins : et la quatriesme d'un rameau chargé d'olives[27]. Quelqu'un les disoit estre quatre Graces aupres d'un Apollon, tenant l'arc et les fleches en la main gauche, en signifiance qu'il est prompt aux biensfaits et tardif à nuire. Mais je le jugeay Jupiter foudroyant (car il y avoit autant d'apparence d'un foudre, que d'un arc avec les fleches) accompagné comme pere de toute nature, des quatre heures ou saisons que les Grecs appellent ὥρας, ou καιρούς[28] : selon le successif tournoyement desquelles, Hippocrate dispose en l'homme l'imperieuse force des quatre humeurs *complexionnaires : par ordre de telle liaison[29]. En[a] Hyver la *pituite (tres-froide de sa qualité) croist, tellement qu'encores elle abonde au Printemps, quand le sang s'augmente et prend vigueur, comme la froideur hyvernale se tiedit, et l'air se relasche jusques à l'Esté, durant lequel le sang demeure vigoureux : mais la colere s'esmeut, et continue son *accroissement jusques en Automne, que la melan-[339 v°] cholie abondante estend sa puissance jusques en Hyver, qu'elle donne lieu à la froide *pituite, recommençant le tour de ceste naturelle revolution. Tellement que l'on peut pertinemment deduire ce mot *hora*, ou, heure, du mot Grec ὁρίζειν, pour la distinction et division des quatre saisons[30]. D'où l'antiquité (si curieusement contemplative, qu'elle plus que souvent levoit les yeux au Ciel, pour considerer et remarquer les endroits et les causes de la belle varieté des saisons) *surnomma *l'Asterisme ou signe celeste Orion, suivant ceste deduction. Car à son coucher sous les raiz du Soleil (c'est entre les Astronomes le coucher *Heliaque) commençoit le Printemps : et l'Esté au lever *Heliaque de ce mesme *Asterisme : au coucher Cosmique duquel, lors que le Soleil se levant environ le Scorpion, il se couchoit avec la partie opposee du

Heures portraites.

Raport des saisons aux quatre humeurs du corps de l'homme.

---

a liaison. En *78-87* ; liaison, qu'en *56*.

Ciel, l'on cognoissoit la venue de l'Hyver[a]. Davantage j'ay remarqué apres le tresdocte docteur Genebrard tresbelle lumiere de ce siecle aux langues et *sciences, que le nombre des saisons n'a tousjours, ny entre toutes nations esté reduit à quatre[31]. Car Moyse à la fin du huitiesme chap. de Genese en fait six[32]. Assavoir, Zeragh, Katsir, Kor, Chom, Kaits, Horeph : qui naturellement, et, selon la disposition de l'An Hebrieu, se suivent chacune de deux Lunes en cest ordre. La premiere Zeragh ou saison de semer, aux lunes de Septembre et Octobre : la seconde, Horeph, ou Hyver aux deux lunes de Novembre et Decembre. Kor ou la Brume et second hiver, s'estendoit aux deux lunes de Janvier et Fevrier : et la quatriesme saison nommee Katsir, pour les moissons estoit en Mars et Avril : comme le Kaits ou Esté en May et Juin, **[340 r°]** et la sixiesme pour second Esté plus chaut sous l'ardente Canicule, s'appelloit Chom durant les lunes de Juillet et Aoust. Depuis, ceste mesme nation Hebraïque separa l'an en quatre parties, qu'ils nommoient Thek ou phot : contenant chacune nonante un jours[b] sept heures et demie, pour rendre l'an entier de 365. jours et six heures[33]. Les anciens Grecs (au raport de Diodore) en faisoient trois, Printemps, Esté, et Hyver : *confondans l'Automne par moitié avec la fin de l'Esté, et le commencement de l'Hyver, et donnans à Minerve Deesse de l'air à cause de ce *ternaire changement surnom de Tritogenie[34]. Depuis, les Grecs suyvans *conterent cinq saisons, assavoir le Printemps, l'Esté, l'Opora (c'est la saison des fruits) puis Metopora saison apres les fruits, et en fin l'Hyver[35]. Les anciens Latins aussi ont conté cinq saisons, adjoustans outre les quatre ordinaires la Brume pour cinquiesme, et quelques Africains n'ont divisé leur An qu'en hyver et Esté, comme quelques Indiens en deux Printemps et deux Estés[c36]. Combien[d] (reprint Sceve[e]) que les heures desquelles nous parlons, soient d'autre façon, si en est le nom mesme, et me semble le mot Heure tiré (comme le Latin *hora*) du Grec ὥρα, *hora*[f], ou ὥρη, *horé*[g], signifiant entre autres choses celle partie du jour, nommee de nous

Origine de ce mot heure.

a Tellement que l'on peut pertinemment deduire ce mot *hora* [...] l'on cognoissoit la venue de l'Hyver. *78.*

b jour *87* ; *corrigé en* jours.

c Davantage j'ay remarqué [...] comme quelques Indiens en deux Printemps et deux Estés. *87.*

d Combien *87* ; Bien *56-78.*

e (reprint Sceve) *87* ; (dit il) *56* ; (dit Sceve) *78.*

f *hora omis en 56.*

g *horé omis en 56.*

heure[37] : ou de ὥρος, *horos* (*combien que Pausanias *n'advoue ce mot Grec :) de quel nom les Egyptiens appelloyent le Soleil, sous le mouvement et cours duquel il est plus qu'evident les heures estre mesurees : et ce *diversement[38]. A sçavoir en heures egales, ou des Grecs ἰσημέριναι, quand tout l'entier cours du Soleil d'un à l'autre couchant, est divisé (ainsi que nous faisons ordinairement) en 24. egales parties, continuees en **[340 v°]** l'espace entier d'une nuict et d'un jour *accomply[39] : et peut telle heure estre exprimee, une duree de temps, coulant lequel, le Soleil tire avec soy[a] 15. degrez de l'Equinoctial, parquoy aussi elles sont nommees heures Equinoctiales[b40]. Autres heures sont inegales, temporaires, ou des Grecs καιρικαὶ, en deux sortes, ou estivales, ou hybernales, à sçavoir quand le Temps auquel le Soleil illustre nostre horizon de sa lumiere, est divisé en 12. egales parties : et le temps qu'il est caché de nous, en autres douze[41]. Car en Hyver, que les jours sont courts, et les nuicts longues, les douze heures du jour sont plus courtes que les douze de la nuict : et au contraire en Esté, pour les jours longs, et les nuicts courtes, les douze heures du jour passent de grand'longueur les douze de la nuict. Telles heures ne sont (prins-je la parolle) seulement differentes par proportion *rapportee d'une saison à l'autre, mais bien à qui en veut faire plus subtile recherche, se trouvent differentes l'une de l'autre en un mesme jour. Car ces heures *surnommees par aucuns Naturelles, sont mesurees par le mouvement (soit de descente ou elevation) de quinze degrez de l'Ecliptique ainsi que les heures egales, desquelles vous avez parlé, sont mesurees chacune par le mouvement de quinze degrez de l'Equinoctial. Et comme, pource que l'Equinoctial passe tousjours egalement, c'est à dire en toutes saisons, et tous les jours fait son tour d'un ordre par espace de temps egal, les heures equinoctiales sont *surnommees egales. Aussi, pource que les degrez de l'Ecliptique n'ont point d'egalité en leur mouvement, mais employent ceste heure plus, et l'autre heure moins **[341 r°]** de temps à passer, soit en montant sur la terre, ou descendant dessouz, elles sont raisonablement *surnommées inegales, de toute inegalité[42]. Car il est certain que chacun jour le Soleil passant sur la Terre depuis qu'il se lieve jusques à son coucher, traine à soy six signes du Zodiaque, et six autres signes passent sur la Terre, pendant que le Soleil est dessouz au temps qu'il nous est nuit[43]. Or est chacun

Heures egales.

Heures inegales et temporaires.

---

a tire avec soy *78-87* ; passe *56*.

b parquoy aussi elles sont nommees heures Equinoctiales. *78*.

de ces deux espaces de temps, jour et nuit, divisé en 12. heures[44], desquelles chacune contient le passage d'un demy signe ou de 15. degrez, d'un chacun desquels les mouvemens *rapportez à l'Equinoctial, sont inegaux. Tellement que (pour exemple) les 15. premiers degrez du Mouton, emploient moins de temps à se lever ou passer sur la Terre, que ne font les autres 15. suivans : et par ainsi celle heure premiere, mesurée au mouvement des premiers quinze degrez, ne se trouvera egale à l'heure seconde, mesurée au mouvement des quinze degrez suivans, et ainsi consequemment suivant tousjours le tournoyement des 12. signes, faisans à 30. degrez chacun, deux heures : et à 360. degrez pour tout, l'espace entier du jour et de la nuict : divisez en ces 24. heures inegales[a]. Donc[b] il est *arresté (reprint Sceve)[c] entre toutes nations tel espace devoir estre divisé en 24. *Combien que l'opinion de ceux ne soit despourveue ny abandonnée de bons Autheurs, qui ont asseuré quelques Anciens avoir divisé le jour en six, et la nuict en autant de parties : pour rendre en pareil nombre, les mois de l'an, les signes du Zodiaque, et les heures du jour, entier et naturel[45]. Je dy jour naturel ou civil[46]. C'est à dire, l'entier retour ou tournoyement du [341 v°] corps du Soleil, d'un point meridional à ce mesme poinct, par *accomplissement d'une entiere revolution de l'equinoctial, et outre, autant d'avantage qu'il s'en peut *rapporter au moyen mouvement du Soleil, estimé cinquante neuf minutes et huit secondes de l'Ecliptique. Et est *surnommé Egal, par le tournoyement entier de 360. degrez, et d'avantage de 59. minutes, et 8. secondes, de ce mouvement solaire contre le Ciel huitiesme. Mais il est dict Inegal, en consideration de la partie de l'equinoctial, qui monte avec l'egal mouvement du Soleil : toutesfois ceste difference est presque insensible en un jour, *combien qu'en plusieurs assemblez, elle se treuve sensible et bien *notable[d]. Donc de ceste epithete de jour civil, est donnée[e] la difference entre l'entier intervalle d'un à l'autre Soleil : et le jour artificiel, qui signifie le temps durant lequel le Soleil

Ancienne division du jour.

Jour naturel, ou civil.

Jour Egal.

Jour Inegal.

Jour artificiel.

---

a Telles heures ne sont (prins-je la parolle) seulement differentes [...] l'espace entier du jour et de la nuict : divisez en ces 24. heures inegales. *78*.

b Donc *78-87* ; Car *56*.

c (reprint Sceve) *78*.

d C'est à dire, l'entier retour ou tournoyment du corps du Soleil, d'un poinct meridional à ce mesme poinct [...] toutesfois ceste difference est presque insensible en un jour, combien qu'en plusieurs assemblez [assemblez *omis en 78*] elle se treuve sensible et bien notable. *78*.

e Donc de ceste epithete de jour civil, est donnee *78-87* ; Je dy jour naturel, ou civil : pource que de cet epithete est donnee *56*.

nous esclaire. Cleobuline (dis-je) couvrit d'un gracieux enigme l'ordinaire mutation des jours. Un pere (disoit-elle)[a] a[b] douze fils : chacun desquels a trente filles, moitié blanches et moitié noires, toutes mortelles et toutes immortelles[47]. Theodecte (reprint Sceve[c]) disoit le jour et la nuict estre deux sœurs differentes, qui s'engendrent et tuent l'une l'autre. Mais le Sophiste du Roy Egyptien, pensoit bien avec plus d'obscurité couvrir la description du Monde, de l'an, des mois, des jours, et des nuits, proposant ainsi à Esope : Dans un grand temple est une Colomne, enrichie de douze villes, chacune soustenue par trente *travons, à l'entour de chacun desquels deux femmes tournoient incessamment[48]. Or laissant ces enigmes faciles à esclarcir, vous te-[342 **r°**]nez pour asseuré qu'entre les Romains anciennement le jour et la nuict estoient divisez en pieces non semblables, ny de nom ny de nombres. Car le jour (j'enten l'espace du temps pendant lequel le Soleil se descouvre à nous) estoit divisé en parties qu'ils nommoient Heures : et la nuict en quatre et plusieurs *veilles, ou reveils[49] : tellement que les plus grands jours s'estendoient en douze heures, et les moindres en dix. Quant aux reveils, ou *veilles[d] de la nuict, les noms en ont esté divers entre les Latins, comme entre les Grecs et les noms et le nombre[50] : mesmes entre nous divers en est l'usage : comme il *appert en la disposition des prieres et devotions ecclesiastiques : en l'assiette des *guets, sentinelles, et gardes de l'ordre militaire. Vray est que les Juifs divisoient le jour entier de vingt-quatre heures en quatre aschmourot[e] c'est à dire gardes ou *veilles. La premiere estoit despuis le Soleil couché jusques à la minuit la seconde despuis minuit au Soleil levant la 3. dès ce temps jusques à midy, et la 4. depuis midy jusques au Soleil couchant[f51]. Mais quoi qu'ayent merité telles diversitez, en fin le jour, et la nuict joints ensemble, ont esté divisez en 24. parties egales que nous appellons Heures[52]. Icy (entrerompy-je) *surnaist une difficulté : car toutes nations n'ont esté et ne sont encores aujourd'huy d'accord en l'ordre de telles *supputations. Vray, dit-il :

Enigme.

Enigme d'un Sophiste Egyptien, proposé à Esope.

Division du jour selon les Romains.

Diversité entre plusieurs nations à commencer leur jour.

a disoit-elle) *87* ; (disoit elle) *56* ; (disoit-elle) *78* ; *corrigé en* (disoit-elle).

b à *87* ; a *56-78* ; *corrigé en* a.

c reprint Sceve *78-87* ; reprint il *56*.

d veils *87* ; veilles *56-78* ; *corrigé en* veilles.

e aschmourah c'est à dire *87* ; *corrigé en* aschmourot *sur l'ex. de Troyes*.

f Vray est que les Juifs divisoient le jour entier de vingt-quatre heures en quatre aschmourot c'est à dire gardes ou veilles. La premiere estoit despuis le Soleil couché jusques à la minuit la seconde despuis minuit au Soleil levant la 3. dès ce temps jusques à midy, et la 4. depuis midy jusques au Soleil couchant. *87*.

mais si ne s'en est il trouvé, ny de ce temps se treuve que de quatre façons. Qui, commence le jour entier au Soleil levant, comme jadis les Perses et Babyloniens[53] : qui d'un à l'autre midy, comme une partie des Astrologues, et ceux qui habitoient l'Ombrie[54] : ordre qui [342 v°] sembla plus commode à Ptolomée que celuy des Perses, ny celuy des Atheniens et Juifs qui le commençoient au Soleil couchant, comme font encor en ce temps les Silesiens, Boëmiens, et autres[55] : pource que l'Horison (marque du levant et du couchant) est *muable, mais non la ligne meridionale[a]. La quatriesme façon estoit des Romains, contans de l'une à l'autre minuict[56], comme nous faisons, suivans une opinion des antiques Gaulois, que la nuict doit preceder le jour. Vous sçavez la façon de *conter les heures, selon les horloges de Noremberg, qui ne marquent ou sonnent 24. comme les horloges entiers, ny 12. comme les demis, mais signifient les heures du jour par un nombre d'heures egales commancées au lever du Soleil, et finies au coucher : et les heures de la nuict commancées au Soleil couchant pour finir au levant[57]. Ainsi ces heures assemblées font tousjours 24. mais en bien differente distinction. Car en Esté, l'espace du jour a plus d'heures, et la nuict moins : comme au rebours, la nuit en hyver a plus grand nombre d'heures, et le jour en a moins[58]. Il me vient en memoire (dit Hieromnime) que les Juifs tres-raisonnablement commençoient le jour au Soleil couchant, puis que selon l'ordre escrit par Moyse, le soir et le matin furent le jour[59]. Comme aussi les Chrestiens ont bien juste raison de le commancer à minuict : puis qu'à telle heure, le Soleil de Justice et salut eternel voulut apparoistre sur terre : c'est à dire JESUS-CHRIST print naissance[b60]. Brief (dit Sceve)[c] la revolution est tousjours de vingt-quatre heures, pour le jour, qui est une autre partie en laquelle nous sommes [343 r°] coustumiers de diviser le temps : et des jours (ay-je jà dit) la plus familiere difference est de jour civil, et de jour artificiel[61] : car l'epithete de naturel se treuve attribué et à l'un et à l'autre. Toutesfois il se treuve que les Atheniens par la persuasion de Solon, ont donné ordre et nombres à leurs jours selon le cours de la Lune[62]. Les Thebains selon le cours du Soleil[63]. En

Ordre des jours entre les Atheniens, Thebains, Grecs et Romains.

a l'Ombrie : ordre qui sembla plus commode [...] mais non la ligne meridionale. *78-87* ; l'Ombrie : les autres au Soleil couchant commencent à conter, pour achever à mesme heure, comme les Atheniens, les Juifs, et les Egypciens. *56*.

b Vous sçavez la façon de conter les heures [...] puis qu'à telle heure, le Soleil de Justice et salut eternel voulut apparoistre sur terre : c'est à dire JESUS-CHRIST print naissance. *78*.

c (dit Sceve) *78*.

fin toute la Grece et l'Italie avec plus heureux succez, essaya de les reduire en un accord de l'une et de l'autre planete : adjoustant, ou ostant, à chacun mois un ou deux jours, à fin qu'à certain terme l'An fust *accompli de son nombre de jours, et mois, solaires et lunaires. Il seroit (dy je) mal-aisé de *restreindre souz une particuliere description, les jours, puis que les regions sont esclairées du Soleil ou plus ou moins qu'elles sont prochaines de sa ligne. En Alexandrie les jours s'estendent quatorze heures : l'Italie les a de quinze : et l'Angleterre de dix-sept, où les nuicts en Esté ne demeurent sans clarté[64]. Et icy nous voyons en ce temps combien peu les nuicts durent. Les jours (adjousta-il) sont de plus admirable mesure à ceux qui ont le Pole vertical : ausquels[a] le Soleil luit six mois continuels[b], et puis absent d'eux autant de temps[c]. Ainsi en une revolution de ce que nous appellons l'An, ils ne cognoissent qu'un jour et une nuict[d]. Si n'a empesché ceste varieté que le jour n'ait esté la plus ordinaire mesure avec laquelle toutes nations ayent *departy et *disposé leur temps : comme en fait foy l'observance des ceremonies, des permissions, et defences de tout travail destiné au politic usage. Avec quelle superstition, je vous prie eslisoient les an-[343 v°]ciens Romains les jours heureux aux entreprises militaires ? comme observoient-ils les Egyptiaques, Apophrades, Noirs[e] et malheureux ? comme se *contregardoient-ils les prochains jours suivans les Calendes, Nones, et Ides, les ayans en estime de *pollus et malheureux, autant pour le faict de la guerre que pour l'assemblée des estats ? Encores (dy-je) en dure aujourd'huy entre nous la marque telle qu'entre les Romains, qui *surnommoient les jours, ou FESTI, ou PROFESTI, ou INTERCISI : Que nous dirions jour de feste, pour le service des Dieux : jours ouvriers, pour les œuvres et labeurs des hommes : et jours *entrecoupez (ainsi dits pource que l'on pouvoit travailler entre l'heure que la beste estoit tuée pour le sacrifice, et l'heure de la consideration des entrailles) despendus partie au service divin, partie à l'usage des hommes[65]. Comme

Estendue des jours en Alexandrie, Italie, et Angleterre.

Jours reputés heureux ou mal fortunez entre les Romains

Diverses denominations des jours.

Jours entrecoupez.

a ceux qui ont le Pole vertical : ausquels *78*.

b Les jours (adjousta-il) sont de plus admirable mesure à ceux qui ont le Pole vertical : ausquels le Soleil luit six mois continuels, *78-87* ; Les jours (ajouta il) sont de plus admirable mesure en l'isle de Thule, qui voit le Soleil six mois continuelz : *56*.

c et puis absent d'eux autant de temps. *87* ; et puis en est autant de tems privee. *56* ; et puis est absent d'eux autant de temps. *78*.

d Ainsi en une revolution de ce que nous appellons l'An, ils ne cognoissent qu'un jour et une nuict. *78*.

e Noirs *78*.

selon l'Eglise Romaine, les jours des Roisons, et les *deputez à la commemoration des morts : car ces jours là sont du matin employez à la culture de la religion, et le reste aux œuvres coustumieres[a]. Autres jours estoient Lustriques, ausquels avec les ceremonies propres, l'on nommoit (vous diriez baptiser entre nous) les enfans masles le neufiesme, et les femelles le huitiesme de leur naissance[66]. Je ne treuve (adjousta-il) estrange que telle fantasie ait occupé les hommes, veu que l'espece humaine semble estre inevitablement sujette au vice de trop legere *creance des superstitions. Et n'ose peindre de ceste couleur la devotion des Juifs au jour du Sabath si supersticieusement observé, que leur repos à ce jour, fust seule cause que le **[344 r°]** grand Pompée conquist Hierusalem[b][67]. Mais combien estoient les Chalcedoniens superstitieux, qui ne passoient jamais le vingt et uniesme du mois[c] qu'en crainte et en opinion que tel jour fust mortellement malheureux : tant ils se resentoient durement de la playe qu'un Lieutenant[d] de Darius leur fit à un tel jour[68] ? Les Perses diffamoient de surnoms odieux, comme infames et lamentables, les troisiesme et sixiesme d'Aoust, pource qu'à semblables jours ils avoient quelquesfois esté deffaicts : et par expres se douloient de leur perte en la bataille Marathonienne[69]. Le premier jour d'Avril sembloit malheureux à Darius, ayant receu en ce jour un grand dommage par Alexandre[70] : et n'estoit en plus honorable estime à Carthage : pource que les Carthaginois à jour pareil furent par Timoleon vaincus et chassez de Sicile : comme encores ils detestoient et avoient en horreur le neufiesme de Juillet, auquel maintes calamitez leur estoient *survenues[71]. Mais que voudroy-je me souvenir de plus grand nombre de tels exemples ? vous sçavez assez comme les histoires en sont pleines. J'ay entre telles curieuses annotations (dy-je) *pris garde au jour natal, le plus souvent *insigne de quelque heur, ou malheur d'importance. Timoleon aux jours revolus de sa naissance, contenta les Syracusains de

Jours lustriques.

Superstition des Chalcedoniens.

Jours detestez par les Perses.

Observations du jour natal.

---

a Comme selon l'Eglise Romaine, les jours des Roisons, et les jours deputez à la commemoration des morts : car ces jours là sont du matin employez à la culture de la religion, et le reste aux œuvres coustumieres. *78*.

b Et n'ose peindre de ceste couleur la devotion des Juifs au jour du Sabath si superstitieusement observé, que leur repos à ce jour, fust seule cause que le grand Pompee conquist Hierusalem. *78*.

c Mais combien estoyent les Chalcedoniens superstitieux, qui ne passoyent jamais le vingt et unieme du mois *78-87* ; Les Chalcedoniens n'ont jamais passé le vint et unieme du mois *56*.

d Lieutenant *78-87* ; general *56*.

ses plus illustres victoires, tellement que ce jour entre eux estoit honorablement solennisé[72]. Jules Cesar ne passa jamais le douziesme de Juillet (mois ainsi nommé de luy) sans *accroissement de bon heur[73]. Charles cinquiesme, Empereur[a], peut marquer de blanche craye le 24. de Fevrier, son jour natal, au-[344 v°]quel l'honneur de la couronne Imperiale, et la prise du Roy François luy ont assemblé le comble de son heur. Comme le jour (dedié depuis en grande solemnité) auquel Philippe Macedonien receut nouvelles de ses chariots, vainqueurs aux jeux Olympiens : de Parmenion Lieutenant general de son armée, ayant gaigné une bataille : et de la naissance de son fils Alexandre : laissa exemple de quelque secrette faveur de Fortune aux jours *esleuz et affectez *à l'heur[74]. Moins *notable n'est pour le contraire, le jour natal d'Attale, qui luy fut jour de naissance, et puis fin de la vie[75] : de Pompée, qui un jour apres le *solemnisé de sa naissance, par la mort laissa fortune impuissante de le plus pourchasser[76] : et d'Alexandre, qui le jour celebré de sa nativité, mourant, changea la joye de la solennité, en dueil et tristes funerailles[77]. Ainsi (reprint Sceve[b]) trouverions-nous chacun jour de l'année heureux et malheureux si nous considerions les accidents *advenus. N'avez-vous pas leu qu'au jour de la naissance de ce grand Alexandre, le temple d'Ephese, consacré à Diane, fut bruslé par Herostrate, taschant de s'immortaliser de la memoire de tant infame sacrilege[78] ? et que les Perses mis en route, furent honteusement vaincus[79] ? Je ne veux vous ennuyer longuement au recit d'histoires trop cogneues : monstrant par veritable preuve, les jours semblables avoir donné des fortunes diverses aux peuples Grecs, et Romains : et mesmes aux particuliers Capitaines et Empereurs : ainsi qu'à Crasse et Luculle, qui en jours pareils (bien qu'en diverses années) ont fait des pertes presques irreparables, et executé des entreprises à leur advantage et [345 r°] louange immortelle[80]. Encore d'Auguste se peut *recueillir un tesmoignage : car le jour semblable à celuy qui luy fut premier à la gloire Imperiale, luy fut conté le dernier de sa vie[81]. Vrayement (dy-je) vous me remettez en memoire les superstitieuses raisons recitées par Hesiode en ses Jours et œuvres : et imitées par Virgile au premier de ses Georgiques, sur *l'esgard des jours : entre lesquels le premier, le quatriesme, et septiesme, sont sacrez à Jupiter[82]. Le premier, comme premier de tout nombre, et sur tous digne d'estre

Jours sacrés à Jupiter.

a Empereur *78-87* ; Empereur aujourdhui vivant *56*.

b (reprint Sceve) *78-87* ; (ajouta il) *56*.

*advoué par le premier des Dieux[83] : puis (au tesmoignage de Platon) que tout commancement est divin[84]. Le quatriesme, comme estant du nombre parfait, et duquel les parties recueillies *accomplissent la dixaine et contiennent toutes les raisons et proportions musicales[85] : et le septiesme, comme premier composé de deux parfaites parité et imparité[86] : representant la generation de toute chose souz la puissance de ce grand Dieu, pere de Minerve, à laquelle ce nombre est comparé : et pource qu'à tel jour, Latone enfanta Apollon, fils de Jupiter, et lumiere du monde[87]. Hesiode[a] (dit Hieromnime) avoit bien fueilleté les livres de Moyse, enveloppant si *cautement les secrets de la creation, et le repos de Dieu souz le reply de ses fables[88]. Je croy bien (respondy-je) qu'il

Hesiode Theologien.

n'estoit sans Theologie, comme l'on peut soupçonner au discours du mois qu'il poursuit jusques au trentiesme, à quel jour la Lune en sa conjonction estoit honorée à cause de l'union, pour image de verité : car l'unité est sacrée à verité, comme la pluralité au mensonge[89]. Avez-vous (dit Sceve) jamais *espié les jours heureux notez par les [345 v°] Chaldées, et depuis observez par les Astrologues jusques aujourd'huy ? croyans les jours et les heures tirer du Ciel ou l'heur ou le malheur[90] ? Je laisse (dy-je) ce grand secret à leur Albumazar : escrivant que celuy duquel l'oraison sera faite à Dieu alors que la Lune sera conjointe avec Jupiter à la teste du Dragon, *impetrera l'entier de sa requeste[91]. A quoy le bon Petrus Aponensis adjoustant foy, et demandant à Dieu le don de *science, ne faillit pas d'avoir belle rencontre[92]. Je ne veux (poursuivit il) prendre la querelle pour soustenir tant *embesongnée vanité : mais si me semble l'observation des heures et des jours fort necessaire : encores que l'usage de la Medecine ne deust estre en toutes parties (s'adressant à moy) selon vostre opinion approuvé : car chacun sent en soy, que les particuliers temps du jour respondent fort à propos aux grandes et annuelles saisons : et ne me semble *impertinent le rapport du Matin au Printemps, du Midy à l'Esté, du Soir à l'Automne, et de la Nuict à l'Hyver[93].

Heure qu'on doit choisir pour le repas.

Vous semble indigne d'estre notée l'opinion de Galen, qui veut l'heure du manger estre choisie plustost fresche que chaude, à fin que par une naturelle *antiperistase, la chaleur repoussée au dedans, renforce la faculté *concoctrice et digestive[94] ? d'où *possible (joint l'heure prochaine du dormir qui aide beaucoup à digerer) la coustume d'aujourd'huy est fondée, que le soupper se sert plus opulemment que le disner[95]. Et des

a Hesiode *78-87* ; O que Hesiode *56*.

Jours judiciaires.

jours judiciaires, qu'ils nomment Crisimes, Critiques, Theoriques, ou Decretoires, combien en est admirable l'observation, par laquelle Nature semble predire long temps devant, aux assistans du malade une asseu-[346 r°]rance de mort, de peril, ou de santé ? Galen renvoye à la plus speculative consideration des Philosophes, ceux qui voudront s'enquerir si les nombres ont quelque action : ou si seulement, suivant les mouvemens ordinaires, ils accompagnent les substances qui font leurs actions par quelque espace nombreux de temps limité. Toutesfois, tenant pour opinion recogneue de tous les hommes de bon sens, que les corps celestes estendent çà bas, et sur toutes choses elementaires, leur puissance : et adjoustant à l'experience multipliée jusques en infinité (s'il se peut) par luy et par son phare Hippocrate, un confessé *apotelesme : que tout le beau qui nous ouvre çà bas les yeux, à la cognoissance de beauté[96] : et tout l'ordre qui *agence souz le cercle de la Lune les choses de quelque artificiel ornement, doit estre remercié à la celeste nature : et de ce qui au contraire est enlaidy d'une desordonnée et variable confusion, doit estre accusée l'imperfection de la matiere elementaire : il a conclu hors de toute negative, que par le cours de tous les astres, mais plus evidemment du Soleil : et expressément de la Lune, au moins plus prochaine (si elle n'a plus de puissance) de nous que tous les autres, peuvent estre marquez certains jours *notables pour la santé, et pour les maladies, *apparens devins des malades, et juges tres-certains de ce qui leur doit advenir : selon que (la matiere estant vaincue[a] par nature, ou nature vaincue par la matiere) les mouvemens sont conduits par cours bien ou mal ordonnez : et que les proportions de plus ou de moins, laissent indice du salutaire ou dangereux advenir[97]. Je sortirois trop loing de no-[346 v°]stre propos commencé, et vous desplairoit ce medicinal discours, si je mettois en avant les jours dangereux ou salutaires, tyranniques ou royaux, sixiesme, huitiesme, dixiesme, douziesme, seziesme, quatriesme, septiesme, onziesme, quatorziesme, et autres desquels les Medecins tirent leurs jugemens[98]. Ce disant nous approchasmes mon jardin, duquel leur monstrant l'entrée : Allons (dy-je) prendre *l'esbat de l'eau, car l'air de tant douce disposition, m'avise des jours Alcyonides, si heureux tant qu'ils durent (soit ou cinq, ou neuf, ou quatorze jours) de toute calme tranquillité, que la mer est asseurée : et plus icy, où, loing de mer, les vents ont moins d'authorité[99]. C'est (adjousta Sceve)

Opinion de Galen touchant les influences des corps celestes.

Jours tyranniques et jours Royaux.

Jours Alcyonides.

a matiere estant vaincue *78* ; matiere vaincue *56*.

chose estrange que de cest oiseau : qui au plus fort de l'Hyver, et en plus haute mer, pond, et couve ses œufs, avec tant favorable pitié du Ciel, (comme Lucian dit en son Alcyon) que l'air et la mer demeurent tranquilles et calmes jusques à ce que les petits soient esclos[100]. Il se taisoit, *arresté en la consideration du lieu : quand, Mais aurons-nous (luy demanday-je) achevé les parties du temps par le jour ? La Sepmaine (reprint-il la parole) recevroit quelque tort, comme meritant bien d'estre nommée pour une des principales pieces de ceste division, puis qu'elle enclost en une revolution de soy-mesme le nombre *accompli des sept jours, et un cours entier des sept Planetes : desquelles chacun des sept jours est *surnommé[101]. Ce periode (dit Hieromnime prenant la parole) ou revolution septenaire de jours, doit sa source à la bien ordonnée disposition de l'ouvrage divin, *accomply, quand il pleut à Dieu (sortant de son eter-[**347 r°**]nel sejour, et repos incomprehensible à noz sens) de faire monstre de son infinie majesté, en infinie puissance, sapience et bonté. Ce fust en la perfection et admirable architecture de ce Monde creé en six jours consecutifs, le septiesme demeurant honoré du nom de repos de Dieu, au service duquel il a tousjours depuis esté sacré[102]. Vray est qu'à fin que l'Eglise Chrestienne ne confondist la sanctification du jour de son repos, avec celle des Juifs blasphemans, et s'eslongnans de la *confession de JESUS-CHRIST vray Messie, la celebration de telle feste a esté remise par les Apostres et leurs successeurs, du septiesme et dernier jour dit Sabath, au premier, *surnommé Dominical (que nous appellons Dimanche) c'est à dire seigneurial : pource qu'à semblable jour de la sepmaine, nostre Seigneur JESUS CHRIST, ayant effacé le peché, et triomphé de la Mort contre tout ordre naturel, ressuscita tres-glorieusement[103]. Les Turcs (dy-je) ont choisi entre les sept jours, pour exercice de plus religieuse ceremonie, le Vendredy : tant pour ne sembler avoir accord avec les Juifs, que pour continuer leur haineuse animosité contre les Chrestiens : car ils celebrent[a] ce jour, comme reproche et outrageuse souvenance de celuy auquel JESUS-CHRIST voulut souffrir mort, et *accomplir les saints mysteres de sa passion salutaire aux humains. La suite de la *denomination des sept jours en la sepmaine (reprint Sceve) selon l'ordre des nombres, premier, second, troisiesme, et ainsi des autres, ne laisse un desir de si curieuse recherche comme celle qu'ils

Discours de la Semaine.

a celebtent *87* ; celebrent *78* ; *corrigé en* celebrent.

emprunteent des Planetes. Mais pour en discourir[a], je ne vous veux (s'adres-[347 v°]sant à moy d'un sou-ris) *alleguer un nouvel accord de musique, pour prouver l'ordre confus de la *denomination des jours, n'estre confus ny *temeraire. Non non (respondy-je de mesme face) les raisons Musicales feront place à autre opinion. Ce sera donc (dit-il) à un ordre observé des Anciens, monstrans qu'en sept jours, par tournoyement de sept fois 24. heures (inegales selon aucuns, ou egales, à l'opinion de quelques autres) les Planetes se treuvent avoir achevé un periode ou tournoyement de parfaite rondeur : car au Lundy, nommé de la Lune, la premiere heure recognoist la Lune : la seconde, Saturne : la troisiesme, Jupiter : la quatriesme, Mars : la cinquiesme, le Soleil : la sixiesme, Venus : la septiesme, Mercure : la huitiesme, la Lune : et la neufiesme, Saturne, continuant tousjours cest ordre de *denombrement par la poursuite duquel vous voyez que la ving-quatriesme, derniere du Lundy, sera souz Jupiter : et la premiere du jour suivant, souz Mars, duquel il est nommé Mardy[104]. Tellement que si vous poursuivez ceste repetition septenaire par sept fois 24. commençant à la premiere heure du Lundy pour la Lune, vous cognoistrez la premiere heure de chacun jour estre appropriée à la Planete de son nom, et à mesme heure la sepmaine suivante, c'est à dire la premiere du huitiesme jour, un mesme ordre est[b] recommencé. Tant le septenaire a de puissance, *advouée des Medecins, qu'ils conduisent leurs jugemens par sepmaines, (voire selon Hippocrate, par septenaires et de mois et d'années)[c] plus seurement que par quaternaires de jours[105] : et comme le mois lunaire nous apprend, [348 r°] qui est parfait (plus de bien peu) en quatre sepmaines, entre deux conjonctions de Lune et de Soleil. Car en cest espace de temps, elle change ses apparitions ou figure de ἀρτίτοκος[d], nouvellement née : μηνοειδὴς, ou μονοειδὴς, premier croissant : puis διχότομος, demy couppée, ou[e] demy pleine : suivie de ἀμφίκυρτος, plus qu'à demy pleine : apres πανσέληνος ou pleine Lune, changée en *amphicyrte et dichotome[106]. Telles sont

Heures rapportées aux Planetes.

Raison de l'imposition des noms des Planetes, aux jours de la Semaine.

Puissance du nombre septenaire.

a Ce periode (dit Hieromnime prenant la parole) ou revolution septenaire de jours, doit sa source à la bien ordonnee disposition de l'ouvrage divin, accompli, [...] comme celle qu'ils empruntent des Planetes. Mais pour en discourir, *78*.

b est *87* ; estre *56-78*.

c (voire selon Hippocrate, par septenaires et de mois et d'annees) *78*.

d Car en cest espace de temps, elle change ses apparitions ou figure de ἀρτίτοκος *78-87* ; Soleil : ou par une entiere aparicion de ἀρτίτοκος, *56*.

e demy coupee, ou *78*.

les sept faces[a] tant nommées par les anciens : apres le douziesme retour desquelles, la Lune estoit reveue au mesme lieu d'où elle avoit commencé : et de là recommençoit le cours d'un nouvel an, observé par les Arabes de douze mois lunaires[107]. Car de tous a esté receu le mois pour une partie de la division du temps : et ne sçay si le mot est tiré du langage Eolien μεὶς, sonnant de plus pres nostre mois François, que le Latin *Mensis*, puis que nous sommes *contraints de confesser qu'en cest endroit la liberalité des estrangers nous affranchit de la barbare confusion, en laquelle nous serions[108] : comme toutes nations ont esté longuement, avant que pouvoir reduire en meilleur ordre un nombre, par la *supputation duquel nous recogneussions la parfaite revolution des lumieres celestes, qui guident et*avivent nostre vie. Car les Chaldées, les Egyptiens, les Indiens, les Grecs, et les Latins y ont esté variables et incertains en plusieurs sortes : ores *clouans leur mois au cours de la Lune : ores indiscrettement (comme du temps de Romule en Italie) les estendans moins de vingt jours : ores plus de trente-cinq[109] : et les Indiens (si Quinte Curce est à croire) descrivans leurs mois de quinze jours, selon le demy cours de la Lune, d'un [348 v°] à autre quartier qu'elle commance à se courber, et devenir cornue[110]. Numa, second Roy des Romains, et homme studieux des choses celestes, cogneut les mois mal ordonnez estre la confusion de l'An : et apperceut (par l'advertissement des Grecs ou des Egyptiens) l'erreur naistre par faute d'entendre la difference des cours du[b] Soleil et de la[c] Lune[111] : quand corrigeant ce desordre, il adjousta deux mois, Janvier et Fevrier, aux dix de ses predecesseurs[112]. Lors fut plus clairement par les Mathematiciens descouverte la difference de l'un et l'autre cours : selon lesquels deux sortes de mois prindrent nom. Car le mois Solaire s'estend autant de temps que le Soleil demeure à s'avancer d'une douziesme partie du Ciel, et le mois Lunaire, s'il est *synodique, autant que la Lune demeure à passer treize signes du Ciel, pour se rencontrer en conjonction du Soleil, qui ce pendant en avoit couru un[113]. S'il est *periodique, il s'estend en 27. jours 7. heures 43. minutes, selon la plus favorisée opinion. La derniere *espece de mois Lunaire est, mois esclairant ou d'illumination, depuis le jour qu'on la voit naistre, jusques à ce que du tout elle est disparuë[114]. Encores l'on

An des Arabes.

Derivation de ce nom, Mois.

Janvier et Fevrier adjoustez par Numa.

Mois Solaire.

Mois Lunaire synodique.

Mois Lunaire periodique.

Mois Lunaire esclairant.

a dichotome. Telles sont les sept faces *78-87* ; dichotome, sept faces *56*.

b du *78-87* ; de *56*.

c de la *78-87* ; de *56*.

a adjousté à ces differences de mois, un mois Civil, comprenant generalement toutes les diversitez observées en l'assemblement des jours, composans le mois duquel chacune nation sçait mesurer son Temps[115]. Et pour chose *arrestée, est resolu, que l'ordinaire nombre pour clorre un An, est douze : desquels l'ordre et les noms *usitez aujourd'huy entre nous, sont purement tirez du langage Latin : mais les Grecs les ont autrement *mespartis que les Latins, et **[349 r°]** nous autrement que les uns ny les autres. Car les Latins divisans[a] leur mois en trois sortes de jours, ont nommé les uns Calendes, ou du mot Grec καλεῖν, qui signifie appeller en jugement, ou faire assemblée : pource qu'au[b] jour nommé Calendes simplement, c'est à dire le premier du mois, le Senat estoit assemblé : ou du mot Latin *Clam*, que les Grecs dient λάθρα : et nous, en cachette ou *celeement : pource qu'à tel jour la Lune conjointe avec le Soleil se cache et *cele de nous[116]. Vous n'estes (croy-je) d'opinion que Plutarque soit à reprendre, l'ayant ainsi dit : principalement en Problemes où chacun se peut jouer librement : comme encores il deduit (dont il est reproché assez delicatement) les Nones, seconde façon de jours, pource qu'à ce jour la Lune neufve commance à se monstrer[117] : et les Ides (jours de troisiesme sorte) de εἴδειν, qui signifie voir, ou de εἶδος, c'est à dire face : car à ce jour la Lune monstre sa pleine et plus entiere face[118]. Trouvez, si bon vous semble, les autres raisons meilleures : et que les Nones soient ainsi appellées, comme si vous disiez neufiesmes (*Nonus*, entre les Latins) pource que le jour noté de ce nom, est le neufiesme devant les Ides : que l'on peut tirer de *Idula*, ou *Idulis*, mot Hetrusque, signifiant une brebis sacrifiée tel jour à Jupiter[119]. Mais quelque cause que l'on puisse donner à tels noms, il est certain et tout vulgaire que les Latins appelloient une partie des jours de leurs mois, Calendes, une autre Nones, et une autre Ides. Les Nones estoient *nombrées ou six ou quatre, selon l'ordre destiné par leurs Calendaires[120] : les Ides huit, et tout le reste en Calendes, le tout en contant d'un or- **[349 v°]** dre renversé[121]. Quant aux Grecs ils ont divisé leurs mois en trois dizaines : et nommoient le premier jour νουμηνία, autant que[c] nouveau mois, nouvelle Lune, ou Calendes : et continuoient jusques à dix par δευτέρα ἱσταμένου, τρίτη ἱσταμένου, et le reste : que nous dirions second,

Mois Civil.

Divers mespartemens des mois.

Calendes.

Nones.

Ides.

L'ordre que tenoient les Grecs à nombrer les jours de leurs mois.

---

a duisans *87* ; divisans *56-78* ; *corrigé en* divisans.

b pource qu'au *78-87* ; car au *56*.

c autant, que *87* ; autant que *56-78* ; *corrigé en* autant que.

du mois commençant : troisiesme, du mois commençant : et ainsi jusques au dixiesme δεκάτη : apres lequel commençoit la seconde dizaine *surnommée μεσοῦντος comme du milieu, et se contoit πρώτη ἐπὶ δέκα, le premier apres dix : δευτέρα ἐπὶ δέκα, le second apres dix : τρίτη ἐπὶ δέκα, le troisiesme apres dix : et ainsi poursuivant le nombre jusques à dix, où le vingtiesme se rencontre, nommé εἰκὰς, vingtiesme, ou ἡ μεγάλη εἰκὰς, comme grand et excellent nombre, *accomply par la dizaine doublée[122]. Ce jour est natal d'Epicure, et honoré par les Epicuriens nommez à ceste cause εἰκαδισταὶ, vingteniers ou vingtenaires[123]. Apres suivoit la troisiesme dizaine[a] du mois φθίνον, ou λῆγον, finissant ou cessant : de laquelle ils nommoient le premier jour (c'estoit le 21.) πρώτη ἐπὶ εἰκάδι : le second, δευτέρα ἐπὶ εἰκάδι, le premier apres le vingtiesme, le second apres le vingtiesme, et ainsi des autres : ou bien disoient au vingt et uniesme δεκάτη φθίνοντος, ou λήγοντος, dixiesme du mois finissant : ou cessant : et au vingt-deuxiesme ἐννάτη φθίνοντος, neufiesme finissant : continuant ainsi d'un ordre renversé, dixiesme, neufiesme, huitiesme, et ainsi jusques à un qui estoit le trentiesme ἕνη καὶ νέα. Comme si en *l'interlune, lors que la Lune est ensevelie souz les raiz Solaires, nous l'appellions vieille, et nouvelle, par participation du mois finissant, et du mois entrant à son commen-**[350 r°]**cement[b124]. Mais nous, *d'un fil, contons jusques à trente sans autrement en desguiser l'ordre. Quant aux noms, les Grecs et les Latins les ont divers, et nous avons retenu le mot Romain. *Combien que Charlemagne, delicat amoureux de sa langue, s'essaya d'en composer : mais si peu agreables à la posterité Françoise, qu'elle les quittant aux Allemans, en a formé à l'imitation Latine[c]. Car ce que les Latins[d] ont nommé *Januarius*, nous l'avons *accommodé à nostre langue Janvier : et les Grecs le nommoient diversement selon leurs diverses nations, et pour causes tirées de diverses superstitions : aussi me suffit-il de dire, que les Atheniens (plus illustres de tous) nommoient cestuy d'un mot nuptial Γαμηλιὼν, pource qu'en

---

a ou ἡ μεγάλη εἰκὰς, comme grand et excellent nombre, [...]. Apres suyvoit la troisiesme dizaine *78-87* ; qui est suivi de la troizieme dizeine du mois φθίνον, ou λῆγον *56*.

b Comme si en l'interlune, lors que la Lune est ensevelie sous les rais Solaires, nous l'appellions vieille, et nouvelle, par participation du mois finissant, et du mois entrant à son commencement. *78*.

c Combien que Charlemagne, delicat amoureux de sa langue, s'essaya d'en composer : mais si peu agreables à la posterité Françoise, qu'elle les quittant aux Allemans, en a formé à l'imitation Latine. *78*.

d que les Latins *78-87* ; qu'ils *56*.

ce mois l'on sacrifioit à Junon (laquelle au recit de Plutarque, ils croyoient presider au Mois, comme Jupiter à l'An) Deesse des nopces[125]. Le mot *Januarius* est trop evidemment deduit de *Janus*, Roy des Latins, duquel l'on faict la statue à deux visages : pource qu'il monstre la fin et le commencement de l'année : et à ceste cause *surnommé des Latins *Clusius et Patulcius*, de clorre et d'ouvrir l'An[a][126] : ou pource qu'il veit les siecles (car il est pris pour Noha des Hebrieux) devant et apres le deluge : si celuy n'est creu qui etymologise *Januarius* de αἰωνοάριον, comme chef ou pere de l'âge[127]. Aussi est-il representé par diverses statues signifiantes l'an. Une en recite Pline avoir esté consacrée par Numa, à deux visages : et ayant les doigts des mains repliez et *disposez en telle figure, que le nombre 365. y estoit representé, (car vous sçavez que les Anciens notoient les nombres par signes et dispositions de doigts) comme entendent par tel **[350 v°]** nombre des jours de l'an revolu, qu'il estoit Dieu du Temps[128]. Je ne puis oublier une forme de statue, dediée à ce Dieu, ayant en la main droite la figure de τ. et en la gauche ξε, signifiant par τ, le nombre 300. et par ξ, 60. et par ε, cinq. Je ne vous diray chose incogneue, le descrivant en statue de quatre formes, souz consideration des quatre saisons : ou (non plus pour an, mais pour ce mois) tenant une clef en la main, le signifiant portier de l'année, et seray aise de vous faire souvenir, que ce mois fut en Athenes appellé Novembre et Jun, pour une plaisante raison[129]. Demetrie (celuy qui fut *surnommé pour son heur aux prinses des villes, πολίορκητὴς) retournant de son victorieux voyage de Corinthe, Arcadie, Mantinée, et autres pays et villes, presque aussi tost conquises que veues : escrivit aux Atheniens, qu'à son arrivée ils s'apprestassent sans *differer de luy faire voir tous les secrets et sacrez mysteres de leur religion : duquel advertissement estonnez (car en ce temps celà estoit estrange et non accoustumé, voire estimé comme sacrilege *impieté) ils assemblerent le conseil, où fut mis en deliberation, s'il seroit permis de changer et *enfreindre l'ordre de leurs ceremonies : par lesquelles le jour des grands mysteres estoit assigné en Novembre, et le jour des petits mysteres en Jun par commandement inviolable, d'où s'apprestoit un dangereux inconvenient, veu qu'ils estoient encores en Janvier, comme *remonstroit Pythodore, maistre de leurs sainctes ceremonies : duquel toutesfois la superstitieuse harangue fut si mal accompagnée de persuasion, que sans y avoir *esgard

Derivation du nom de Janvier et la cause.

Diverses statues de Janus.

Plaisante raison pourquoy les Atheniens nommerent le mois de Janvier, Novembre et Jun.

a et à ceste cause surnommé des Latins *Clusius et Patulcius*, de clorre et d'ouvrir l'An *87*.

(à fin que Demetrie, desjà assez [351 r°] insolent, ne fust irrité) Stratocle publia un edict par lequel γαμηλιὼν (nostre Janvier) qui ne faisoit que commencer, seroit nommé ἀνθεστεριὼν qui est Novembre : et souz telle couleur, les grands mysteres celebrez *indemnément et sans aucune *coulpe : apres *l'accomplissement desquels, ce qui resteroit de ce mois, auroit nom ἑκατομβαιὼν (nous dirions Jun) pour faire excuse de si subtile *cautelle, au peché de solenniser les petits mysteres, au contentement de Demetrie[130]. Auquel par ce moien furent en peu de jours communiquez tous les secrets sacrez, qui à peine en un an pouvoient des autres estre honorez, et veuz reveremment. Bien folle (adjoustay-je) me semble leur superstition, car autre mois n'estoit plus propre à si *devote confusion, que cestuy : sacré de la doctrine Pythagorienne, aux Dieux celestes, à cause de l'imparité de ses jours[131]. Vray (dit-il) et pour le nombre pair, comme abominable est sacré aux Dieux infernaux son mois suivant, nommé des Latins *Februarius*, de nous Fevrier, et des Atheniens ἐλαφηβολιὼν, qui en ce mois chassoient les cerfs (vous sçavez que c'est ἔλαφος) en memoire de Diane leur deesse *tutelaire : et au nom de laquelle les festes estoient solennisées[132]. Si meilleure ne semble la raison tirée de ce qu'en ce temps le Cerf se despouille, et se desarme la teste, pour la renforcer de nouvelle *rameure[133]. Mais les Latins ont deduit ce nom *Februarius*, de *Februum*, signifiant entre les Sabins, la laine, les rameaux, et tout ce qui estoit necessaire aux sacrifices pour les purifications. Ou (avec Macrobe) du Dieu Februus, pource qu'il estoit invoqué en ce mois, aux processions faites en intention [351 v°] de purger les fautes du peuple : ou de Junon Februelle, à laquelle les Romains solennisoient ce mois des Lupercales[134], et celebroient quelques funeraux anniversaires en consideration du repos des morts, et à fin de chasser les Fantasmes (si je puis ainsi parler) de leurs maisons, et les nettoyer des *tenebrions, *follets, et autres illusions nocturnes, que nous appellons esprits[135]. Toutesfois aucuns l'ont dedié à Neptune[136], comme le suivant mois de Mars, au Dieu Mars, duquel les Latins l'appelloient *Martius* (nous dirions en nostre langue Martial) suivant l'institution de Romule, premier Roy et *edificateur de Rome, qui en se vantant estre fils de Mars, voulut luy sacrer ce mois premier de l'An[137]. *Joint qu'une nation tant guerriere ne pouvoit mieux commencer que par la memoire du Dieu des armes et batailles. Je vous laisse *balancer de quel poix est la raison de ceux, qui dient qu'à la creation du monde le Mouton (signe celeste) estoit au

Etymologie du nom imposé par les Grecs au mois de Fevrier.

Origine du nom Fevrier.

Dieu Februus.

Junon Februelle.

Mars jadis premier mois de l'An.

milieu du Ciel : et que le premier mois ne pouvoit estre mieux nommé que par le Dieu Mars, auquel le Mouton est peculierement consacré[138] : pour n'oublier que les Atheniens du nom des festes Munychies, de Diane *surnommée μουνυχία, nommoient ce mois μουνυχιὼν : ou par l'assemblée qui en ce temps estoit faite en la tour Munychie pres d'Athenes[139], qui (long temps apres qu'Epimenide l'eut predit) fut le plus certain moien de la ruine de la ville, et servitude des Atheniens, miserables souz Antipatre, et traitez en toute cruauté[140]. Avril, des Latins *Aprilis*, lequel depuis Neron *surnomma Neronnée, fut consacré à Venus, à fin qu'ainsi que le premier mois estoit du nom de Mars, **[352 r°]** pere reputé de Romule, le second fust souz la charge de Venus, mere d'Enée, auquel les Romains devoient leur origine[141]. Aussi le signifioit le nom *Aphrilis* (l'aspiration avec le temps ostée) tiré de ἄφρον, c'est à dire escume, d'où Venus (disent les Poëtes) engendrée, à bon *droit eut nom ἀφροδίτη[142]. L'on lui donne une autre etymologie, de *Aperire*, ouvrir : car en tel temps la terre ouverte pousse dehors la douce *esperance des fruits[143] : la Mer par l'Hyver defendue aux Nochers, se faict calme, navigable et ouverte, avec plus d'asseurance, et l'air desglacé et esclarcy ouvre le serain de sa plus riante face[144]. Le nom Attique est θαργηλιὼν, tiré de presque semblable deduction, comme vous diriez θέρει γῆν ἥλιος, le Soleil eschaufe la Terre. Ou des solennitez nommées Thargilies, celebrées en ce temps par immolation de deux hommes *surnommez salutaires : l'un en devotion des hommes, et l'autre des femmes, en l'honneur d'Apollon, auquel en outre l'on offroit des premiers fruits alors trouvez, cuits dans un vase qu'on appelloit θάργηλος[145]. Ce point me fait souvenir de quelqu'un reprenant Macrobe, pource qu'il nomme ce mois ἀνθεστηριὼν, trompé *possible de la prochaineté d'un autre ἀνθεστεριὼν, ou Novembre : qui vient de τῶν ἀνθῶν στερήσιος, qui est privation de fleurs, ou de στερέω, qui signifie *priver et despouiller[a][146]. Mais Avril vrayement me semble ἀνθεστηριὼν, deduit de στηρίζω, et ἄνθη, produisant et confirmant les fleurs : ou quand il seroit nommé ἀνθεστεριὼν, sa denomination seroit de στερεόω, qui signifie consolider. Aussi ce mois, les Grecs solennisoient les Anthestiries, et les Latins de l'institution de Numa faisoient leurs processions aux jours fe-**[352 v°]**riez, souz les noms de *Floralia*, et *Rubigalia* : pour la conservation des fruits[147]. Le mois de May, aux Latins *Maïus*, est certainement nommé de Majeurs : car Romule separa

Avril consacré à Venus.

Etymologies diverses du nom Aprilis.

Processions des Romains.

Deduction du nom Maïus.

a despouille *87* ; despouiller *56-78* ; *corrigé en* despouiller.

son peuple en vieux, et en jeunes : à fin que les vieux, qu'ils appelloient *Maiores*, comme nous avons receu Majeurs, aidassent la chose publique de conseil : et les jeunes la defendissent par vigueur et par armes[148]. Les Majeurs donc plus venerables, meritans le premier et plus reverend lieu apres Mars et Venus, Dieux *tutelaires ou defenseurs de Rome, et des Romains, donnerent nom au troisiesme mois[149]. Ceste raison (bien qu'assez *apparente) n'a peu contenter ceux qui ont dit, *Maïus*, venir du Dieu *Maius*, c'est à dire Jupiter, qui de grandeur et majesté se hausse sur les

Maia deesse.

Dieux[150] : ny les autres le *denommans de *Maia*, mais diversement : car les uns ont creu qu'elle fust femme de Vulcan, *surnommée autrement Majesté[151] : ou autrement entendoient par ceste *Maia*, la Terre, nostre grande et universelle mere, à laquelle, souz nom de *Bona dea*, se faisoit sacrifice d'une Truye pleine, avec telles causes, et ceremonies que vous

Mercure Dieu tutelaire des Marchans.

sçavez estre escrites par Macrobe[152]. Si mieux ne plaist ceste *Maia*, estre mere de Mercure, auquel les Marchans (comme à leur *tutelaire) sacrifioient en ce mois, nommé par les Atheniens σκιῤῥοφοριὼν, des mysteres dediez à Minerve, appellez σκιῤῥοφόρια, ausquels l'on portoit des ombrages et rameaux à faire fueillée, en memoire de Thesée, et signe de nouvelle

Denomination du mois de Juin.

edification[153]. Ainsi fut nommé Attiquement nostre Jun des Ecatombes, ausquelles l'on sacrifioit cent beufs à Jupiter, ou, de bien diverse opinion, cent pieces de certaine mon-[353 r°]noye : car βοῦς, signifie non seulement un beuf, mais encores une espece de monnoye marquee de la figure d'un beuf[154] : d'où fut *brocardé Demosthene quelquefois, soustenant froidement une cause qui luy estoit chargee, mesmes se taisant sur les poincts qui *requeroyent la plus eloquente et persuasive defense : βοῦς (dit quelqu'un le notant de corruption) ἐπὶ γλώττης. Il a (entendoit-il) le beuf sur la langue[155]. Mais je disois que de ceste solennité les Atheniens ont appellé, ἑκατομβαιὼν Jun, aux Latins nommé *Junius*, de la seconde partie du peuple Romain, à sçavoir les Jeunes : qui du nom *Juniores*, presterent l'etymologie de *Junius* : ou fut des Prenestins et Latins, à l'opinion de Macrobe, en reverence de Junon premierement nommé *Junonius*[156], et avec le temps pour r'accourcissement du mot N,O, effacez, laisserent Junius, frivolement *rapporté à l'authorité de Junius Brutus, premier Consul Romain[157] : avant lequel long temps, du moins 240. ans, du regne des sept Rois, ce mois jouïssoit de tel nom, nonobstant la fable de la

Carna Deesse.

Deesse Carna, et ses febves au lard[158]. Aussi est elle[a] moins à croire que

---

a au lard. Aussi est elle moins *78-87* ; au lard, moins *56*.

la deduction de joindre (à *Jungendo*, disent ils[a]) pource qu'en tel temps les Sabins et les Romains, oublians toutes querelles passees, traiterent paix, alliance et conjonction ensemble[159]. Mais je ne suis avec un *docte de cet âge, qui a pensé l'Athenien μεταγειτνιὼν estre May[160]. *Combien que Gaza (homme Grec et Latin de la plus clere erudition) asseure cestuy estre nostre Juillet, second mois des Atheniens, ainsi nommé, pource qu'alors les peuples voisins assemblez solennisoyent la feste Metagitnie, en l'honneur **[353 v°]** d'Apollon[161]. Le mot Latin *Julius* fut *supposé par Jule Cesar, né le douziesme de ce mois[162] : à *Quintilis*, nous le dirions cinquiesme, pource qu'il est tel en ordre à commencer à Mars, selon Romule[163]. Ainsi qu'Aoust, nommé *Sextilis* ou sixiesme, fut appellé *Augustus* du nom d'Auguste, ayant en ce mois premierement aspiré, et atteint à l'honneur du Consulat : rapporté à la ville la gloire de trois triomphes, rendu l'Egypte *tributaire de l'Empire, et embelly les memoires de ce mois de plusieurs choses illustres, et heureusement *advenues, en faveur du nom Romain[164]. Aussi que luy, second et successeur magnanime et industrieux de la feste Imperiale[b] de tant *superbe Republique, meritoit bien de succeder en l'honneur de nommer de soy le prochain et successif mois de son predecesseur. Les Atheniens l'ont nommé Βοηδρομιὼν, deduit de βοηδρομεῖν : qui est courir au secours avec bruit. Toutesfois les histoires ne sont semblables : car il se treuve que du secours donné aux Atheniens par un Lion Eleusinie, le mois print nom, et les mysteres Boïdromies, celebrez (ay-je bien souvenance d'avoir leu) au semblable jour que Xuthe en diligence vint secourir les Atheniens pressez d'Eumolpe[165]. Mais Plutarque *rapporte l'institution et le nom des Boïdromies au mois de Βοηδρομιὼν, auquel Thesee vainquit les Amazonnes, apres que quelque temps la fortune eut *branlé de l'une et l'autre part[166]. L'occasion estoit telle qu'il ne vous desplaira de l'ouïr. Trois freres Atheniens, Eunee, Thoant, et Soloont, jeunes et de *gaillarde disposition, faisoyent compagnie à Thesee : desquels Soloont plus amoureusement complexionné, **[354 r°]** ne print les armes pour tant opiniastre exercice, qu'amour ne le surprint en assez de loisir pour se laisser *poindre le cœur des beaux traits d'Antiope, Amazonne jeune, belle, et de telle grace, qu'elle eust bien peu flechir un Hippolyte : mais *rebourse en l'amour tant extremement, que sa rigueur imployable,

Feste Metagitnie.

Juillet.

Aoust.

Mysteres Boïdromies.

Recit de l'occasion donnee à Thesee, à faire la guerre aux Amazonnes.

a disent ils *56-87* ; disent-ils *78*.

b du feste Imperial *56-78-87* ; *corrigé en* de la feste Imperiale.

descouverte par un refus, poussa le languissant Soloont, de dueil en desir de mourir : et tant le passionna ceste impatience, que satisfaisant au desespoir, il se jetta en un fleuve, dedans lequel miserablement noyé, il esteignit sa vie, et son ardeur ensemble[167]. La nouvelle despleut beaucoup à Thesee, et l'irrita si colerement, qu'il en *dressa la guerre aux Amazonnes : et la finit comme je vous ay dit, laissant en souvenir de telle victoire, la durable institution des Boïdromies au mois portant ce nom, et sacré à Cerés entre eux[168] : comme entre les Egyptiens à Harpocrate, Dieu du silence, auquel offrans poix, febves, lentilles, et autres telles *especes de graines, ils chantoyent : γλῶσσα τύχη, γλῶσσα δαίμων, langue fortune, langue daimon[169]. Tant a esté l'antique superstition *devote, que chacun mois avoit l'adveu d'un Dieu. Aussi Vulcan presidoit à Septembre, aux Latins *September*, du rang septiesme qu'il tenoit en l'ordre depuis Mars, et a tousjours cestuy retenu son nom : *combien que l'Empereur Germanic eust essayé (mais en vain)[a] de le *surnommer de soy, à l'imitation de Jules, et d'Auguste[170]. Les Atheniens, comme de Jupiter μαιμάκτης, ou courroucé, le nommoyent μαιμακτηριὼν. Octobre[b] (*October* des Latins, pour l'ordre huitiesme) frivolement *surnommé par Domician de son nom, et de celuy de Faustine[171], est [354 v°] celuy que les Atheniens appellent πυανεψιὼν, de πυανὸς : pource qu'alors ils offroyent à Apollon des febves[c172]. Je ne sçay si ceux sont trompez qui confondent ceste ceremonie avec celle qui fut instituee par Thesee à l'arrivee qu'il fit en Athenes retournant de ses voyages de mer : où, trouvant son pere mort (comme vous sçavez l'histoire) s'esleverent par la ville ces exclamations de double passion : ἐλελεῦ, ἰοὺ ἰοὺ, les unes de joye ou *gaillardise de guerre, pour son heureux retour : et les autres de dueil et perturbation, pour la mort du vieil Egee : car ceste-cy s'appelloit Oschophorie, au tesmoignage de Plutarque[173]. Vray est qu'en l'une et en l'autre, j'enten aux Pyanepsies, et Oschophories, quelques jeunes hommes mieux naiz portoyent des branches d'olivier, (appellees Eiresiones) *lemnisquees de laine, et fournies de maintes sortes de fruits. Mais aux Pyanepsies on plantoit le rameau devant le temple d'Apollon : et aux Oschophories l'on portoit ὄσχας, des branches de vigne avec les raisins pendans, dedans le temple de Minerve[174]. Toutesfois que le long

Dieu du silence.

Septembre consacré à Vulcan.

Octobre.

Ceremonies des Atheniens, dites Pyanepsies et Oschophories.

a Germanic eust essayé (mais en vain) *78-87* ; Germanic (mais en vain) eust essayé *56*.

b μαιμακτηριὼν. Octobre *78-87* ; μαιμακτηριὼν : et Octobre *56*.

c febevs *87* ; féves *56* ; febves *78* ; *corrigé en* febves.

temps escoulé, et la diversité des histoires peuvent laisser cecy en bien peu d'asseuree cognoissance. Novembre, et *November* Latin, quelque peu de temps *surnommé de Tibere, n'a autre dignité de sa deduction que l'ordre et le nombre de neuf. J'ay desja dit son nom Attique estre ἀνθεστεριὼν : car la disposition de l'air en ce mois est aux fleurs evidemment contraire : mais je puis adjouster, que ce mois *advoué de Diane, estoit anciennement nommé *Dius*, *possible de δῖος, nous pourrions dire divin[175], ou Jovial, et que le vingt et quatriesme jour estoit noté d'un singu-**[355 r°]**lier *esgard : pource que selon sa *temperie tout le reste de l'Hyver devoit estre attendu[176]. Reste Decembre (nommé pour l'ordre et le nombre, *December*), qui est sacré à Saturne, comme Janvier à Janus. Ce Janus (si j'ay bonne memoire de ce que j'ay leu) l'un des premiers Rois Latins, receut une fois Saturne, qui voyageant sur mer, fut poussé à la coste d'Italie : où prenant port, il rencontra *recueil de tant gracieuse bien-vueillance, qu'il fut appellé par Janus compagnon du Royaume. Saturne recognoissant ceste bonté, communiqua au peuple l'estat d'agriculture, et discipline rustique : dont Janus se sentit tant estroitement obligé, qu'essayant tout moyen de l'honorer, il fit forger de la monnoye representant d'un costé la teste de Saturne, et de l'autre une nef : pour laisser aux successeurs memoire de tant heureuse arrivee en leur terre. Si telle opinion dura long temps et fut cogneue de pere à fils, en feroit foy un jeu ancien, auquel l'un jettoit en l'air une piece de monnoye, et l'autre souhaitoit ou chef, ou nef : comme aujourd'huy vous diriez, croix, ou pile[177]. Mais pour retourner à Decembre, en ce temps estoyent celebrees les Saturnales, pendant que le Soleil passoit au Capricorne (où l'on croyoit estre la porte pour remonter au Ciel, comme celle pour en descendre estoit au signe de Cancer) et le nommoyent les Atheniens ποσειδεὼν[178], tiré de ποσειδεωνὶς, c'est Alcyone, qui fait ces petits en ce mois, d'où sont nommez les jours Alcyonides : ou de la feste celebree en l'honneur de Neptune, qui est ποσειδῶν[179], non sans commemoration de Pallas, et de Vesta, tant estoit semee de vaines superstitions la revolution de ces douze mois **[355 v°]** *accomplissans l'An[180] : partie *usitee pour la division du temps, et de revolution plus parfaite, que les heures, les jours, les sepmaines, ny les mois. Comme il semble estre representé par son nom de pareille etymologie Françoise que Latine : pource qu'ainsi que *Annulus*, ou un anneau, signifie un petit cercle, *Annus*, ou An, en signifie un grand[181]. Semblables *vocables

Novembre.

Prognostiq du 24. jour de Novembre.

Decembre sacré à Saturne.

Monnoye de Saturne.

Etymologie de ce nom An.

sont communs aux Latins, et en nostre langue se treuvent des exemples, comme pan, et paneau, tellement qu'il semble *Annulus* estre diminutif d'Annus, et anneau d'an : et qu'on peut dire, l'anneau estre un petit cercle, et l'an un grand. Car l'An d'une revolution ronde ainsi qu'un anneau, sans fin tourne et retourne en soymesmes. Aussi croy-je que les Grecs le nomment pour ceste mesme cause ἐνιαυτὸς, quasi ἐν ἑαυτῷ, en soymesmes[182]. Mais la Grece abondante en etymologies et *equivoques, ne nous doit icy arrester, veu que de soy l'argument de la diversité des ans est si ample, qu'il y auroit pour nous entretenir longuement. Car si l'An est un tournoyement entier des corps spheriques, les Anciens à bon droit ont pensé chacune revolution de tour entier de chacun Ciel, meriter nom d'annee : beaucoup toutesfois plus raisonnablement l'universelle rencontre des huit spheres, retournees apres leurs cours divers, si longuement continuez, au poinct et assemblement duquel elles furent premierement esmeuës. Car ce nombre de temps parfait, doit *accomplir et *surnommer un An de sa perfection, tel qu'est l'an Platonique et parfait[183]. Si vous donnez (dy-je) un nombre de perfection à ce parfait An, je crains qu'en le peignant si **[356 r°]** parfait, vous luy ostiez toute figure d'annee. Car puis que les *contournemens des estoilles erratiques sont dissemblables, et qu'elles *parachevent leurs cours en divers temps : puis, qu'elles sont diversement eslongnees et de latitude (comme ils parlent) et de longitude : puis, que leurs mouvemens sont differens en vistesse et tardiveté : quand se pourra-il faire que les plus lentes, et les plus *vistes : les plus basses, et les plus hautes : les droites, et les gauches : se rencontrent ensemble, et figurent au Ciel celle forme parfaite, defiguree par la variable inconstance de tant de divers cours[184] ? et si de ce terme vous ne sçavez quelque nombre certain, comme luy pourrez-vous attribuer un certain nom d'An ? D'autant (respondit-il) qu'une chose approche plus de la perfection, d'autant moins est elle comprehensible. Vous estes-vous jamais rencontré avec quelque grossier du vulgaire, qui oyant des propos bas, frivoles, et despourveuz de preuve d'aucun subtil jugement, les comprend, les retient, s'y plaist, et les loue comme meilleurs ? Mais s'il arrive à un entretien, remply de quelque solide erudition, *discouru de quelque haute contemplation, et fondé sur quelque opinion raisonnable : d'autant plus que tel discours sera eslevé : d'autant moins luy sera-il aggreable et le dira indigne d'estre ouy. Tant est (adjoustay-je) injuste l'ignorant, qui, outre ce qui vient de

An parfait.

Naturel de l'homme ignorant.

luy, ne peut juger autre chose estre bonne. Ainsi donc (continua-il[a]) croyez la perspicacité vulgaire[b] de ce temps estre stupide, au parangon de la gentille elevation d'un Hipparque, et autres Anciens de tel esprit : et que certaines ve-[356 v°]ritez sont de tant profond sujet, que pour estre de difficile accez, ceux qui sont ennuyez de tant obscure speculation, les tiennent à mensonges. Qui doute que la difficulté de cognoistre le temps, à la mesure duquel sera *accomplie celle grande revolution, nous face soupçonner qu'en ce desordre les estoilles doivent eternellement courir par le Ciel vagabondes ? La Lune toutesfois d'une cogneue mesure, et non *fautive revolution, acheve son cours ordinaire, et retourne à son premier poinct, en 27. jours, 7. heures, et pres de 40. minutes[185]. Mercure, Venus, et le Soleil, ont *accomply leur an en 365. jours, cinq heures, et 45. minutes[186]. Mars, en un an solaire, 321. jours, 19. heures, et pres de 9. minutes, tourne son cours entier[187]. Et Jupiter le sien en onze ans solaires, 313. jours, et 14. heures[188]. Saturne plus tardif et de plus grand volume, demeure en son an, ou entier tournoyement, vingt neuf ans solaires, 155[c]. jours, sept heures[189] : seroit-il donc à croire que les sept Cieux inferieurs fussent *accomplis d'un ordre si bien observé, et que le huitiesme, qui semble estre autheur de tous les mouvemens, fust reputé de moindre *accomplissement ? Je confesse vrayment que la vie trop courte n'a pas donné aux hommes le loisir d'en tirer asseurance par observation oculaire : mais il n'a esté impossible de considerer, apres les longs et divers cours des moindres, un *accomplissement de periode, au grand assemblement de tous, au poinct, duquel ils estoyent sortis, pour ensemble recommencer leurs cours. C'est à dire que tous les astres seront disposez au mesme lieu qu'ils estoyent au moment de la creation : ou (comme dirent [357 r°] ceux qui avoient horreur de croire si parfait ouvrage avoir jamais eu commencement, qui luy necessiteroit une fin) au temps du renouvellement de tout ce Monde, que nous dirions son printemps. Car ce grand An a ses parties et saisons : tesmoin le Cataclysme pour l'Hyver, qui est le deluge universel : et l'Ecpyrose pour l'Esté, qui est le grand *embrasement, non seulement creu en nostre religion, souz le nom de jour du jugement, mais encores approuvé des Anciens, et prouvé par l'argument de l'action reciproque de l'un à l'autre element,

Cours ordinaire de la Lune.

An de Mercure, de Venus et du Soleil.

Revolution de Mars, en son propre mouvement.

Cours de Jupiter et Saturne.

Saisons de l'An parfaict.

---

a (continua-il) *78-87* ; (continua il avec visage excusant si farouche comparaison) *56*.

b la perspicacité vulgaire *78-87* ; la perspicacité des plus subtilz *56*.

c 155. jours, sept heures *78-87* ; 154 jours, cinq heures *56*.

Opinions diverses sur la revolution de l'An parfaict.

feu, et eau[190]. Je sçay bien que du poinct certain de si grande revolution, il se treuve diverses opinions : qui le remettant à un Astre, qui à un autre. Aucuns en donnent l'honneur à Aries, gouvernant le milieu du Ciel : et pour ceste raison le croyent estre premier de tous les Signes : aussi qu'en son mois, toutes choses renaissantes semblent faire renaistre un nouveau Monde[191]. Les autres honorent Libra, ou les Balances, de ceste preéminence : pource qu'au mois de ce Signe, les fruits sont ou approchent d'estre *meurs, et desjà sont formées leurs graines, et semences qui les perpetuent de successive generation[192]. Quant au nombre des ans de ce grand An[193], la plus divine secte des Philosophes (vous sçavez que j'enten la Platonique) l'a estendu en quarante neuf mille ans solaires : sous la vertu du septenaire, repeté par sept fois, selon le nombre des sept Spheres sujettes, chacune à un Climactere *accompli par sept mille ans solaires[a194]. Le compte du temps de ce grand An (dy-je) est tant peu certain, que chacun à sa mode luy a prefix un terme : et semble plus vray-semblable l'opinion de ceux **[357 v°]** qui ne luy ont donné que trentesix mille ans solaires, puis que de la plus grande partie est asseuré, qu'au respect de la neufiesme Sphere, la huitiesme ne se meut que d'un degré, en un siecle, c'est à dire en cent ans solaires : d'où il est aisé de *recueillir, qu'en trentesix mille ans, elle sera retournee en son premier poinct, puis que 360. qui est le nombre des degrez, multipliez par cent, montent trentesix mille[195]. Macrobe, apres Ciceron, le commence à l'eclipse du Soleil, qui fut notee 37. ans apres la fondation de Rome, à l'heure que Romule se trouva perdu, laissant opinion de sa deïfication[b], l'estendant de là à quinze mille ans solaires, que le Soleil souffrira mesme *defaut, et tous les Astres se retrouveront au lieu où ils estoyent alors[196]. Maintes differentes imaginations ont anciennement empesché les esprits curieux, employez à qui mieux mieux, aux *supputations de certains Cours, Periodes, Cycles, ou autres mesures politiques de Temps[197]. Je dy politiques, pource qu'à faute de quelque nombre de temps ordonné, les histoires[c] et ceremonies souffriroyent une estrange confusion, et se trouveroit

Nombre des ans de l'An parfaict.

Mouvement de la huitiesme Sphere.

a solaires. *78-87* ; solaires, à cause du mouvement que les Astronomes apellent de trepidacion. *56*.

b notee 37. ans apres la fondation de Rome, à l'heure que Romule se trouva perdu, laissant opinion de sa deïfication, l'estendant de là à quinze mille ans solaires *78-87* ; notee du tems de Romule, l'estendant de là à quinze mile ans solaires 56.

c *corrigé de* « histoire ».

une insupportable et dommageable perturbation aux actions de la vie des hommes[a]. Enopide fist un cours[b] de cinquanteneuf ans solaires, comme il tesmoigna par les Astronomiques tables d'airain, lesquelles il dedia aux Olympies[198] : et Meton Lacedemonien, inventeur des cylindres et colomnes solaires, en calcula un de[c] dix et neuf, sous le nom de *Enneadecateride[199], quatre desquelles assemblees font le periode de Calippe, c'est à dire 76. ans[200] : comme quatre de Calippe, ou seize de Meton, font le **[358 r°]** periode ou Cycle du subtil et diligent Hipparque, en nombre de 304. ans[201]. Si vous voulez (dit Hieromnime) rafraischir la memoire des Ans, periodes, Cycles, et autres mesures de temps, il ne faut oublier l'Indiction, contenant 15. ans, establie entre les Romains, pour faire entendre que les tailles qui s'imposoyent de cinq ans en cinq ans, avoyent esté payees par trois fois en trois *lustres *accomplis[202]. Car *combien que la signification de ce periode soit annulee avec la diminution de l'Empire : si en reste encor en ce temps l'usage aux dates des instrumens publiques de l'Eglise. Mais aussi ne faut-il oublier l'An sabathaire des Juifs, qui s'observoit par la divine institution, en un repos imité du sabath, jour de la sepmaine : tellement que durant cest An sabathaire, il n'estoit permis de labourer champs ny vignes, ny cultiver aucunement la terre[203]. Ce peuple avoit de mesme institution un An, *surnommé Jubilean, ou de remission, qui estoit apres sept fois sept sabathaires, c'est à dire de 50. en 50. ans, et servoit de terme à toutes venditions : car lors les heritages retournoyent en la puissance de ceux qui les avoyent vendus[204]. Il se treuve (reprins-je) une merveilleuse diversité de periodes ou mesures de Temps[d]. N'avez-vous pas leu le grand An d'Heraclite, estendu en 18000. ans solaires[205] : et le Diogenien de 18355[206] ? Et l'An Cynique des Babyloniens et Egyptiens[e], mesuré du cours de l'astre Chien, ou chien d'Orion, qui dure trois cens soixante cinq quaternaires d'ans solaires, au rapport de Chalcide : c'est à dire mille quatre cens soixante ans, chacun desquels

Indiction.

An sabathaire.

An Jubilean.

An Cynique.

a Maintes differentes imaginations ont anciennement empesché les esprits curieux, [...] et dommageable perturbation aux actions de la vie des hommes. *78*.

b Enopide fist un cours *78-87* ; Enopyde le croyoit estre *56*.

c en calcula un de *78-87* ; ne lui en donnoit que *56*.

d sous le nom de Enneadecateride, quatre desquelles assemblees font le periode de Calippe, c'est à dire 76. ans [...]. Il se treuve (reprins-je) une merveilleuse diversité de periodes ou mesures de Temps. *78*.

e Et l'An Cynique des Babyloniens et Egyptiens, *78-87* ; Je laisse l'An Jubilean des Juifs, tout vulgaire, pour ajouter l'An Cinique *56*.

contenoit trois cens soixante cinq jours seulement[207]. [358 v°] Toutesfois pource que le Soleil n'acheve son cours en si brief[a] espace de temps, mais qu'il demeure environ six heures davantage, pour reduire en quelque fermeté la vagabonde inconstance des poincts equinoctiaux et solsticiaux, qui eussent autrement avec le temps couru tous les mois de l'annee : ils adviserent qu'apres l'achevement de cest an Cynique, l'on adjousteroit un an Intercalaire, composé par le r'eassemblement des heures lesquelles le Soleil employe outre 365. jours, au cours de son An ordinaire[208]. Puis cest Intercalaire passé ils recommençoyent le grand An Cynique : car alors le premier jour de leur mois Thooth, le Soleil et le Chien se levoyent ensemble sur l'Horizon avec le poinct du solstice estival[209]. Ceste observation fut continuee entre ces peuples longuement, voire jusques à ce qu'à toute peine Diocletian feist abolir ceste coustume, pour leur faire recevoir un autre An, selon l'usage et façon des Romains[b210]. Ainsi pourrions-nous remettre en memoire infinies sortes d'Ans entre les Anciens : mais je suis d'advis qu'ils demeurent tous avec celuy que Cesar nomma de confusion : alors qu'à l'imitation des Egyptiens il reduit en ordre l'An solaire : afin que par ceste plus certaine *supputation, les Trieterides, Tetraeterides, Olympiades, Lustres[c], Penteterides, *Enneaterides, de trois, quatre, cinq, neuf, et autres nombres d'annees, fussent esteintes[211]. *Combien que par le nombre d'Or, noté encores au Calendrier Romain, *l'Enneateride de Meton soit jusques icy demeuree en memoire à la posterité, sous le nom de Cycle lunaire, estendu en 19. ans solaires, apres le cours desquels les conjonctions et [359r°] oppositions des deux luminaires, sont estimees se rencontrer aux mesmes poincts du Zodiac, où elles avoient esté faites 19. ans auparavant[212]. Ainsi l'Octoeteride de huit ans, ou deux Olympiades que Leostrate[d], ou Cleostrate Tenedien ou Eudoxe Gnidien avoit establie, fust esteinte par Meton : *combien qu'elle eust longuement esté aggreable aux Grecs, qui pour l'honorer, avoyent ordonné en Delphe la celebration des jeux Pythiens au

An Intercalaire.

An de confusion.

a bief *87* ; brief *78* ; *corrigé en* brief.

b chacun desquels contenoit trois cens soixante cinq jours seulement [...] voire jusques à ce qu'à toute peine Diocletian feist abolir ceste coustume, pour leur faire recevoir un autre An, selon l'usage et façon des Romains. *78*.

c les Trieterides, Tetraeterides, Olympiades, Lustres, *87* ; les Olympiades, Lustres, Trieterides, *56* ; les Trieterides, Olympiades, Lustres, *78*.

d Leostrate, ou Cleostrate Tenedien *87* ; Leostrate Tenedien *78*.

premier an de ce periode Octoeteride[a][213]. Jules Cesar[b] vrayment (reprint Sceve le propos[c]) approcha le plus : et Auguste arriva (s'il se peut) au juste but de la plus exacte *supputation. Cesar sçavoit l'inconstance et les diversitez des opinions estre si estranges et *inappointables, qu'il estoit impossible d'y *asseoir jugement asseuré[214]. Les Arcades finissoyent l'An en trois mois Lunaires[215] : les Acarnanes en six[216] : les Egyptiens un temps n'eurent autre An que l'espace du cours Lunaire, de 30. jours, qui depuis fut nommé Mois solaire : apres l'estendirent de deux : puis en trois, qui peut avoir (dit Pline) *presté foy aux fables de leurs longues vies : jusques à ce qu'ils cogneurent (car ceste nation a produit les plus illustres esprits qui jamais ayent fait profession des bonnes choses) que l'an ne pourroit mieux estre mesuré qu'au cours du Soleil, lampe de la lumiere, et de la vie humaine : duquel la revolution estoit parfaite en 365. jours, et pres d'un quart de jour[217]. Il est aisé à croire qu'à ceste occasion Cesar les choisit pour image, en la correction de l'An Romain, contenant premierement sous Romule dix mois, à commencer de Mars, comme encores le nombre Septembre, Octobre, [359 v°] et les autres (pour ne plus mettre en terme Quintil et Sextil) declarent evidemment[218] : *combien qu'auparavant, les Latins luy ordonnassent 374. jours *departis en treize mois[219]. Quelques autres peuples (comme les Arabes, changeans d'opinion premiere) disposerent leurs Ans de douze mois lunaires *Synodiques : desquels six, *surnommez pleins, avoyent trente jours, et les autres six *surnommez vuides, ou *caves, en avoyent vingt neuf : toutesfois telle disposition peu juste, les laissoit en tel trouble, qu'en peu plus de trente ans, chaque mois avoit changé de saison, devenant celuy qui avoit esté estival, hybernal : et au contraire l'hybernal, estival[220]. Ceste erreur fut *chastiable pour son impertinence, et sembla à quelques Grecs, naistre de l'ignorance de ce en quoy le cours du Soleil estoit different à celuy de la Lune : à sçavoir d'onze jours : qui adjoustez (et de ἐπάγω, signifiant *entrecouler, sont nommez ἐπακτοὶ, comme adjoustez, *entremis ou *entrecoulez) aux 354. du cours Lunaire, feirent nombre de 365. pour l'An *surnommé Solaire : *accommodant si bien

An des Arcades, Acarnanes, et Egyptiens.

An des anciens Latins.

a Combien que par le nombre d'Or, noté encores au Calendrier Romain, l'Enneateride de Meton soit jusques icy demeuree en memoire à la posterité, [...] aux Grecs, qui pour l'honorer, avoyent ordonné en Delphe la celebration des jeux Pythiens au premier an de ce periode Octoeteride. *78*.

b Jules Cesar *78-87* ; Cesar *56*.

c reprint Sceve le propos *78-87* ; reprint il le propos *56*.

par ces onze jours *entrecoulez, les cours des deux lumieres, l'un à l'autre : qu'encores aujourd'huy ils servent à une reigle assez certaine[a] de sçavoir les jours de la Lune. Quelqu'un de la compagnie l'ignorant, et l'ayant prié de la dire : Combien (continua-il) que je la juge vulgaire, si ne me semble-elle indigne d'estre ouye : car de l'ancienne *involution des nombres, est restee telle superfluité, qu'outre les 365. jours de l'an Solaire, les onze *entrecoulez, ou Epactes, doivent estre tous les ans *entremis, jusques à ce qu'ils passent 30. et lors le nombre **[360 r°]** *outrepassant, quel qu'il soit, est retenu, et les 30. laissez, et non nombrez[221]. Cecy a d'an en an si bien esté continué, que l'an 1574[b]. le septenaire estoit[c] demeuré pour Epactes ou jours *entrecoulez, et le suyvant 1575. falloit à ces sept adjouster onze, qui faisoyent 18. et l'an 1576. à 18. falloit adjouster onze, qui faisoyent 29[d]. rencontrez avec 19. du nombre d'Or : recommençant pour l'an 1577. à onze, comme le nombre d'Or à un[e]. L'usage de ceste reigle est tel. Vous teniez[f] l'an 1574[g]. pour jours *entrecoulez sept, et voulez sçavoir de quelle face estoit[h] la Lune le sixiesme[i] jour de May : assemblez donc avec sept Epactes, le nombre des jours de ce mois, qui sont six : et puis trois, pource que May est le troiziesme mois de l'annee à commencer à Mars (car il faut tousjours joindre ces trois, à sçavoir les Epactes, le *quantiesme jour du mois, et le *quantiesme mois de l'annee) vous *recueillirez de sept, six, et trois, un nombre seize, et tiendrez pour trescertain que la Lune a seize jours : c'est à dire que d'un jour elle passe le plein[j]. Outre, si vous demandez du 28. de ce mesme mois : adjoustez aux sept Epactes, le *quantiesme

Reigle infalible pour sçavoir les jours de la Lune.

Jours Epactes vulgairement appellez nombre d'Or.

a assez certaine *78-87* ; infalible *56*.

b que l'an 1574. *78-87* ; qu'en cetui 1555 *56*.

c estoit *78-87* ; est *56*.

d et le suyvant 1575. falloit à ces sept adjouster onze, qui faisoyent 18. et l'an 1576. à 18. falloit adjouster onze, qui faisoyent 29. *78-87* ; et le suivant 1556, faudra à ces sept ajouter onze, qui feront 18 : et l'an 1557, à 18, faudra ajouter onze, qui feront 29 : ausquelz pour l'an 1558, faudra ajouter onze, qui monteront 40, d'où il faudra oter trente, et retenir seulement les dix superflus qui resteront pour Epactes : acruz l'an suivant 1559 d'onze, qui feront 21, et ainsi infiniment. *56*.

e rencontrez avec 19. du nombre d'Or : recommençant pour l'an 1577. à onze, comme le nombre d'Or à un. *78*.

f teniez *78-87* ; tenez *56*.

g l'an 1574. *78-87* ; cet an 1555 *56*.

h estoit *78-87* ; est *56*.

i le sixiesme *87* ; ce sizieme *56* ; le sixieme *78*.

j c'est à dire que d'un jour elle passe le plein. *78-87* ; c'estadire qu'elle est pleine. *56*.

du mois 28. et le *quantiesme le mois est de l'annee, c'est trois, adjoustez (veux-je dire) à sept, 28. et 3. et vous trouverez 38. desquels il faut quitter 30. et retenir 8. qui vous asseurent la Lune estre de huit jours, c'est à dire en son premier quartier : au reste il est trop vulgairement cogneu, que de sept en sept jours elle change de face, et combien elle se perd de nous en sa conjonction. Ceste reigle *advouee de la compagnie, pour subtilement *rapportee à tant antique source des anciens jours ἐπακτοὶ, il pour-[360 v°]suyvit : Ces onze jours furent un temps reservez et *mis en conte, pour estre assemblez en un mois *Embolime, c'est à dire ἐμβόλιμος, μερκηδῖνος, ou *entrejetté[a][222]. Et pource que l'an des Grecs estant *accommodé aux mois lunaires, souffroit d'estranges inconstances : pour le reigler au cours de l'an solaire, il fut besoing *d'entrecouler non seulement ce mois assemblé des onze jours, mais encores un jour composé de six heures abondantes chacun an. Occasion, *possible, qui meut les anciens (soit Iphyte fils de Praxonide, ou autre que l'on voudra) de *restituer les Olympiades, *delaissees plus de 400. ans depuis leur premiere institution, attribuee[b] pour diverses causes à Hercule, selon le rapport de Pausanie : et à la fin du quatriesme An, celebrer les jeux solennels, pour, avec plus memorable marque, *entrecouler le jour assemblé de quatre fois six heures[223]. Car le mois Embolime, ou Embolismal[c] estoit quelquesfois *entremis au second, et quelquesfois au troiziesme An : lequel vous sçavez entre les Atheniens avoir esté commencé au solstice Estival, estant leur premier mois celuy que j'ay nommé Hecatombeon[224]. Ceste consideration n'a seulement empesché les Grecs, mais les Perses, les Hebrieux, et, croy-je, toutes les nations bien *policees : qui tenans usage de l'An solaire, le divisoyent toutesfois en douze mois lunaires : tellement que pour recompenser le defaut des jours desquels l'An solaire excede douze mois lunaires, ils assemblerent, comme j'ay dit, premierement au troiziesme an, trois fois onze jours, qui furent trente trois : desquels ils disposerent trente, en un mois *entrecoulé, gardans trois jours, qui [361 r°] adjoustez aux onze de l'an suivant, feirent 14. nombre insuffisant pour faire un mois : parquoy ils laissoient couler encore un autre an (qui estoit le cinquiesme) pour

Mois Embolime, aujourd'huy intercalaire ou bissextil.

Olympiades.

Embolisme ancien.

a entregetté. Et pource que l'an des Grecs [...]. *78-87* ; entregetté, et ce mois ajouté en l'an troizieme, surnommé à cette cause Embolimee, Embolisme, ou Embolismal, montant 387 jours. *56*.

b attribuee *87* ; rapportee *78*.

c le mois Embolime, ou Embolismal *87* ; le mois Embolismal *78*.

adjouster 11. à 14. qui faisoient 25. nombre encores trop court pour un mois, auquel suffisoit le sixiesme an, qu'ils adjoustoient 11. à 25. pour faire trente-six : desquels trente *entrejettez au sixiesme an laissoient six, superflus, pour adjouster aux onze de l'an septiesme, qu'il estoit besoing de faire nouvel amas jusques à 30. pour entrecompter un mois. Ce qu'ils continuoient tellement, qu'en dixneuf ans solaires, sept *Embolismes rendoient la division de l'an solaire, par mois lunaires, *recevable[225]. De là (dit Hieromnime) print source le Cycle lunaire, ou le nombre d'Or, 19. avec les Epactes dont vous avez parlé, qui ont mis schisme entre l'Eglise Grecque et l'Eglise Latine[226] : pource que le premier an suivant le concile Nicene, les Grecs, souz le primat d'Alexandrie, commancerent à compter un, pour nombre d'Or, ou de Cycle lunaire : *combien que les Latins comptassent dixsept : l'An second, les Alexandrins eurent deux, et les Romains dixhuit, et ainsi consequemment : dont advint que tel An estoit *Embolisme au Calendrier Latin, qui ne l'estoit entre les Grecs : et que par tel desordre ils celebroient à differents jours Pasques. Pour ce qu'aux uns, une Lune pleine (selon laquelle et les Hebrieux, et les Chrestiens solennisoient leurs Pasques, au premier mois, aumoins en la premiere Lune de l'An) se monstroit au mois *Embolisme, qui estoit dernier et treziesme : faisant toutesfois le premier aux autres. Comme il advint plusieurs fois : mesmes l'An de [361 v°] JESUS-CHRIST 330. et de Diocletian 46. qui fut huit ans apres le Concile que les Alexandrins, ayans huit pour nombre, faisoient *l'Embolisme, et les Latins non. Tellement qu'à ceux-cy, le mois premier destiné à la celebration de la feste, fut dernier aux Grecs : et par ainsi indigne de la solennité. Davantage pour ceste difficulté de l'observation du premier mois (depuis le cinquiesme duquel jusques au deuxiesme du second, les Latins choisissoient la Lune, qui reigloit leurs Pasques : et les Grecs la choisissoient depuis le huitiesme du premier, jusques au cinquiesme du suivant) il advenoit que la pleine Lune entre les Latins se rencontroit devant l'Equinoxe, qui alors estoit le 20. de Mars, et ainsi la Lune estoit du dernier et non du premier mois. Nostre Eglise (Sceve luy coupant la parole) est hors de telle peine, et sont toutes telles anciennes dissensions hors de compte, par le labeur *advoué de si long temps, du diligent Abbé Denis Romain *surnommé petit : qui (au moins le pensé-je avoir leu) environ le temps du grand Justinian, changea la memoire des Ans de Diocletian (qui long temps avoient esté nombrez aux dates des tesmoignages publiques et memorables) en[a] *denombrement des Ans de JESUS-CHRIST[227]. *Si est ce (dy-je prenant la parole) que le Cycle lunaire, c'est à dire *l'Enneadecaëteride de Meton, a laissé un bien *chastiable desordre. Car pource que, selon son intention, et *l'arrest de son calcul, apres ces 19. ans *accomplis, les conjonctions et oppositions des deux luminaires, ne se rencontrent au poinct mesme du Zodiac, auquel elles se sont faites le dixneufiesme An prece-**[362 r°]**dant : mais *anticipent environ une heure et demie[228]. Il s'est rencontré qu'en quatre *Enneadecaëterides, ou Cycles lunaires de Meton, qui valent le periode de Callipe estendu en 76. ans solaires : l'anticipation de la Lune a esté de six heures. Et à la fin d'un Cycle d'Hipparque, ou quatre periodes de Callipe, qui sont 304. ans, telle anticipation s'est recogneue d'environ un jour entier. Voilà la cause pour laquelle *l'assiete du nombre d'Or au Calendrier, est *fautive de plus de quatre jours, pource qu'il y a plus de quatre Cycles d'Hipparque, seize de Callipe, ou soixante et quatre de Meton, c'est à dire 1216. ans solaires que le Concile de Nicee, pratiquant *l'Enneadecaëteride, resolut la composition du Calendrier, auquel estoit marqué en lettres d'or le nombre du Cycle lunaire, pour ce respect *surnommé nombre d'Or[229]. Il faudroit donc (reprint Sceve) suivant les *advertissemens subtils de plusieurs *doctes Mathematiciens qui ont escrit depuis le Concile de Constance : comme Regiomontanus, Stœfler, Copernic, et quelques autres : qu'en l'Eglise les Peres s'employassent à la consideration de ceci : veu que par la raison de cestuy vostre discours plein d'assez evidente asseurance : la plus longue souffrance de ceste erreur, rendra le nombre d'Or, les Epactes, et tout le Calendrier, ridicule et sans aucun usage[230]. Mais pour achever mon propos des *Embolismes : j'ay leu que quelque peuple reservoit par[b] huit ans ces onze jours et six heures qui demeuroient perdues, et les disposoit en trois mois *Embolismes[231]. Cecy toutesfois ne peut encores effacer l'erreur qui tousjours confondoit leurs années. Vous *avez **[362 v°]** bien pris garde au doute qu'ont laissé les anciens, traitans ce discours : et comme il est *malaisé de donner asseurance, qui premier fit *entreget, ou *Embolisme,

a en *87* ; au *78*.

b entregetté. Et pource que l'an des Grecs estant accommodé aux mois lunaires, souffroit d'estranges inconstances [...]. Mais pour achever mon propos des Embolismes : j'ay leu que quelque peuple reservoit par *78-87* ; entregetté, et ce mois ajouté en l'an troizieme, surnommé à cette cause Embolimee, Embolisme, ou Embolismal, montant 387 jours. Les autres reservoient par *56*.

Raison des Epactes selon les Cabalistes.

de mois, ou *entrecoula les jours : *mesme que Solin, Macrobe, Plutarque, et Censorin, ne sont entr'accordez l'un l'autre[232]. Il me vient (dit Hieromnime) en memoire d'avoir leu, une raison des onze jours Epactes, qui *possible ne vous sera mal agreable. Nous sçavons, selon la tradition du divin Legislateur Moyse, que Dieu au quatriesme jour de son ouvrage et creation du Monde, crea le Soleil et la Lune, l'un pour luire le Jour, et l'autre pour esclairer la Nuict[233]. Tellement qu'à fin que la volonté du Createur fust effectuée parfaitement, le Soleil se trouva disposé en la partie Orientale, et la Lune du costé d'Occident : à fin que le Soleil faisant son lumineux *office, c'est à dire le Jour, à la moitié du Monde : la Lune en mesme temps fust preste d'esclairer en l'autre Hemisphere, qui privé de la lumiere solaire, estoit couvert des tenebres de Nuict. Car par ce moyen, ces deux lampes en mesme moment espandirent leur clarté, et s'employerent à ce pourquoy elles estoient creées. Chose qui ne se fust rencontrée vraye : si la Lune eust esté faicte au moment de sa creation, en autre face, ou figure que pleine. Comme si elle eust esté en conjonction, et seulement naissante, ainsi qu'on l'imagine en son premier jour : ou en telle forme qu'elle est en son quatriesme : nombre qui se fust rencontré assez pertinemment, puis qu'elle se monstroit le quatriesme jour de l'ouvrage de Dieu : qui par sa providence, adjoustant 11. au quatriesme de son labeur, la re-**[363 r°]**presenta comme aagee de quinze jours. Ainsi il *appert (dient les Cabalistes) que Dieu fust le premier inventeur des xi. Epactes, pour *accommoder au cours de l'une à l'autre lumiere, un an bien mesuré[a]. Imaginant une nouvelle lune precedente sa creation qui fut au plain, et la nomment Molad Thoou, c'est à dire nouvelle lune au Chaos[b234]. S'il est permis (dy-je regardant Hieromnime) d'entremesler avec les saintes Histoires les prophanes, je vous en choisi une de la Theologie Egyptienne, non trop hors de propos pour l'invention des cinq jours adjoustez à l'an Egyptien de 360. Le Soleil (dit le Mythologue) surprenant Rhea couchee avec Saturne, jaloux de voir un compagnon, en ce plaisir duquel il avoit pensé seul estre jouïssant, la menaça de ne luy donner ny an, ny mois, ny jour pour

a Il me vient (dit Hieromnime) en memoire d'avoir leu, une raison des onze jours Epactes, qui possible ne vous sera mal agreable [...]. Ainsi il appert (dient les Cabalistes) que Dieu fust le premier inventeur des XI. Epactes, pour accommoder au cours de l'une à l'autre lumiere, un an bien mesuré. *78.*

b Imaginant une nouvelle lune precedente sa creation qui fut au plain, et la nomment Molad Thoou, c'est à dire nouvelle lune au Chaos. *87.*

*accoucher. De ce, la pauvre Deesse faschee, fit promesse à Mercure, de coucher avec luy, s'il la fournissoit de remede à ceste privation de temps pour ses *couches. Mercure ayant accepté l'offre, s'en alla voir la Lune, de laquelle il gaigna au jeu des Astragales, ou Tales (ancienne façon de dez) une septantedeuxiesme[a] partie de chaque jour de son An lunaire. Donc ayant assemblé toutes ces parties, il en composa cinq jours, lesquels il donna à Rhea pour le temps de son enfantement. Elle donc au premier jour accoucha d'Osiris, au second d'Arneris, de Typhon au troiziesme, d'Isis au quatriesme, et au cinquiesme et dernier de Nephthis. Depuis ces cinq jours, sacrez à la naissance des Dieux, furent adjoustez pour *Embolisme, aux trois cens soixante jours de l'an ordinaire des Egyptiens[235]. **[363 v°]** Voila (dit Sceve en sousriant) deux bons tesmoignages, pour authorizer l'ancienne invention de ces deux *Embolismes[b]. Mais pour entrer en la consideration de nostre an ordinaire, *surnommé Romain, ou Julian (puis qu'il est confessé de tous que Jule Cesar ouvrit l'entree de ceste entreprise si souvent dés long temps tentee en vain : et qu'Auguste l'acheva) c'est chose seure que Jule confondit tous les jours, qui par la mauvaise *supputation precedente donnoyent trouble à l'ordre annuel, dans le cours d'un an estendu en 443. jours, sous le nom de Confusion : passé lequel il reforma l'espace de l'An, au temps que le Soleil (ainsi qu'il estimoit[c]) demeure à passer les douze signes du Zodiaque, et ce en 365. jours, 6. heures[d] : et pour ce faire il adjousta 10. jours et six heures aux 355. anciens[236]. Car *combien que l'an de douze mois Lunaires ne fust que de 354. jours, si en mit Numa un davantage, en contemplation de quelque secrette energie qu'il attribuoit (selon la doctrine desja de son temps *usitee, depuis illustree par Pythagore, et de luy *surnommee Pythagorienne) au nombre impair[237]. Aussi encores en ce temps est l'an du *Bissexte estimé malheureux : car il est composé de parité de jours en nombre de 366e. *Voire que si nous reprochons à quelqu'un qu'il est cause de

An Romain ou Julian.

Pourquoy l'an bissextil est malheureux.

a septantedeuxiesme *87* ; septantieme *78*.

b S'il est permis (dy-je regardant Hieromnime) d'entremesler avec les saintes Histoires les prophanes, je vous en choisi une de la Theologie Egyptienne, [...]. Voyla (dit Sceve en souriant) deux bons tesmoignages, pour authoriser l'ancienne invention de ces deux Embolismes. *78*.

c (ainsi qu'il estimoit) *78-87* ; (selon la plus aprouvee opinion) *56*.

d heures : *78-87* ; heures, moins quelques minutes : *56*.

e Aussi encores en ce temps est l'an du Bissexte estimé malheureux : car il est composé de parité de jours en nombre de 366. *78*.

nostre malheur : nous luy disons, vous me portez bissexte[a]. Numa donc en ceste superstition, evitant le nombre pair malheureux, feit son an de 355. jours, lesquels il separa ainsi[b] : Janvier, Avril, Jun, Sextil (nostre Aoust) Septembre, Novembre, et Decembre, en avoyent chacun 29. Mars, May, Quintil, (depuis appellé Juillet) et Octobre, 31. et Fe-[364 r°] vrier, 28[238]. Donc les dix jours adjoustez par Jule à 355. firent 365. tellement *departis, que Janvier, Sextil, et Decembre, auparavant nombrez de 29. en seroyent accreus chacun de deux : et à Avril, Jun, Septembre, et Novembre, à chacun il adjousta un : laissant Mars, May, Quintil, et Octobre, en leur premier estat de 31. et Fevrier de 28. ou (me semble avoir leu) en donna 29. ordinairement à Fevrier, et en l'an Bissextil 30. n'estendant qu'en 30. jours Sextil[239]. Auquel depuis Auguste, adjousta un, emprunté de Fevrier, qui par ce moyen fut *accourcy à 28[c]. pour recevoir de quatre ans en quatre ans, *l'entrecouleure ou *l'entreget d'un jour amassé par quatre fois six heures du cours solaire. Il ordonna le siege de ce jour qu'il falloit adjouster, au vingt quatriesme, qui estoit sixiesme des Calendes, jour compté pour deux en l'an Embolismee, nommé à ceste raison, *bissexte ou bissextil, comme deux fois six[240]. J'ay souvenance (dy-je) d'avoir leu que ce vingt quatriesme jour fut choisi, en reverence d'une ceremonie observee par les anciens Romains, qui celebroient les festes Terminales le vingtroiziesme de Fevrier, pource qu'à ce jour finissoit et se terminoit l'An, à la fin duquel toutes intercalations estoient mieux *seantes qu'ailleurs[241]. *Mesmes que les cinq jours qui *accomplissoient le nombre de 28. pour remplir ce mois, estoyent adjoustez, pour quelque superstitieuse coustume[d]. L'ordonnance[e]

L'ordre que Jule Cesar garda au comparti-ment de l'an qu'à present nous avons.

---

a Voire que si nous reprochons à quelqu'un qu'il est cause de nostre malheur : nous luy disons, vous me portez bissexte. *87.*

b nombre impair. [...]. Numa donc en ceste superstition, evitant le nombre pair malheureux, feit son an de 355. jours, lesquels il separa ainsi : *78-87* ; nombre impair : et ces 355 separa ainsi : *56.*

c ou (me semble avoir leu) en donna 29. ordinairement à Fevrier, et en l'an Bissextil 30. n'estendant qu'en 30. jours Sextil. Auquel depuis Auguste, adjousta un, emprunté de Fevrier, qui par ce moyen fut accourcy à 28. *78.*

d J'ay souvenance (dy-je) d'avoir leu que ce vingt-quatrieme jour fut choisi, en reverence d'une ceremonie observee par les anciens Romains, qui celebroyent les festes Terminales le vingtroisieme de Fevrier, pource qu'à ce jour finissoit et se terminoit l'An, à la fin duquel toutes intercalations estoyent mieux seantes qu'ailleurs. Mesmes que les cinq jours qui accomplissoyent le nombre de 28. pour remplir ce mois, estoyent adjoustez, pour quelque superstitieuse coustume. *78.*

e L'ordonnance *78-87* ; comme deus fois six : duquel l'ordonnance *56.*

(reprint Sceve) de l'intercalation[a] est encores aujourd'huy observee, *combien que par le *surnombrement de tant d'annees, s'est apparue quelque confusion, pource que *l'entreget du *bissexte, a toujours *entremis[b] en [364 v°] quatre ans un jour entier, et que l'an contient outre 365. jours, quelque peu moins de six heures : ce peu moins de six heures *engendre[c] une faute, mais de petite importance, bien qu'elle merite chastiement, comme quelques *doctes de ce temps ont *remonstré : et essayé d'assoir l'Equinoxe sur un jour duquel il ne sorte jamais tellement qu'il leur semble que[d] la reformation de l'an soit[e] necessaire, veu la confusion qui reste entre l'an Estoilier et l'an naturel[242]. Vous sçavez que les premiers mesuroyent par observation de quelque Estoille fixe l'an, pour ceste occasion *surnommé Estoilier, c'est à dire l'espace de temps que le Soleil estendoit à retourner aupres de quelque Estoille insigne et notee d'eux[243]. Mais Hipparque, approuvé depuis par Ptolomee, jugea ceste observation *fautive, pource qu'à cause du mouvement que font les Estoilles du Ciel huitiesme, contre l'ordinaire mouvement, l'an se trouvoit estendu en plus de 365. jours et six heures egales[244]. Quelques autres, comme Meton et Entemon commençoyent leurs observations au poinct d'un solstice. Mais pource que l'observation en est difficile, et que le Soleil par quelques jours semble ne se point avancer[245] : Hipparque et Ptolomee apres luy, choisit le poinct equinoctial comme plus commode : pource qu'alors la *declination du Soleil se change d'environ 24. minutes en un jour[246]. Et cestuy est l'An naturel, duquel les observations sont difficiles *d'accorder[247]. Car Ptolomee se deffiant de Callipe, d'Aristarque, et quelques autres qui avoyent jugé l'an naturel estre de 365. jours, six heures : c'est à dire la quarte partie d'un jour, suyvit Hipparque qui avoit [365 r°] asseuré ceste quarte partie n'estre entiere[248]. Ptolomée donc resolut l'An de 365. jours, 14. premieres et 48. secondes minutes, d'un jour divisé en 60. c'est à dire 365. jours, 5. heures, 55. minutes, 12. secondes[249]. Apres Ptolomée 742. ans, Machomet Syrien l'observa

An Estoilier.

An naturel.

a (reprint Sceve) de l'intercalation *78*.

b entremis *78-87* ; outremiz *56*.

c six heures engendre *78-87* ; six heures (c'estadire cinq heures 49 minutes ou peu pres) engendre *56*.

d et essayé d'assoir l'Equinoxe sur un jour duquel il ne sorte jamais tellement qu'il leur semble que *87* ; Et vous (s'addressant à moy) avez noté remarquant les differentes opinions des Astronomes anciens. *78*.

e la reformation de l'an soit *87* ; La reformation de l'an (dy-je) me semble *78*.

de 365. jours, 5. heures, 46. minutes, 24. secondes[250], depuis l'an 1515. c'est à dire 633. ans apres Machomet, et 1376. apres Ptolomée, Copernic cogneut par observation approuvée que les deux precedentes *engendroient inegalité en cest An naturel, et conclut apres Thebit, que la vraye egalité de l'An solaire doit estre reiglée selon l'an Asteroteride ou Estoilier qui s'estend en 365. jours, 6. heures, 9. minutes et quarante secondes[251]. Le bon Alphonse qui essaya de recueillir les lettres tant honorablement, qu'elles le favoriserent d'immortalité plus louable que sa couronne, denombra son An solaire de 365. jours, 5. heures, 49. minutes et 16. secondes[252]. C'est maintenant à considerer en si grande controverse le moyen de quelque *pacification, et s'il seroit point bon de couper un *bissexte de 136. en 136. ans, ou de 34. années bissextiles, en passer une sans intercalation, souz le nom *d'exemptile : comme les Siciliens qui ostoient un ou deux jours d'un mois solaire, pour *l'accommoder à celuy de la Lune[a253]. Si le calcul (dy-je respondant à Sceve) du *docte et laborieux Erasme Reinhold, fondé sur les diligentes observations, du prince des Astronomes de ce temps Nico. Copernic, est veritable : je voy une raison, qui apporte grande difficulté à la correction, de l'anticipation des Æquinoxes : pource que le vray An ne demeure tousjours en une egalité : Car durant quelques siecles il [365 v°] s'estend en 365. jours, 5. heures, 55. minutes premieres, et 53. secondes, tellement qu'il ne s'en faut que quatre premieres et sept secondes par an, qu'il ne soit de 365. jours, six heures[254]. Alors donc, en quatre ans, un *bissexte n'a fait erreur par son intercallation, que de 16. premieres et 28. secondes. Mais il advient en autre temps, que le vray An s'estend seulement en 365. jours, 5. heures, 42. premieres, et 38. secondes : et lors il s'en faut 17. premieres, et 22. secondes, qu'il ne soit de 365. jours 6. heures, ainsi un *bissexte en quatre ans faict erreur, d'une heure, 9. minutes premieres, et 28. secondes, qui reviennent en vingt *bissextes, à plus de 23. heures[255]. Et par ainsi en ces ans là il faudroit de vingt *bissextes en laisser un, les reduisant à 19. pour contenir l'æquinoxe en son lieu. Ce qui ne succederoit toutesfois en constante certitude, veu que l'An, s'en allant apres (selon le cours du Soleil) en croissant petit à petit, jusques à s'estendre comme je vien de dire en

---

a La reformation de l'an (dy-je) me semble necessaire, veu la confusion qui reste entre l'an Estoilier et l'an naturel. […] comme les Siciliens qui ostoyent un ou deux jours d'un mois solaire, pour l'accommoder à celuy de la Lune. *78*.

365. jours, 5. heures, 55. premieres et 53. second. Il advient, qu'en 300. ans, ou 75. *bissextes, il n'y a pas un jour d'anticipation. Tellement qu'en ces siecles-là, il ne faudroit de 75. *bissextes en retrancher que un. Quant au secours que l'on s'acoustume de prendre, en la partie proportionnelle, de la difference du petit, au grand, il ne sçauroit apporter aucune asseurance. Et me semble chose bien remarquable, que la difference seulement de 13. premieres et 15. second. qui se treuve entre le plus grand, An vray, et le plus petit, oste aux entendemens humains la puissance, de chastier, et reduire le point des æquinoxes, en quelque constante certitude : pource, que si bien le lent et tardif mou-[366 **r°**] vement, ne laisse pas comprendre ceste difference à son commancement, si est-ce que petit à petit elle se manifeste au bout de quelques années, et en fin, au couler d'un long temps, se rend tres-evidemment sensible, *troublant le calcul precedent[256]. Ce que nous voyons assez en toutes les corrections du mouvement solaire. Defaut qui se peut semblablement rencontrer au cours de la Lune, pour reglement duquel, il me semble, que ny nombre d'Or, ny Epactes, ny autre invention, se trouvera jamais en assez juste calcul, pour nous rendre une mesure de certain nombre de jours, establis à la certitude du retour du Cycle de la Lune. J'ose encor adjouster, qu'outre la mutation des æquinoxes, causée par le mouvement du Ciel 8. et l'intercallation des *bissextes et outre l'inconstance mal *arrestable des Epactes, et nombre d'Or, pour ficher un certain but, au jour de la celebration des Pasques, je m'estonne que les correcteurs (dont j'ay cognoissance) *n'ont prins garde, que la difference des meridiens, apporte aussi difference aux heures des conjonctions, oppositions, et autres aspects. Car si l'opposition ou pleine Lune se fait icy un peu avant minuit le Samedy apres l'æquinoxe, à ceste occasion le Pasques se celebrera le lendemain. Toutesfois en une province de diverse longitude (*combien qu'elle soit peu eslongnée) ceste mesme pleine Lune se fera apres la minuit de ce mesme Samedy, c'est à dire au commancement du Dimanche : parquoy, en ce lieu se devra, donner *delay à Pasques, jusques au suivant Dimanche : ainsi, les uns celebreront la feste, huit jours devant les autres, ou enfrain-[366 v°]dront la regle establie pour l'invention du jour deu à ceste solennité. Inconvenient qui peut advenir sensiblement entre deux villes eslongnées seulement de moins de trente lieux l'une de l'autre. *Sinon qu'il fut estably, qu'une ville principale, donneroit par son authorité le jour aux autres : ou que par tout le Monde,

ceste opposition seroit contée pour le plus tard du premier Vendredy apres l'æquinoxe, à fin qu'avant le jour de la mort de JESUS-CHRIST, l'on ne celebrast point la feste de sa resurrection. Il faut donc (respondit Sceve) se contenter des corrections approchantes la verité le plus pres que l'on peut en l'an politique, puis qu'il est impossible ou tant difficile de rencontrer une parfaicte et exacte reformation[257]. C'est chose estrange (dit Hieromnime) que la fierté de l'entendement humain ne se veut abaisser, mais tasche tousjours de *desrober à Dieu ses hauts secrets, pour les tirer ça bas. Aussi ne luy en reussit-il pas mieux, qu'il fit à Promothée de son larcin celeste : car les hommes ont l'esprit *becqueté et *tenaillé continuellement, de leur *superbe curiosité, et sont si fermement attachez à l'inflexible, et trop dure roche du desir de sçavoir plus qu'il ne leur appartient, que par l'incertitude de leur estude, ils sentent la punition ordinaire de leur outrecuidance[258]. Quelle folie est-ce de vouloir *arrester le temps en lieu certain ? puis qu'il ne consiste qu'en continuel mouvement ? J'ay bien noté (Solitaire) que vous asseurez souvent, que le Ciel, ny le cours de ses estoiles ne sera jamais certainement cogneu : et que tant plus les Astronomes entreront avant en telles considerations, et tant **[367 r°]** moins ils auront de certitude : car ils recognoissent tousjours des nouveaux mouvemens, qui n'avoient encor esté bien apperceuz, tellement que la nouvelle apparence de l'un, confond la resolution des autres precedens. Dont il semble, que Dieu s'est particulierement et uniquement reservé la cognoissance de l'entiere *science de la verité des mouvemens celestes : ayant seulement semé parmy les esprits des hommes, quelque doctrine suffisante pour le necessaire usage de leur vie[a]. L'observation (reprint Sceve) de la quantité d'huile consumee differemment chacun an, en la lampe d'Ammon, admiree par le grand voyageur Lacedemonien Cleombrote, seroit bien necessaire pour la resolution de ceste difficulté[b259]. Mais la reformation de l'an Romain, nous doit avec la commune police satisfaire, *mesmes

a Si le calcul (dy-je respondant à Sceve) du docte et laborieux Erasme Reinhold, fondé sur les diligentes observations, du prince des Astronomes de ce temps Nico. Copernic [...]. Dont il semble, que Dieu s'est particulierement et uniquement reservé la cognoissance de l'entiere science de la verité des mouvemens celestes : ayant seulement semé parmy les esprits des hommes, quelque doctrine suffisante pour le necessaire usage de leur vie. *87.*

b L'observation (reprint Sceve) de la quantité d'huile consumee differemment chacun an, en la lampe d'Ammon, admiree par le grand voyageur Lacedemonien Cleombrote, seroit bien necessaire pour la resolution de ceste difficulté. *78.*

que si grand nombre de nations civiles l'ont receue et mise en usage bien que diversement. Car les Grecs ont donné au solstice estival commencement à l'An[260] : les Asiatiques, en Automne[261] : les Romains au solstice Hyvernal[262] : et les Arabes Mehemetains, commencent leur Alhegere à l'entree du Printemps[a] : En commemoration de la fuyte de Muamed[263]. Car l'an 593. les magistrats de la *Meche, voyans que Muamed troubloit par sa secte leur estat, et leur religion, decernerent prinse de corps contre luy : qui averty, print la fuyte, nommee LEGIRA en leur langue : d'où est tiré le mot de la *supputation de leurs ans Alhegere, ou Legira, qui depuis corrompu par diminution de lettres, est escrit Æra ou Era[264]. *Possible (dy-je) se doit *rapporter la source du nom de *supputation Æra, à Auguste, qui [367 v°] premier fit l'ordonnance, que la cense Romaine se payeroit en monnoye d'airain (c'est à dire MONETA ÆREA) qui aussi, apres la correction de la faute *survenue en l'an Julian, en fit escrire la constitution, en des tables d'Airain (Æreæ tabulæ) pour perpetuelle memoire : ou bien, que ce mot Æra soit une abbreviation qu'il faut interpreter ainsi : Aera 100. A. annus Er. erat A. Augusti 100. comme nous dirions, c'estoit l'an 100. d'Auguste[265]. Je puis adjouster que le mot Æra entre les anciens Latins signifie une certaine *marque mise en chacune piece de monnoye, pour monstrer la valeur d'icelle : d'où aucuns (comme le *docte Rhodigin) ont voulu tirer l'aplication de ce mot, à l'usage des *supputations[b266]. Les Juifs (dit Hieromnime) choisissent pour commencer l'Annee, ceste mesme saison du printemps[c], signalee entre eux pour plusieurs grands respects : comme du Deluge qui en tel temps commença et finist : et de la sortie des enfans d'Israel hors de la servitude Egyptienne[267]. Aussi ne me semblent les Chrestiens commençans l'an en ceste saison, estre sans bon *esgard, puis que la conception faite divinement au ventre de la vierge, la salutaire passion, et tres-miraculeuse resurrection de JESUS-CHRIST la rendent plus que digne de

---

a Mais la reformation de l'an Romain, [...] à l'entree du Printemps *78-87* ; Toutefois la derniere reformacion de l'An Rommein est sans contredit la meilleure. Aussi en ont usé depuis toutes les nacions Civiles, et ce avec quelque diference. Car les Asiatiques ont donné commencement à l'an en Automne : les Rommeins au Solstice hybernal : les Arabes au commencement du Printems : et les Grecs au Solstice estival. *56*.

b En commemoration de la fuyte de Muamed. [...] d'où aucuns (comme le docte Rhodigin) ont voulu tirer l'aplication de ce mot, à l'usage des supputations. *87*.

c du printemps *ajouté en 87*.

memorable marque[a][268]. Mais nous ne *prenons pas garde (dy-je) que ce dont nous parlons s'escoule, et passe insensiblement, nous laissant derriere, et petit à petit nous approche l'an Climacteric, qui finira le jour de nostre vie[269]. Quand encores (repliqua-il) les ans Climacteriques seroient fataux, leur fatalité me semble si bien diversifiee, que le plus prochain ne nous **[368 r°]** oste l'espoir d'en joindre encor un autre : et croy que Hippocrate, ny Solon, n'auront si bien borné nostre vie, que nous n'arrivions au grand Climactere Stasean[270]. Le plus jeune de nous a fait du moins trois sepmaines d'annees, ainsi revolu trois ans Climacteriques, et tel en a bien passé quatre : Toutesfois je ne cognoy indisposition qui nous empesche de passer les sept, et les neuf sepmaines : les neuf neufveines, ny les douze sepmaines de Stasee. Et puis (adjoustay-je) vous estimerez outre les 84. ans, le reste de vostre vie, comparable à l'espace de course, laquelle un cheval pousse outre les pas mesurez pour bout de la carriere[271]. Las[b] ! (soupiray-je) combien me plaist ce mot d'Euripide : οὐ βίος ἀληθῶς ὁ βίος, ἀλλὰ ξυμφορὰ, la vie n'est point vie, mais calamité[272]. O que j'estime heureux ceux qui eschapperont sauves de tout peril un an advenir sous ce nombre de 84[c]. adjoustez aux quatre grandes Thekouphot[273] de 19. fois 91[274]. chacune. Gardez vous (me dit Hieromnime) que l'artificiel assemblement de ces periodes Judaïques ne trompent la posterité : sçavez-vous pas que ce n'est à nous de cognoistre les temps reservez à la prescience de la divinité ? Or[d] je[e] ne sçay (reprint Sceve[f]) quelle particuliere occasion vous fait avec les Thraces tenir le vivre en un si grand mespris : mais quant à moy j'estime la vie m'estre

An climacteric.

a Les Juifs (dit Hieromnime) choisissent pour commencer l'Annee, ceste mesme saison, signalee entre eux pour plusieurs grands respects : comme du Deluge qui en tel temps commença et finist : et de la sortie des enfans d'Israël hors de la servitude Egyptienne. Aussi ne me semblent les Chrestiens commençans l'An en ceste saison, estre sans bon esgard, puis que la conception faite divinement au ventre de la vierge, la salutaire passion, et tres-miraculeuse resurrection de Jesus-Christ la rendent plus que digne de memorable marque. *78*.

b Las ! *78-87* ; Hoo *56*.

c O que j'estime heureux ceux qui ne verront un an advenir sous ce nombre de 84. ou qui l'eschaperont sauves de tout peril. *78*.

d adjoustez aux quatre grandes Thekouphot de 19. fois 91. chacune. Gardez vous (me dit Hieromnime) que l'artificiel assemblement de ces periodes Judaïques ne trompent la posterité : sçavez-vous pas que ce n'est à nous de cognoistre les temps reservez à la prescience de la divinité ? Or *87*.

e je *87* ; Je *56-78*.

f reprint Sceve *87* ; reprint il *56* ; reprint-il *78*.

donnee de Dieu, comme un depost en garde : et vrayment je la garderay tant et si *cherement qu'il me sera possible, attendant qu'il plaise au Seigneur, duquel j'en ay la charge, de la r'avoir de moy, ou que selon la doctrine des Egyptiens, et de Dioscoride, les *dragmes de mon cœur, soyent arrivees en leur **[368 v°]** centiesme diminution[275]. Sur ce poinct voicy entrer quelques Musiciens, qui, sçachans que j'estois là en telle compagnie, et quel plaisir je recevrois de leur venue, nous feirent rompre le propos et achever le reste de ce jour avec le passetemps que le chanter et jouer d'instrumens Musicaux nous pouvoit apporter[276].

FIN[a].

SOLITUDO MIHI PROVINCIA EST[277].

---

a FIN. *78.*

NOTES

1 Platon, *Philèbe*, 50b ; voir aussi *La République*, 577b. Palingenius, *Zodiacus vitæ* f. L 6v°-L 8r°, compare la vie au théâtre. Selon E. R. Curtius, cette pensée est un *locus classicus* fréquemment utilisé en littérature.

2 Selon Varron, *De lingua latina*, 6, 7, 55, le nom *fabula* est associé au verbe *fari*, ou « parler ». Dans ce contexte, le mot représente *fabulæ* ou « pièces de théâtre ». Pourtant, le verbe *fari* est proche du verbe *falli* qui signifie « se tromper », et suggère l'idée d'incertitude des paroles.

3 Selon Censorinus, *De die natali*, 14, 2, Varron divise la vie humaine en cinq étapes (*pueri, adolescentes, iuvenes, seniores, senes*), sans les relier à la structure dramatique. L'idée du rapport entre les cinq étapes du développement humain et la structure dramatique en cinq actes semble remonter au sixième siècle avec Palingenius, *Zodiacus vitæ*, f. L 6v°-L 8r°, ouvrage scolaire largement utilisé. Sur les cinq âges de l'humanité, voir Hésiode, *Les Travaux et les Jours*, dans *Théogonie – Les Travaux et les Jours – Le Bouclier*, v. 109-201 ; sur l'idée de la structure dramatique en cinq actes, voir Horace, *Art poétique*, v. 189-190. Voir également John Erskine Hankins, *Shakespeare's Derived Imagery*, p. 18-34, qui étudie la tradition de ce motif. Francesco Giorgio, *De harmonia mundi*, 3, 1, 10, interprète allégoriquement les cinq étapes. Il est également important de noter la fluidité de cette interprétation. Par exemple, Diogène Laërce, *Pythagore, Vies*, t. 2, 8, 10, ne voit que quatre étapes du développement humain correspondant aux quatre saisons. Mais cette interprétation entre en contraste avec celle d'Isidore de Séville, *Etymologiæ*, 11, 2, 1, qui en voit six.

4 Giraldi, *De annis et mensibus*, p. 1-2 ; Censorinus, *De die natali*, 16, 3-4. Selon Varron, *De lingua latina*, 6, 2, 11, le concept de l'*ævum* qui englobe la durée totale du temps provient de l'idée stoïque de *ἀεὶ ὄν* ou « étant toujours ». Voir Platon, *Timée*, 37d-38b ; Aristote, *De cælo*, 286a9-12 ; Diogène Laërce, *Platon, Vies*, 3, 73 ; Cicéron, *De natura deorum*, 1, 9, 21 ; Pline, *Histoire naturelle*, 2, 1, 1-2, et 2, 3, 6 ; Boèce, *De consolatione philosophiæ*, 5, 6 ; Isidore, *Etymologiæ*, 5, 38, 4 ; Gregor Reisch, *Margarita philosophica*, 8, 39 ; Giorgio, *De harmonia mundi*, 1, 1, 12 et 15, et 1, 2, 10.

5 Giorgio, *De harmonia mundi*, 2, 1, 10. Voir Varron, *De lingua latina*, 8, 8, 20 ; Censorinus, *De die natali*, 16, 4 ; Giraldi, *De annis et mensibus*, p. 2.

6 Giraldi, *De annis et mensibus*, p. 2-3, suggère aussi l'origine divine de l'éternité, en l'attribuant à Irénée et Tertullien. Giorgio, *De harmonia mundi*, 3, 6, 3, fait remonter cette idée à Isaïe 26, 4. Voir Cicéron, *De natura deorum*, 2, 25, 64 ; Macrobe, *Saturnalia*, 1, 8, 6-7, et 1, 22, 8 ; Boèce, *De consolatione philosophiæ*, 5, 6 ; S. Augustin, *La Cité de Dieu*,

12, 15-16, et *Confessions*, 11, 9-17 ; Reisch, *Margarita philosophica*, 8, 38-39 ; Francesco Maurolico, *Cosmographia*, f. 8v°.

7 Giraldi, *De annis et mensibus*, p. 4, résume cette idée que Censorinus, *De die natali*, 16, 3-6, avait proposée. Le concept décrit par Platon est pythagoricien (*cf. Timée*, 37d-38c), et est repris par Johann Stöffler, *Calendarium romanum magnum*, f. 10v°.

8 Tyard semble traduire une idée proposée par Giraldi, *De annis et mensibus* : « *tempus esse dixerunt cœlestis motus definitionem* », p. 4. Auparavant, Tyard l'avait utilisée dans sa traduction de Léon l'Hébreu, *Dialogues d'amour*, p. 189. Elle prend racine dans Platon, *Timée*, 38c ; Aristote, *De cælo*, 279a15-279b ; Chrysippe, *Physica, Chrysippi Fragmenta*, *Stoicorum veterum fragmenta*, t. 2, p. 164-165, et est citée par Diogène Laërce, *Platon, Vies*, 3, 74 ; Varron, *De lingua latina*, 6, 2, 3. Voir aussi Proclus, *Commentaire sur le Timée*, 3, 2, 289-292. Aristote, *Métaphysique*, 5, 13, 5 ; 11, 10, 15 ; et 7, 6, 1-2, remarque que le temps ne peut être mesuré qu'en termes de mouvements, et dans sa *Physique*, 220b-221a, 232a-233a et 251b, il met cette notion en rapport avec les mouvements planétaires. Tyard la reprend dans *Le Premier Curieux*, p. 67. Voir Cicéron, *De natura deorum*, 2, 19, 49-50 ; Macrobe, *Saturnalia*, 1, 8, 7 ; Isidore, *Etymologiæ*, 5, 29 ; Bède, *De temporibus liber*, 1 ; Maurolico, *Cosmographia*, f. 55v° ; Giorgio, *De harmonia mundi*, 1, 1, 10 ; Henri Corneille Agrippa, *De occulta philosophia*, 2, 2 ; Cælius Rhodiginus, *Lectiones antiquæ*, 14, 10.

9 Giraldi, *De annis et mensibus*, p. 5. Giorgio, *De harmonia mundi*, 1, 1, 10, voit le temps comme un cercle, image qu'il attribue à Proclus. Platon, *Timée*, 38c-39e, 40b, et *Lois*, 822a-c, décrit le mouvement circulaire des étoiles déterminant le passage du temps. Voir Aristote, *Physique*, 212a-b, 223b, 240a-b, et 265b ; Diogène Laërce, *Platon*, *Vies*, 3, 74 ; Cicéron, *Academica*, 2, 37, 118, et 1, 39, 123, et *De natura deorum*, 2, 16, 44 ; 2, 19, 49-50, et 2, 27, 67 ; Virgile, *Bucoliques*, 4, v. 5 ; Ovide, *Les Métamorphoses*, 15, v. 177 *sq.*, et *Les Fastes*, 1, v. 125-127 ; Sénèque, *Epistulæ morales*, 24, 26 ; Philon, *De æternitate mundi*, 21, 109 ; Macrobe, *Saturnalia*, 1, 9, et 1, 18, 12-15. C. A. Patrides, *The Phoenix and the Ladder*, p. 1, analyse l'origine et le développement de cette idée.

10 Selon Giraldi, *De annis et mensibus*, p. 6, le temps est l'image de l'éternité, mais aussi un phénomène quantifiable et quantifié. Il cite Pythagore comme source de cette idée théorisée par Platon, *Timée*, 37d ; Diogène Laërce, *Platon, Vies*, 3, 73 ; et Giorgio, *De harmonia mundi*, 1, 1, 10. Voir Proclus, *Commentaire sur le Timée*, 3, 2, 289-292 ; Macrobe, *Saturnalia*, 1, 8, 7 ; Reisch, *Margarita philosophica*, 8, 37 ; Symphorien Champier, *De triplici disciplina*, *Platonice philosophie*, 1, 12 ; et Joseph du Chesne, *Le grand miroir du monde*, p. 170.

11 Tyard, interlocuteur, avance un argument proposé par S. Augustin qui dans *La Cité de Dieu*, 11, 21 et 12, 16, et *Les Confessions*, 11, 16-27, note que la chronologie se disloque en un éternel présent. Platon, dans *Timée*, 38b-c, fait clairement la distinction entre la perception humaine de la chronologie et le concept d'éternité qu'il avait précédemment présenté dans son dialogue (37d-38b). Voir Platon, *La République*, 10, 608d, et *Phédon*, 107c ; Aristote, *Physique*, 251b11-251b29 ; Sénèque, *De la brièveté de la vie*, 10, 2 ; Plutarque, *De E apud Delphos*, *Moralia*, 392e-f ; Censorinus, *De die natali*, 16, 4 ; Macrobe, *Saturnalia*, 1, 22, 8 ; Bernard Silvestre, *Cosmographia*, 1, 4.

12 L'inextricable union du ciel et du temps est une idée de Pythagore que les stoïciens ont développée et que Tyard reprend dans *Le Premier Curieux*, p. 67-68. Voir Chrysippe,

Physica, Chrysippi Fragmenta, Stoicorum veterum fragmenta, t. 2, p. 168 ; Platon, *Timée*, 38c-39e ; Varron, *De lingua latina*, 6, 2, 3 ; Philon, *De opificio mundi*, 14, 45 ; Macrobe, *Saturnalia*, 1, 8, 7 ; Symphorien Champier, *Platonice philosophie, De triplici disciplina*, 1, 12 ; Giorgio, *De harmonia mundi*, 1, 1, 10 ; et Du Chesne, *Le grand miroir du monde*, p. 43. Aristote, *Physique*, 218b, rejette cette idée.

13 Giraldi, *De annis et mensibus*, p. 6, reprend l'idée précédemment présentée par Platon, *Timée*, 37c-38c et 49c. Voir Hermès Trismégiste, *Asclepius*, 31 ; Philon, *De opificio mundi*, 7, 26 ; Diogène Laërce, *Platon, Vies*, 3, 74 ; Giorgio, *De harmonia mundi*, 1, 2, 10 ; Louis Le Roy, *De la vicissitude ou variété des choses de l'Univers*, f. 1r°-v°. Cicéron, *De natura deorum*, 1, 8, 20, fait déclarer par Velleius que toute chose créée, y compris le temps, peut être dissolue et n'est donc pas un reflet de l'éternité. De plus, l'origine de la création, tout comme le temps, est souvent décrite comme un chaos ou ὕλη. Voir, en particulier, Hésiode, *Théogonie*, v. 123 *sq.* ; Platon, *Timée*, 30a et 37c-39e ; Diogène Laërce, *Platon, Vies*, 3, 10-11 ; Varron, *De lingua latina*, 6, 2, 11 ; S. Augustin, *La Cité de Dieu*, 11, 4 ; Macrobe, *Saturnalia*, 1, 8, 6-7 ; Boèce, *De consolatione philosophiæ*, 3, 9 ; Bernard Silvestre, *Cosmographia*, 1, 2 ; Léon l'Hébreu, *Dialogues d'amour*, p. 260 ; Tyard, *Le Premier Curieux*, p. 113 (selon Jean Céard, p. 227, n. 261-263, Tyard emprunte cette idée à Melanchthon, *Initia doctrinæ physicæ*, II, f. 3r°, 5v°, et 9v°).

14 Tyard fait développer par Scève cette idée stoïcienne (*cf.* von Arnim, *Stoicorum veterum fragmenta*, t. 2, p. 164), résumée par Diogène Laërce, *Zénon, Vies*, 7, 141. Voir aussi Platon, *Timée*, 38d-39e ; Varron, *De lingua latina*, 6, 2, 3 ; Plutarque, *Platonicæ Quæstiones, Moralia*, 1006f-1007e ; Philon, *De opificio mundi*, 7, 26, et *De æternitate mundi*, 2, 4 ; Macrobe, *Saturnalia*, 1, 8, 7, et 1, 22, 8 ; Bernard Silvestre, *Cosmographia*, 1, 3 ; Reisch, *Margarita philosophica*, 8, 37 ; Giorgio, *De harmonia mundi*, 1, 1, 10 ; Champier, *Platonice philosophie, De triplici disciplina*, 1, 12 ; H. C. Agrippa, *De occulta philosophia*, 2, 2 ; Mesmes, *Les Institutions astronomiques*, Paris, Michel de Vascosan, 1557, p. 76-77 ; Du Chesne, *Le grand miroir du monde*, p. 43.

15 Dans *Le Premier Curieux*, p. 166, Tyard fait représenter Moïse par Hieromnime comme « le sage Theographe » ; et dans la quatrième *Homélie sur l'Oraison dominicale*, p. 216, il le nomme « Moyse Theographe ». Plus tôt, dans sa traduction des *Dialogues d'amour*, p. 319, de Léon l'Hébreu, Sophie, interlocutrice, perçoit les pensées de Platon sur la création de l'ordre depuis le chaos comme « la sacrée Loy de Moyse ». Clément d'Alexandrie, *Exhortation aux Grecs*, 2, 21, dépeint Moïse comme le « ἱεροφάντην » ou le hiérophante qui interprète les images sacrées. Voir Eusèbe de Césarée, *La Préparation évangélique*, 7, 10, 14.

16 Le nom d'Hieromnime évoque la romanisation du nom de S. Jérôme, docteur de l'Église. Voir *Le Second Curieux*, éd. F. Roudaut, p. 25.

17 Dans 1 *Énoch*, 74, 10-13 ; 79, 4-5 ; et 82, 11, Uriel note que l'année solaire comprend 364 jours. Dans les *Jubilés* 6, 30-32, une durée de 52 semaines est mentionnée.

18 Dans *Genèse* 8, 4, l'arche de Noé vient se poser sur le Mont Ararat au dix-septième jour du septième mois ; selon *Genèse* 8, 5, les eaux continuèrent de reculer jusqu'au dixième mois. Quarante jours plus tard, Noé ouvrit la fenêtre pour libérer un corbeau et une colombe afin de déterminer si les eaux s'étaient retirées (*Genèse* 8, 6-8). Une fois relâché le corbeau s'en allait et revenait jusqu'au moment où les eaux ont diminué sur

la terre. La colombe revenue, Noé attendit sept jours avant de la relâcher. Le soir la colombe revint portant dans son bec un rameau d'olivier. De cette façon Noé connut que les eaux s'étaient retirées. Il patienta de nouveau sept jours et relâcha la colombe, qui ne retourna plus vers l'arche. (*Genèse* 8, 10-12). Voir Ambroise, *De Noe et arca liber unus*, t. 14, col. 389 ; S. Augustin, *Quæstiones in Heptateuchum*, t. 34, col. 549-551 ; Bède, *Hexæmeron*, t. 91, col. 95.

19 Giraldi, *De annis et mensibus*, p. 111, énumère les douze mois du calendrier hébraïque. Voir Bède, *De temporibus liber*, 1.

20 *Genèse* 7, 11 et 8, 3-4. Le nombre de jours suscite des problèmes dans le calcul de la durée d'une année solaire. Dans *1 Énoch* 82, 4-6, douze mois de trente jours produisent une année de 360 jours, laquelle requiert quatre jours intercalaires reflétant les quatre saisons. Voir Ambroise, *De Noe et arca*, t. 14, col. 389-390, et Bède, *De temporum ratione*, 11. Isidore, *Etymologiæ*, 5, 36, 3, et Bède, *De temporum ratione*, 11 et 16, mentionnent uniquement la durée d'un mois de trente jours.

21 Giorgio, *De harmonia mundi*, 3, 1, 3. H. C. Agrippa, *De occulta philosophia*, 3, 20, reprend une idée qu'il attribue à Jamblique, *Les mystères d'Égypte*, 2, 6. Voir Clément d'Alexandrie, *Stromata*, 2, 19. Semblablement, selon Giorgio, *De harmonia mundi*, 1, 1, 1 ; H. C. Agrippa, *De occulta philosophia*, 2, 8 ; et Clément d'Alexandrie, *Stromata*, 2, 19, Noé reçoit la bénédiction de Dieu et jouit de quiétude politique et de prospérité économique. Voir *Matthieu* 24, 37-39, *Luc* 17, 26-30 ; S. Augustin, *La Cité de Dieu*, 16, 1 ; Flavius Josèphe, *Antiquités judaïques*, 1, 104-106. Guy Le Fèvre de La Boderie, *La Galliade*, 1, v. 26-30 ; plus loin (*La Galliade*, 1, v. 1626), Le Fèvre voit en Noé la préfiguration du Christ.

22 *Genèse* 9, 15-17.

23 Cette affirmation pose une question plus complexe quant à l'utilisation des années lunaires et solaires. Selon *1 Énoch* 78, 15-16, le calendrier hébraïque comprend 354 jours, divisés en six mois de 30 jours et six mois de 29 jours. Isidore, *Etymologiæ*, 5, 36, 3, et Bède, *De temporum ratione*, 36, exposent ce problème en classant trois modèles d'années : (1) l'année solaire qui comprend douze mois ; (2) l'année lunaire avec 30 jours selon Isidore ; Bède identifie quatre différentes définitions de l'année lunaire : la période de 27 jours et 8 heures où la Lune traverse le zodiaque, le « mois » qui a une durée de 29 jours et 12 heures, la période comprenant douze de ces mois lunaires ou 354 jours et finalement l'année embolismique qui dure 13 mois ou 384 jours ; (3) l'*annus magnus* où toutes les planètes retrouvent leur position initiale. Il fallait douze mois pour assurer une coordination entre les mouvements astraux et l'organisation absolue. Selon Tite-Live, *Ab urbe condita*, 1, 19, 6 ; Macrobe, *Saturnalia*, 1, 12, 39 et 1, 13, 1-3, le consul romain Numa perçut la difficulté de calculer 304 jours et dix mois en une année, étant donné le conflit entre la trajectoire du soleil et les phases de la lune : par exemple, les saisons chaudes se présentaient durant l'hiver. Numa ajouta 50 jours ou deux parcours de lune afin d'intégrer une année de 354 jours et douze mois lunaires dans le parcours annuel du soleil. Voir Varron, *Res rusticæ*, 1, 27, 1 ; Bède, *De temporibus liber*, 1. Albert Pighius, *De ratione paschalis celebrationis*, f. 7r°, et Giraldi, *De annis et mensibus*, p. 111, énumèrent les douze mois du calendrier hébraïque.

24 Tyard semble confondre « Espagnoles » et « Egyptiennes ». Voir Plutarque, *Numa*, *Vies*, 18, 7 ; Pline, *Histoire naturelle*, 7, 49, 155 ; et Censorinus, *De die natali*, 19, 4.

25 Homère, *Iliade*, 5, v. 749-751, et 8, v. 393. Voir Homère, *Odyssée*, 13, v. 109-110, et 24, v. 12 ; Macrobe, *In somnium Scipionis*, 1, 12 ; Porphyre, *De antro nympharum*, 27 ; et Giraldi, *De deis gentium*, p. 355.

26 Giraldi, *De annis et mensibus*, p. 183. Voir Hésiode, *Théogonie*, v. 901 ; Varron, *De lingua latina*, 6, 2, 4 ; Ovide, *Les Fastes*, 1, v. 125-126 ; et H. C. Agrippa, *De occulta philosophia*, 2, 7.

27 Porphyre, *De antro nympharum*, 27. Selon G. M. A. Hanfmann, *The Season Sarcophagus in Dumbarton Oaks*, 1, 185-189, le rapport entre la fertilité des saisons et les dieux est significatif. Voir R. Lattimore, *Themes in Greek and Latin Epitaphs*, p. 128-135.

28 Dans la description des *Horæ*, Giraldi, *De annis et mensibus*, p. 183-184, cite Horus Apollon comme dieu du Soleil et il réitère cette identification dans *De deis gentium*, p. 355, donnant comme source l'*Hymne à Apollon*. Hésiode, *Théogonie*, v. 901-909, voit les quatre *Horæ* comme étant les Charites ou Grâces ; et Macrobe, *Saturnalia*, 1, 21, 12-13, note qu'Apollon, parmi les Grecs, est Horus et est donc associé aux quatre saisons ou *Horæ*. Voir Diodore de Sicile, *Bibliothèque historique*, 1, 25, 5-7, et Polydore Vergile, *De inventoribus rerum*, 2, 5. Il faut noter que le nombre de Grâces est normalement de trois et non de quatre ; ici Tyard associe Apollon à quatre Grâces.

29 Hippocrate, *Airs, Eaux, Lieux*, 1-2 ; *Nature de l'homme*, 6-8 ; *Humeurs*, 12 ; *Aphorismes*, 3, 1-23 ; *Le Prorrétique II*, 39 et 41. Giraldi, *De annis et mensibus*, p. 183, et *De deis gentium*, p. 354-355 ; de plus, Giraldi, *De annis et mensibus*, p. 70, relie les saisons aux humeurs, même s'il ne cite pas Hippocrate. Voir Varron, *De lingua latina*, 6, 2, 9, et *Res rusticæ*, 1, 27, 1 ; Giorgio, *De harmonia mundi*, 1, 3, 12, et 1, 6, 32 ; et Tyard, *Mantice*, éd. J. Céard, *op. cit.*, p. 106-110, et *Le Premier Curieux*, p. 140.

30 Giraldi, *De annis et mensibus*, p. 68-70, 189, et *De deis gentium*, p. 354-357. La tétrade devient le moyen de décrire les quatre dimensions de la création, moyen qui tire son origine des Pythagoriciens. Voir Jamblique, *De vita Pythagorica*, 28 ; Diogène Laërce, *Pythagore*, *Vies*, 8, 24-25 ; Ps.-Plutarque, *Des opinions des philosophes*, *Moralia*, 1, 3. Tyard voit les *Horæ* au sein de cette tradition, reliant le nombre aux humeurs et aux saisons. Voir Varron, *De lingua latina*, 6, 2, 8-9 ; Cicéron, *Tusculanes*, 1, 28, 68 ; Macrobe, *Saturnalia*, 7, 5, 20 ; Isidore, *Etymologiæ*, 5, 35, 1-6 ; Bède, *De temporum ratione*, 30 et 35, et *De temporibus liber*, 8 ; Johannes Peyligk, *Philosophiæ naturalis compendium*, f. h1r°-v° ; H. C. Agrippa, *De occulta philosophia*, 2, 7 ; Mesmes, *Les Institutions astronomiques*, p. 149 ; Le Fèvre de La Boderie, *La Galliade*, 4, v. 463-470. Tyard relie aussi le concept pythagoricien de « quatre » à la musique : voir le *Solitaire second*.

31 Gilbert Genebrard, *Chronographiæ libri quatuor*, t. 1, p. 2-4, et t. 4, p. 451-453

32 *Genèse*, 8, 22 ; Genebrard, *ibid.*

33 Joseph-Juste Scaliger, *De emendatione temporum*, « *De anno Solari Iudaico* », p. 167-170.

34 Diodore de Sicile, *Bibliothèque historique*, 1, 26, 5. Selon Censorinus, *De die natali*, 19, 6, les Égyptiens divisaient l'année en trois saisons. Voir Diodore de Sicile, *Bibliothèque historique*, 1, 16, 1 ; Pline, *Histoire naturelle*, 7, 48-49 ; Plutarque, *Numa*, *Vies*, 18, 6 ; Lactance, *Les Institutions divines*, 2, 12, 21.

35 Pausanias, *Description de la Grèce*, 9, 35, 2.

36 Plutarque, *Numa*, *Vies*, 18, 6.

37 Diodore de Sicile, *Bibliothèque historique*, 1, 26 ; Censorinus, *De die natali*, 19, 6.

38 Pausanias, *Description de la Grèce*, 7, 5, 9 ; 8, 31, 3 ; et 9, 35, 2, emploie en effet le mot Ὧραι. Voir Macrobe, *Saturnalia*, 1, 17 ; 1, 18, 8 ; 1, 21, 13.

39 Censorinus, *De die natali*, 23, 2. Voir Aulu-Gelle, *Les Nuits attiques*, 3, 2, 1-11 ; Plutarque, *Quæstiones romanæ*, *Moralia*, 284c-f ; Pline, *Histoire naturelle*, 2, 79, 188 ; Géminos, *Isagoge*, 6, 1-2 ; Macrobe, *Saturnalia*, 1, 3, 2-8 ; Hygin, *Poeticum astronomicum*, 4, 9 ; Servius, *Comm. sur « l'Énéide »*, 5, 738 ; 6, 255 ; 10, 216.

40 Giraldi, *De annis et mensibus*, p. 148. Puisque Tyard fait figurer cette information dans son édition de 1578, il a pu s'inspirer de P. Beausard, *Annuli astronomici*, f. 12r°-v° ou Boneto Hebraeo, *Annuli astronomici*, f. 109v°. Voir Reisch, *Margarita philosophica*, 7, 1, 13 ; Stöffler, *Calendarium romanum magnum*, f. 17v ° ; Fracastoro, *Homocentrica*, f. 39v° ; Maurolico, *Cosmographia*, f. 3r° et 57v° ; Gemma Frisius, *Usus annuli astronomici* dans Apianus, *Cosmographia*, f. 61r°-62r° ; Mesmes, *Les Institutions astronomiques*, p. 209, 216-217 ; Münster, *La cosmographie universelle de tout le monde*, 1, 19 ; Clavius, *In sphæram Joannis de Sacro Bosco commentarius*, p. 389.

41 Giraldi, *De annis et mensibus*, p. 140-141, et Alessandro Alessandri, *Genialium dierum*, f. 106v° (4, 20). Voir Pline, *Histoire naturelle*, 18, 59, 220-223 ; Géminos, *Isagoge*, 6, 3 ; Ambroise, *Hexæmeron*, t. 14, 4, 5 ; Macrobe, *Saturnalia*, 1, 21, 1-3 ; Isidore, *Etymologiæ*, 5, 34, 2 ; Bède, *De temporum ratione*, 31, et *De temporibus liber*, 7 et 8 ; Gemma Frisius, *Usus annuli astronomici*, f. 61v° ; Beausard, *Annuli astronomici*, f. 13r° ; Mesmes, *Les Institutions astronomiques*, p. 34 ; Münster, *La cosmographie universelle de tout le monde*, 1, 19 ; et Louis Le Roy, *De la vicissitude ou variété des choses de l'Univers*, f. 6v° et 8r°-v°.

42 Dans *Le Premier Curieux*, p. 108-110, Tyard reprend cette idée de Giraldi, *De annis et mensibus*, p. 186, et l'analyse plus longuement. Géminos, *Isagoge*, 6, 7-42, donne la description la plus complète des heures dites « Naturelles » (340v°), mais Tyard n'a pas dû avoir accès à cet écrit. Voir Plutarque, *Quæstiones romanæ*, *Moralia*, 284d-f ; Pline, *Histoire naturelle*, 18, 59, 220-223 ; Bède, *De temporum ratione*, 31 ; Isidore, *Etymologiæ*, 14, 6, 4 ; Stöffler, *In Procli diadochi sphæram commentarius*, f. 7r°-v° ; Fracastoro, *Homocentrica*, f. 38v°-39r° ; Maurolico, *Cosmographia*, f. 54r° ; Gemma Frisius, *Usus annuli astronomici*, f. 60r°-61v° et 64r°-v° ; Peucer, *Elementa doctrinæ de circulis cœlestibus et primo motu*, f. p8v°-q2v° ; Münster, *La Cosmographie universelle de tout le monde*, 1, 19 ; Le Roy, *De la Vicissitude ou varieté des choses de l'Univers*, f. 6r°-8v°.

43 Giraldi, *De annis et mensibus*, p. 141-143, et *De deis gentium*, p. 194. Pontus de Tyard reprend cette idée dans *Le Premier Curieux*, p. 70 et 87-88. Voir Diodore de Sicile, *Bibliothèque historique*, 2, 30, 6-7 ; S. Augustin, *La Cité de Dieu*, 7, 23 ; Macrobe, *Saturnalia*, 1, 21, 1-3 ; Melanchthon, *Initia doctrinæ physicæ*, I, f. 65r°-v° ; Giorgio, *De harmonia mundi*, 1, 6, 18 ; Gemma Frisius, *Usus annuli astronomici*, f. 59r°-v° ; Firmicus Maternus, *Mathesis*, 2, 3 ; Reinhold, *Theoricæ novæ*, f. A3r°-v° ; Mesmes, *Les Institutions astronomiques*, p. 7 et 78-79 ; Clavius, *In sphæram Joannis de Sacro Bosco commentarius*, p. 231 ; *Le Premier Curieux*, éd. J. Céard, p. 206, n. 129.

44 La notion de douze heures comme un jour et une nuit est soutenue par une intervention du Christ : « *Nonne duodecim sunt horæ diei ?* » (*Jean* 11, 9), cité par H. C. Agrippa, *De occulta philosophica*, 3, 64. Giraldi, *De annis et mensibus*, p. 133-135, et 186, et Alessandro Alessandri, *Genialium dierum*, f. 106v° (4, 20), décrivent le jour et ses divisions, de même que Plutarque, *Quæstiones romanæ*, *Moralia*, 284c-f ; Géminos, *Isagoge*, 6, 1-2 ; Servius, *Comm. sur « l'Énéide »*, 5, 738, 6, 255, et 10, 216 ; et Hygin, *Poeticum astronomicum*, 4, 9. Voir Pline, *Histoire naturelle*, 2, 72, 180 et 2, 79, 188 ; Isidore, *Etymologiæ*, 5, 30, 2 ; Bède, *De temporum ratione*, 5 et 7 ; Stöffler, *Calendarium romanum magnum*, f. 17v°-18r° ; Maurolico, *Cosmographia*, f. 57r° ; Beausard, *Annuli astronomici*, f. 12v° ; Gemma Frisius, *Usus annuli astonomici*, f. 61r°-v° ; Münster, *La cosmographie universelle de tout le monde*, 1, 19 ; Clavius, *In sphæram Joannis de Sacro Bosco commentarius*, p. 389-391.

45 Giraldi, *De annis et mensibus*, p. 133-136, 141-142. Voir Varron, *De lingua latina*, 6, 2, 4-7, et 7, 4, 77-79 ; Diodore de Sicile, *Bibliothèque historique*, 5, 57, 1 ; Macrobe, *Saturnalia*, 1, 3, 12-16 ; Censorinus, *De die natali*, 24 ; Alessandro Alessandri, *Genialium dierum*, f. 76v° (3, 24).

46 Giraldi, *De annis et mensibus*, p. 132 et 141, distingue entre « le jour naturel », qui est déterminé par les heures variables du lever et du coucher du soleil, et le « jour civil », défini par le temps de rotation de la Terre. Voir Varron, *De lingua latina*, 6, 3, 12-26, et 6, 4, 27-32 ; Aulu-Gelle, *Les Nuits attiques*, 3, 2, 1-11 ; Pline, *Histoire naturelle*, 2, 79, 188 ; Plutarque, *Quæstiones romanæ*, *Moralia*, 284c-f ; Géminos, *Isagoge*, 6, 1-2 ; Censorinus, *De die natali*, 23, 2 ; Isidore, *Etymologiæ*, 5, 30, 1 ; Reisch, *Margarita philosophica*, 7, 1, 27 ; Stöffler, *Calendarium romanum magnum*, f. 17v° ; Alessandro Alessandri, *Genialium dierum*, f. 76v° (3, 24) ; Gemma Frisius, *Usus annuli astronomici*, f. 61v° ; Fracastoro, *Homocentrica*, f. 35v° ; Maurolico, *Cosmographia*, f. 27v°, 54r°, et 57r° ; Beausard, *Annuli astronomici*, f. 12r°-13v° ; J. Bassantin, *Astronomique discours*, p. 73-75 ; Peucer, *Elementa doctrinæ*, f. p7r°-p8v° ; Mesmes, *Les Institutions astronomiques*, p. 75, 207-215 ; et Clavius, *In sphæram Joannis de Sacro Bosco commentarius*, p. 383-388 ; Petau, *Opus de doctrina temporum*, 7, 1.

47 Diogène Laërce, *Cléobule*, *Vies*, 1, 6, 90-91.

48 *Æsopi Phrygis vita et Fabellæ*, p. 86-89.

49 Giraldi, *De annis et mensibus*, p. 134-135. Voir Varron, *De lingua latina*, 6, 2, 6-7 ; Censorinus, *De die natali*, 23-24 ; Macrobe, *Saturnalia*, 1, 3, 15 ; Isidore, *Etymologiæ*, 5, 31, 4-14 ; Alessandro Alessandri, *Genialium dierum*, f. 106v° (4, 20).

50 Giraldi, *De annis et mensibus*, p. 134-135. Voir Varron, *De lingua latina*, 6, 2, 4-5 ; Pline, *Histoire naturelle*, 7, 60, 212 ; Censorinus, *De die natali*, 24, 1-6 ; Macrobe, *Saturnalia*, 1, 3, 12-14 ; Alessandro Alessandri, *Genialium dierum*, f. 106v°.

51 Giraldi, *De annis et mensibus*, p. 134-135. Voir Aulu-Gelle, *Les Nuits attiques*, 17, 2, 10.

52 Cette idée prend origine dans la *Genèse* 1, 5 : « *Factum est vespere et mane dies unus* ». Voir Censorinus, *De die natali*, 23, 3 ; S. Augustin, *Quæstionum Evangeliorum libri duo*, 1, 7, et Basile de Césarée, *Hexæmeron*, 2, 8, interprètent ce passage en fonction d'un jour de vingt-quatre heures. Voir Pline, *Histoire naturelle*, 7, 60, 212-215 ; Aulu-Gelle, *Les Nuits attiques*, 3, 2, 1-7 ; Plutarque, *Quæstiones romanæ*, *Moralia*, 284c-f; Géminos, *Isagoge*, 6, 6 ; Macrobe, *Saturnalia*, 1, 3, 2, et 1, 21, 13 ; Isidore, *Etymologiæ*, 5, 30, 4 ; Bède, *De temporum ratione*, 5, et *De temporibus liber*, 3 ; Servius, *Comm. sur « l'Énéide »*, 5, 738 ; 6, 255 ; et 10, 216 ; Hygin, *Poeticum astronomicum*, 4, 9 ; Maurolico, *Cosmographia*, f. 27v° ; Apianus, *Cosmographia*, f. 2v° ; Gemma Frisius, *Usus annuli astronomici*, f. 59r° et 61v° ; Peucer, *Elementa doctrinæ*, f. p7r°-p8v°.

53 Giraldi, *De annis et mensibus*, p. 133-134. Voir Pline, *Histoire naturelle*, 2, 79, 188 ; Aulu-Gelle, *Les Nuits attiques*, 3, 2, 5 ; Censorinus, *De die natali*, 23, 3 ; Macrobe, *Saturnalia*, 1, 3, 4 ; Isidore, *Etymologiæ*, 5, 30, 4 ; Bède, *De temporum ratione*, 5 ; Stöffler, *Calendarium romanum magnum*, f. 29r° ; Alessandro Alessandri, *Genialium dierum*, f. 105r° (4, 20) ; Maurolico, *Cosmographia*, f. 55v° ; Mesmes, *Les Institutions astronomiques*, p. 214 ; Petau, *Opus de doctrina temporum*, 7, 1 ; et Polydore Vergile, *De inventoribus rerum*, 2, 6.

54 Giraldi, *De annis et mensibus*, p. 134. Voir Pline, *Histoire naturelle*, 2, 79, 188 ; Aulu-Gelle, *Les Nuits attiques*, 3, 2, 6 ; Censorinus, *De die natali*, 23, 3 ; Macrobe, *Saturnalia*, 1, 3, 4 ; Isidore, *Etymologiæ*, 5, 30, 4 ; Bède, *De temporum ratione*, 5, et *De temporibus liber*, 2 ; Stöffler, *Calendarium romanum magnum*, f. 29r° ; Alessandro Alessandri, *Genialium dierum*, f. 105r° (4, 20) ; Mesmes, *Les Institutions astronomiques*, p. 214 ; Petau, *Opus de doctrina temporum*, 7, 1 ; Polydore Vergile, *De inventoribus rerum*, 2, 6.

55 Pline, *Histoire naturelle*, 2, 79, 188 ; Aulu-Gelle, *Les Nuits attiques*, 3, 2, 4 ; Censorinus, *De die natali*, 23, 3 ; Isidore, *Etymologiæ*, 5, 30, 4 ; Stöffler, *Calendarium romanum magnum*, f. 29r° ; Mesmes, *Les Institutions astronomiques*, p. 214 ; Polydore Vergile, *De inventoribus rerum*, 2, 6. Selon *Lévitique* 23, 32, le sabbat dure « *a vespera usque ad vesperam* ». Cependant, Bède, dans *De temporum ratione*, 5, note que les Juifs, ainsi que les Perses et Babyloniens, divisaient le jour « *a mane semper usque ad mane* », mais l'ont plus tard changé « *a vespera usque ad vesperam* ». Également, Giraldi, *De annis et mensibus*, p. 134, note que les Juifs désignaient le jour « *a mane ad mane* ». Voir Maurolico, *Cosmographia*, f. 55v° ; Mesmes, *Les Institutions astronomiques*, p. 214 ; Petau, *Opus de doctrina temporum*, 7, 1. Pour la définition juive du jour, voir notes 51 et 52 *infra*. Pour la définition athénienne du jour, voir Macrobe, *Saturnalia*, 1, 3, 4 ; Alessandro Alessandri, *Genialium dierum*, f. 105r° (4, 20) ; et Gaza, *Liber de mensibus*, p. 168.

56 Giraldi, *De annis et mensibus*, p. 135. Voir Pline, *Histoire naturelle*, 2, 79, 188 ; Plutarque, *Quæstiones romanæ*, *Moralia*, 284c-d ; Aulu-Gelle, *Les Nuits attiques*, 3, 2, 2-3 et 8 ; Censorinus, *De die natali*, 23, 3 ; Macrobe, *Saturnalia*, 1, 3, 6 ; Isidore, *Etymologiæ*, 5, 30, 4 ; Stöffler, *Calendarium romanum magnum*, f. 29r° ; Alessandro Alessandri, *Genialium dierum*, f. 105r°-v° (4, 20) ; Maurolico, *Cosmographia*, f. 55v° ; Mesmes, *Les Institutions astronomiques*, p. 214 ; Polydore Vergile, *De inventoribus rerum*, 2, 6 ; Gaza, *Liber de mensibus*, p. 168.

57 Selon Mesmes, *Les Institutions astronomiques*, « [c]eux de Noremberg, commencent leur jour au Soleil levant, et l'achevent au couchant : semblablement le reste de leur jour, faisant la nuict, est enclos et comprins entre le couchant et le levant », p. 214.

Voir Samuel Guye et Henri Michel, *Mesures du temps et de l'espace : Horloges, montres et instruments anciens*, p. 22 ; Gerhard Dohrn-van Rossum, *History of the Hour : Clocks and Modern Temporal Orders*, p. 114-116.

58 Selon Gerhard Dohrn-van Rossum, *History of the Hour*, p. 114-116, la « Grande Horloge » ou l'« Horloge de Nuremberg » détermine le temps selon la durée des jours. Créé en 1374 à Nuremberg et en 1376 à Ratisbonne, ce type d'horloge divise les jours en vingt-quatre heures, mais la mesure d'un jour était déterminée par la lumière du soleil. Par exemple, en décembre, les jours étaient composés de huit heures et la durée des nuits était de seize heures. Les jours étaient augmentés d'une heure toutes les trois semaines jusqu'au mois de juin, puis le processus était inversé.

59 *Genèse* 1, 5. Voir Pline, *Histoire naturelle*, 2, 79, 188 ; Bède, *De temporum ratione*, 5, et *De temporibus liber*, 2 ; Philon, *De opificio mundi*, 3, 15 et 9, 35.

60 Selon Bède, *De temporum ratione*, 5, un jour commence à minuit pour rappeler la naissance du Christ. Tyard songe probablement au récit de la soirée de la naissance du Christ dans *Luc* 2, 7-8. Giorgio, *De harmonia mundi*, 2, 2, 18, et Polydore Vergile, *De inventoribus rerum*, 5, 9, parlent du Christ comme du « *sol iustitiæ* ».

61 Giraldi, *De annis et mensibus*, p. 132-133.

62 Plutarque, *Solon, Vies*, 25, 4-5 ; Alessandro Alessandri, *Genialium dierum*, f. 105r° (4, 20) ; Gaza, *Liber de mensibus*, p. 160.

63 Alessandro Alessandri, *Genialium dierum*, f. 105r° (4, 20). Voir Diodore de Sicile, *Bibliothèque historique*, 1, 50, 1-2.

64 Pline, *Histoire naturelle*, 2, 77, 186 ; Bède, *De temporibus liber*, 7, et *De temporum ratione*, 31. Dans *Le Premier Curieux*, p. 74 et 88 (voir J. Céard, p. 207, n. 133), Tyard attribue les différences de durée des jours aux observations de Ptolémée et Hipparque ; et, plus loin, p. 160 (voir J. Céard, *Le Premier Curieux*, p. 263, n. 517), il laisse entendre que ces différences doivent résulter de divergences dans les mesures de la Terre. Reisch, *Margarita philosophica*, 7, 1, 46-47, fait allusion à cette idée ; Maestlin, *Ephemerides novæ*, f. h3v°-i1r°, attribue ces calculs de différences dans la durée des jours à Ptolémée pour Alexandrie et à Copernic pour Rome.

65 Giraldi, *De annis et mensibus*, p. 149-152. Cependant Varron, *De lingua latina*, 6, 4, 29-31, et 6, 7, 53, fournit peut-être la meilleure explication de cette division. Le terme *fasti* (ou *festi*) dérive de *fari* (parler), ce que seuls les prêtres avaient le droit d'entendre ; *profesti* (ou *profasti* ou *nefasti*) étaient les jours alloués aux interactions séculières ; *intercisi* (ou jours entrecoupés) interdisaient les interactions séculières le matin lors du sacrifice des victimes et le soir lors de la présentation des viscères, mais des interactions sociales étaient permises durant cet intervalle. Voir Ovide, *Les Fastes*, 1, v. 47-52 ; Tite-Live, *Ab urbe condita*, 1, 19, 7 ; Macrobe, *Saturnalia*, 1, 15, 3, et 1, 16, 2-14 ; Isidore, *Etymologiæ*, 6, 18, 1 ; et Polydore Vergile, *De inventoribus rerum*, 6, 7.

66 Les « jours des Roisons » ou les jours des Rogations remplacèrent la fête romaine des *Robigalia* et furent intégrés dans le calendrier liturgique en 511. Le premier jour célébré

le 25 avril et les trois jours précédant la fête de l'Ascension étaient une période de jeûne et d'abstinence en vue de préparer pour celle-ci. Macrobe, *Saturnalia*, 1, 16, 36, note que la cérémonie était organisée le huitième jour après la naissance d'une fille et le neuvième jour après celle d'un garçon.

67 Giraldi, *De annis et mensibus*, p. 170. Dion Cassius, *Histoire romaine*, 37, 15, 3-37, 16, 4, décrit la victoire de Pompée en 63 av. J.-C.

68 Alessandro Alessandri, *Genialium dierum*, f. 105v° (4, 20). Auparavant, Alessandro Alessandri, *Genialium dierum*, f. 22v° (1, 29), avait décrit la pratique chalcédonienne du présage.

69 Alessandro Alessandri, *Genialium dierum*, f. 105v° (4, 20). Voir Plutarque, *Camille, Vies*, 19, 3-4, pour la description de cette défaite et la réaction des Perses.

70 Alessandro Alessandri, *Genialium dierum*, f. 105v° (4, 20).

71 Alessandro Alessandri, *Genialium dierum*, f. 105v° (4, 20) ; Giraldi, *De deis gentium*, p. 391. Voir Plutarque, *Timoléon, Vies*, 37, 1-6, et *Camille, Vies*, 19, 4 ; Diodore de Sicile, *Bibliothèque historique*, 16, 69, 1-6.

72 Alessandro Alessandri, *Genialium dierum*, f. 105v°-106r° (4, 20). Voir Plutarque, *Timoléon*, 21, 3-22, 5.

73 Alessandro Alessandri, *Genialium dierum*, f. 106r° (4, 20), ne mentionne que son anniversaire. Suétone, *César, Vies des douze Césars*, 76, note qu'on donne son nom à un mois.

74 Alessandro Alessandri, *Genialium dierum*, f. 106r° (4, 20). Voir Plutarque, *Alexandre, Vies*, 3, 3-9.

75 Alessandro Alessandri, *Genialium dierum*, f. 106r° (4, 20). Voir Plutarque, *Camille, Vies*, 19, 7.

76 Alessandro Alessandri, *Genialium dierum*, f. 105v°-106r° (4, 20). Voir Plutarque, *Camille, Vies*, 19, 7, et *Pompée, Vies*, 79, 4-5 ; Dion Cassius, *Histoire romaine*, 42, 5, 5-6.

77 Alessandro Alessandri, *Genialium dierum*, f. 105v° (4, 20). Voir Plutarque, *Alexandre, Vies*, 75, 6, et 76, 9.

78 Alessandro Alessandri, *Genialium dierum*, f. 106r° (4, 20).

79 Alessandro Alessandri, *Genialium dierum*, f. 106r° (4, 20).

80 Tyard n'explique pas la perte de ces deux Romains. Cependant, Crasse (Marcus Licinius Crassus) (115 av. J.-C. – 53 av. J.-C.), en tant que général et politicien, amasse une immense fortune. La perte se rapporte peut-être à sa défaite à la bataille de Carrhes où environ 50 000 hommes de son armée perdent la vie. De même, pendant des négociations avec le général Suréna, Crasse subit une mort ignominieuse, en essayant de se dégager d'un piège. Voir Plutarque, *Crassus, Vies*. Luculle (Lucius Licinius Lucullus) (118 av. J.-C. – 56 av. J.-C.) se distingue en tant qu'homme militaire et politique, en

amassant une fortune considérable. Pourtant, malgré ses victoires dans la troisième guerre mithridatique, Pompée reprend son armée à cause de mutineries. En rentrant à Rome, Lucullle se voit privé des honneurs et perd la raison vers la fin de sa vie. Voir Plutarque, *Lucullus, Vies* ; Alessandro Alessandri, *Genialium dierum*, f. 106r° (4, 20).

81 Alessandro Alessandri, *Genialium dierum*, f. 106r° (4, 20). Voir Dion Cassius, *Histoire romaine*, 56, 30, 5.

82 Hésiode, *Les Travaux et les Jours*, v. 769-772 ; Virgile, *Géorgiques*, 1, 432. Voir Plutarque, *Camille, Vies*, 19, 1-3, et *De E apud Delphos, Moralia*, 393a-b ; Pline, *Histoire naturelle*, 18, 79, 347 ; Philon, *De opificio mundi*, chap. 30 à 43.

83 Hésiode, *Les Travaux et les Jours*, v. 765-770.

84 Platon, *Phèdre*, 245c-e. Voir Cicéron, *Tusculanes*, 1, 22, 53, et 1, 23, 54.

85 Voir Hésiode, *Les Travaux et les Jours*, v. 770 et 820 ; Platon, *Timée*, 39e-40b, 51b-e, 53c-55c ; Cicéron, *République*, 6, 18 ; Plutarque, *Isis et Osiris, Moralia*, 381f-382a, et *De E apud Delphos, Moralia*, 390c-e ; Pline, *Histoire naturelle*, 18, 79, 347 ; Virgile, *Géorgiques*, 1, v. 432 ; Philon, *De opificio mundi*, 15, 47 ; H. C. Agrippa, *De occulta philosophia*, 2, 7 ; et Du Chesne, *Le grand miroir du monde*, p. 176. Selon Bède, *De temporum ratione*, 8, six est le nombre parfait car Dieu a créé le monde en six jours, rapprochement que Bède emprunte à S. Augustin, *La Cité de Dieu*, 11, 30, *De Genesi ad litteram*, 4, 1-3, et *De Trinitate*, 4, 4-5. Giorgio, *De harmonia mundi*, 1, 2, 11, entend six comme étant la somme de 1, 2 et 3, ce qui représente le diapason.

86 H. C. Agrippa, *De occulta philosophia*, 2, 10, qui semble découler d'une idée décrite par Macrobe, *In somnium Scipionis*, 1, 6. Voir Philon, *De opificio mundi*, 36, 106, et *Legum allegoria*, 1, 5, 15.

87 Hésiode, *Théogonie*, v. 918, décrit la naissance d'Apollon. Léon l'Hébreu, *Dialogues d'amour*, p. 121-132, fait raconter par Philon la naissance d'Apollon incarnant la lumière du savoir : « il est dit Dieu de la sapience : ou pource que au moyen de sa lumiere sont veües et discernées les choses sensibles desquelles derive et procede la congnoissance et la sapience ». Voir Varron, *De lingua latina*, 5, 10, 68, et 7, 2, 16 ; et Manilius, *Fragmenta poetarum latinorum*, p. 52.

88 Philon, *De æternitate mundi*, 4, 18-19, et *Quæstiones et solutiones in Genesim*, 4, 152. Voir Clément d'Alexandrie, *Stromata*, 1, 21 ; 2, 5 ; 5, 14 ; 6, 2 ; et Giorgio, *De harmonia mundi*, 1, 1, 8, qui décrit Moïse comme « *Theologorum pater, et philosophantium magister præcipuus* ».

89 *1 Énoch* 78, 12-16.

90 Rhodiginus, *Lectiones antiquæ*, 14, 9. Voir S. Augustin, *Confessions*, 4, 3, 4.

91 Rhodiginus, *Lectiones antiquæ*, 14, 9, décrit l'influence magique de cette conjonction que l'astronome arabe du IXe siècle Albumazar examine dans son *Introductorium in astronomiam*. Voir Ficin, *De vita libri tres*, 3, 6 ; et Firmicus Maternus, *Mathesis*, 3, 3, 9.

92 Rhodiginus, *Lectiones antiquæ*, 14, 9.

93 Bède, *De temporibus liber*, 8. Voir Isidore, *Etymologiæ* 5, 35, 8.

94 Tyard semble attribuer à Galien l'idée proposée par le physicien arabe Ibn Masawayh, *De morbis internis curandis*, p. 422-423.

95 Galien, *De sanitate tuenda*, *Opera*, 6, 7, qui semble avoir emprunté une idée d'Hippocrate, *In Hippocratis vel Polybi opus de salubri victus ratione privatorum commentarius*, 2, et *In Hippocratis de acutorum morborum victu liber et Galeni commentarius*, 1, 19. Je remercie Laura Willett de m'avoir informé d'un passage pertinent de Montaigne, *Journal de voyage en Italie*, p. 166 : « Je viens de voir un medecin imprimé, parlant de ces eaus, nommé Donati, qui dit qu'il conseille de peu disner, et mieux souper. [...] Son compaignon Franciotti est au contrere, comme en plusieurs autres choses. » (11 mai 1581).

96 Galien, *De diebus decretoriis*, surtout livre III. À partir de la réflexion d'Hippocrate sur la médecine astrologique, voir, en particulier, *Des vents*, 1-5. Ficin, *De vita libri tres*, 2, 20, décrit cette théorie, l'attribuant à Pietro d'Abano (ou Petrus Aponensis), qui, dans son *Conciliator*, voit cette idée provenir originellement de Galien et d'Aristote, *De Generatione et Corruptione*. Pour d'autres commentaires du XVIe siècle sur la médecine astrologique, voir Stöffler, *Calendarium romanum magnum*, f. 9v°-11r° ; Fracastoro, *Homocentrica*, f. 72r° ; Louis Le Roy, *De la vicissitude ou varieté des choses en l'Univers*, f. 1v° ; Polydore Vergile, *De inventoribus rerum*, 1, 17.

97 Galien, *De diebus decretoriis*, 3, 2. Voir Isidore, *Etymologiæ*, 3, 27, et Bède, *De temporum ratione*, 35 ; Stöffler, *Calendarium romanum magnum*, f. 16r°.

98 Fracastoro, *Homocentrica*, f. 71v°.

99 Varron, *De lingua latina*, 7, 5, 88, mentionne le calme de la mer durant l'hiver ; et Pline, *Histoire naturelle*, 2, 47, 125, considère que les jours alcyons se présentent six jours avant le solstice d'hiver et six jours après. Le nombre de jours varie. Tyard s'accorde avec Rhodiginus selon *Lectiones antiquæ*, 14, 11 ; mais Gaza, *Liber de mensibus*, p. 155, considère Aristote comme attribuant quatorze jours à cette période.

100 Ps.-Lucien, *L'Alcyon*, 2. Varron, *De lingua latina*, 7, 5, 88, voit l'oiseau comme *ἀλκυών* ou *alcedo* qui devient représentatif de la *dies alcyon[i]a*. Voir Tyard, *Mantice*, éd. J. Céard, *op. cit.*, p. 106-110 ; Pline, *Histoire naturelle*, 10, 47, 89-90 ; Rhodiginus, *Lectiones antiquæ*, 14, 11.

101 *Genèse* 2, 1-2 ; Giraldi, *De annis et mensibus*, p. 171-172. Voir Philon, *De opificio mundi*, 30, 89 ; S. Augustin, *De Genesi contra Manichæos*, 1, 22, 33-34, *De Genesi ad litteram* 4, 8-27, *La Cité de Dieu*, 15, 12 ; *De Trinitate*, 4, 4 ; Bède, *De temporum ratione*, 8, et *De temporibus liber*, 4 ; Flavius Josèphe, *Antiquités judaïques*, 1, 33 ; Stöffler, *Calendarium romanum magnum*, f. 4v° ; Léon l'Hébreu, *Dialogues d'amour*, p. 331 ; Rhodiginus, *Lectiones antiquæ*, 13, 21 ; Mesmes, *Les Institutions astronomiques*, p. 28 ; Bodin, *Les Six Livres de la République*, 1, 1 ; Gaza, *Liber de mensibus*, p. 166-167 ; Polydore Vergile, *De inventoribus rerum*, 5, 7, p. 327-328, 6, 5, p. 383-384, et 6, 7, p. 390-391.

102 *Genèse* 2, 2-3 ; Philon, *De opificio mundi*, 30, 89.

103 *Apocalypse* 1, 10 ; Giraldi, *De annis et mensibus*, p. 139, 171, et 178. Voir S. Augustin, *De Genesi ad litteram*, 4, 13, 24 ; Isidore, *Etymologiæ*, 5, 30, 9 ; Bède, *De temporibus liber*, 4, et *De temporum ratione*, 8 ; Stöffler, *Calendarium romanum magnum*, f. 4v° ; Pighius, *De ratione paschalis celebrationis*, f. 10v° ; Giorgio, *De harmonia mundi*, 1, 8, 14 ; Mesmes, *Les Institutions astronomiques*, p. 28 ; Gaza, *Liber de mensibus*, p. 166 ; Polydore Vergile, *De inventoribus rerum*, 6, 5. Selon Bède, *De temporum ratione*, 8, et Stöffler, *Calendarium romanum magnum*, f. 4v°, Sylvestre avait appliqué ce changement au calendrier liturgique.

104 Giraldi, *De Musis syntagma*, p. 88-90. Platon, *La République*, 617b ; Cicéron, *De natura deorum*, 2, 7, 19, et 3, 11, 27, *La République*. 6, 18-19 ; Pline, *Histoire naturelle*, 2, 19, 83, et 2, 20, 84 ; Censorinus, *De die natali*, 13, 1 ; Macrobe, *In somnium Scipionis*, 1, 1, 1-8 ; Boèce, *De institutione musica*, 1, 20 ; Bède, *De temporibus liber*, 4 ; Servius, *Comm. sur « l'Énéide »*, 11, 51 ; et Giorgio, *De harmonia mundi*, 1, 8, 16, décrivent l'harmonie parmi les planètes. Tyard, *Solitaire second*, « Les jours de la semaine » ; Isidore, *Etymologiæ*, 5, 30, 5-8 ; Stöffler, *Calendarium romanum magnum*, f. 4v° ; Giraldi, *De annis et mensibus*, p. 172 ; Gaza, *Liber de mensibus*, p. 166 ; et Polydore Vergile, *De inventoribus rerum*, 6, 5, considèrent le rapport entre les planètes et le temps terrestre.

105 Dans *Ephemerides*, préface f. a3, Tyard mentionne *Libro de dieta tertio* (Hippocrate). Cependant, le rapport entre les planètes et la santé est perçu essentiellement en fonction des saisons. Hippocrate, *Airs, Eaux, Lieux*, 1-11, *Humeurs*, 13-19, et *Aphorismes*, 3, 1-23. Sur le rapport entre les humeurs, les sept planètes et les jours, voir Giraldi, *De annis et mensibus*, p. 172-173 ; ainsi que Isidore, *Etymologiæ*, 5, 30, 8 ; Firmicus Maternus, *Mathesis*, 4, 1, 5-6.

106 Giraldi, *De annis et mensibus*, p. 119. Voir Stöffler, *Calendarium romanum magnum*, f. 7r°.

107 Stöffler, *Calendarium romanum magnum*, f. 57r°. Voir Pline, *Histoire naturelle*, 2, 6, 44-45.

108 Giraldi, dans *De annis et mensibus*, p. 71, donne comme étymologie de *mensis* le mot *grec* μήνη pour signifier la Lune. Bède, *De temporum ratione*, 11, considère la signification du mot *mensis* comme mesure, voyant ainsi la Lune comme la source ou un moyen de mesure. Voir Varron, *De lingua latina*, 6, 2, 10 ; Ovide, *Les Fastes*, 3, v. 883, qui écrit « *Luna regit mensis* » ; Plutarque, *Quæstiones romanæ, Moralia*, 269b-d et 282c-d ; Ps.-Ambroise, *Epistolæ*, 23, 18 ; Jérôme, *In Amos*, t. 25, 2, 4, et *In Ezechielem*, t. 25, 9, 29 ; Isidore, *Etymologiæ*, 5, 33, 1, et 6, 18, 10.

109 Alessandro Alessandri, *Genialium dierum*, f. 76v° (3, 24) ; Plutarque, *Numa, Vies*, 18, 2, et *César, Vies*, 59, 2-3 ; Macrobe, *Saturnalia*, 1, 12, et 1, 13, 1 ; Solin, *Polyhistor*, 1, 34.

110 Quinte-Curce, *Historiæ Alexandri Magni*, 8, 9, 35.

111 Alessandro Alessandri, *Genialium dierum*, f. 76v° (3, 24). Voir Tite-Live, *Ab urbe condita*, 1, 19, 6 ; Plutarque, *Numa, Vies*, 18, 2, et *César, Vies*, 59, 1-3 ; Macrobe, *Saturnalia*, 1, 12, 38, et 1, 13, 1-3 ; Gaza, *Liber de mensibus*, p. 159-160.

112 Plutarque, *Numa, Vies*, 18, 3. Voir Varron, *De lingua latina*, 6, 4, 34 ; Plutarque, *César, Vies*, 59, 2 ; Ovide, *Les Fastes* 1, v. 43-44 ; Solin, *Polyhistor*, 1, 38 ; Macrobe, *Saturnalia*, 1, 12, 38-39, et 1, 13, 1-3 ; Isidore, *Etymologiæ*, 5, 33, 3 ; Bède, *De temporibus liber*, 6, et *De temporum ratione*, 12 ; Stöffler, *Calendarium romanum magnum*, f. 43v° ; Gaza, *Liber de mensibus*, p. 160 ; Pighius, *De ratione paschalis celebrationis*, f. 4v° ; Polydore Vergile, *De inventoribus rerum*, 2, 4.

113 Giraldi, *De annis et mensibus*, p. 71-72. Voir Plutarque, *Numa, Vies*, 18, 2, et *César, Vies*, 59, 1-3 ; Censorinus, *De die natali*, 22, 2 ; Isidore, *Etymologiæ*, 6, 17, 30 ; Bède, *De temporum ratione*, 11 ; Firmicus Maternus, *Mathesis*, 4, 1, 10 ; Reinhold, *Theoricæ novæ*, f. 63r° ; Gaza, *Liber de mensibus*, p. 159-160. Voir aussi Bède, *Opera de temporibus*, éd. C. W. Jones, p. 347, n. 45.

114 Reinhold, *Theoricæ novæ*, f. 63r°. Voir Pline, *Histoire naturelle*, 2, 6, 44 ; Bède, *De temporum ratione*, 11 ; Stöffler, *Calendarium romanum magnum*, f. 4r°.

115 Giraldi, *De annis et mensibus*, p. 72. Voir Censorinus, *De die natali*, 22, 3 et 6-8 ; Stöffler, *Calendarium romanum magnum*, f. 4r°.

116 Giraldi, *De annis et mensibus*, p. 119-121. Voir Varron, *De lingua latina*, 6, 4, 27 ; Plutarque, *Galba, Vies*, 22, 3, et *Quæstiones romanæ, Moralia*, 269b-d ; Macrobe, *Saturnalia*, 1, 15, 10-11 ; Isidore, *Etymologiæ*, 5, 33, 12 ; Bède, *De temporum ratione*, 13, et *De temporibus liber*, 6 ; Gaza, *Liber de mensibus*, p. 164-165 ; Polydore Vergile, *De inventoribus rerum*, 2, 4.

117 Plutarque, *Quæstiones romanæ, Moralia*, 269c-d. Voir Giraldi, *De annis et mensibus*, p. 122 ; Gaza, *Liber de mensibus*, p. 164-165 ; Polydore Vergile, *De inventoribus rerum*, 2, 4.

118 Plutarque, *Quæstiones romanæ, Moralia*, 269d, cité par Giraldi, *De annis et mensibus*, p. 122-123. Voir Varron, *De lingua latina*, 6, 4, 28 ; Macrobe, *Saturnalia*, 1, 15, 16 ; Bède, *De temporum ratione*, 13 ; Gaza, *Liber de mensibus*, p. 164-165 ; Petau, *Opus de doctrina temporum*, 2, 74.

119 Giraldi, *De annis et mensibus*, p. 122-123. Voir Varron, *De lingua latina*, 6, 4, 28 ; Plutarque, *Numa, Vies*, 2, 1, *Camille, Vies*, 33, 6-7 et *Quæstiones romanæ, Moralia*, 269d ; Macrobe, *Saturnalia*, 1, 15, 13 ; Bède, *De temporum ratione*, 13, et *De temporibus liber*, 6 ; Polydore Vergile, *De inventoribus rerum*, 2, 4.

120 Plutarque, *Quæstiones romanæ, Moralia*, 269c et 270b ; Macrobe, *Saturnalia*, 1, 15, 7 ; Petau, *Opus de doctrina temporum*, 2, 74.

121 Plutarque, *Quæstiones romanæ, Moralia*, 270b ; Macrobe, *Saturnalia*, 1, 15, 7. Voir Petau, *Opus de doctrina temporum*, 2, 74 ; Polydore Vergile, *De inventoribus rerum*, 2, 4.

122 Giraldi, *De annis et mensibus*, p. 120-124. Voir Plutarque, *Quæstiones romanæ, Moralia*, 269d ; Isidore, *Etymologiæ*, 6, 18, 10 ; Bède, *De temporum ratione*, 14 ; Polydore Vergile, *De inventoribus rerum*, 2, 4.

123 Diogène Laërce, *Épicure, Vies*, 10, 18.

124 Plutarque, *Solon, Vies*, 25, 4-5 ; Isidore, *Etymologiæ*, 3, 55.

125 Plutarque, *Quæstiones romanæ, Moralia*, 282c-d ; Giraldi, *De annis et mensibus*, p. 97, et *De deis gentium*, p. 138. Voir Varron, *De lingua latina*, 5, 10, 69 ; Cicéron, *De natura deorum*, 2, 27, 68 ; Macrobe, *Saturnalia*, 1, 9, 15 et 1, 15, 19 ; Rhodiginus, *Lectiones antiquæ*, 25, 30.

126 Plutarque, *Numa, Vies*, 19, 5-6 et *Quæstiones romanæ, Moralia*, 268b-c, 269a, et 274e-f ; Ovide, *Les Fastes*, 1, v. 65 et 1, v. 129-130 ; Censorinus, *De die natali*, 22, 13 ; Dion

Cassius, *Histoire romaine*, 1, 6, 6-7 ; Macrobe, *Saturnalia*, 1, 7, 19 ; Isidore, *Etymologiæ*, 5, 33, 3 ; Bède, *De temporum ratione*, 12, et *De temporibus liber*, 6 ; H. C. Agrippa, *De occulta philosophia*, 3, 35 ; Giraldi, *De annis et mensibus*, p. 82-83, et *De deis gentium*, p. 137.

127 Giraldi, *De annis et mensibus*, p. 65, et *De deis gentium*, p. 138 ; Léon l'Hébreu, *Dialogues d'amour*, p. 331. Voir S. Augustin, *La Cité de Dieu*, 7, 4-10 ; Sebastian Münster, *La cosmographie universelle de tout le monde*, 1, p. 67-68 ; Le Fèvre de La Boderie, *La Galliade*, 2, v. 885-888.

128 Pline, *Histoire naturelle*, 34, 16, 33, cité par Macrobe, *Saturnalia*, 1, 13, 3, et Giraldi, *De deis gentium*, p. 135.

129 Giraldi, *De deis gentium*, p. 135-137. Voir Pline, *Histoire naturelle*, 34, 16, 33 ; Macrobe, *Saturnalia*, 1, 9, 13 et 1, 9, 15.

130 Plutarque, *Démétrios, Vies*, 26, 1-2.

131 Giraldi, *De deis gentium*, p. 135.

132 Giraldi, *De annis et mensibus*, p. 97, et *De deis gentium*, p. 309 et 421. Ovide, *Les Fastes*, 2, v. 21-38 et 153-192, et *Les Métamorphoses*, 2, v. 409-507.

133 Giraldi, *De annis et mensibus*, p. 97, et *De deis gentium*, p. 421. Voir Varron, *De lingua latina*, 6, 3, 13 et 6, 4, 34 ; Polydore Vergile, *De inventoribus rerum*, 2, 4.

134 À Rome, le festival était appelé *Lupercalia* ou le festival de purification. Voir Varron, *De lingua latina*, 6, 3, 13 ; Plutarque, *Romulus, Vies*, 21, 3, *Numa, Vies*, 19, 5, et *Quæstiones romanæ, Moralia*, 288b-e ; Polydore Vergile, *De inventoribus rerum*, 2, 14, et 7, 6. Giraldi, *De annis et mensibus*, p. 83-84, et *De deis gentium*, p. 449-450, et Macrobe, *Saturnalia*, 1, 13, 3. Voir Varron, *De lingua latina*, 6, 4, 34 ; Plutarque, *Romulus, Vies*, 21, 3-8, et *Numa, Vies*, 19, 5 ; Censorinus, *De die natali*, 22, 14-15 ; S. Augustin, *La Cité de Dieu*, 7, 7 ; Isidore, *Etymologiæ*, 5, 33, 4 ; Bède, *De temporum ratione*, 12, et *De temporibus liber*, 6.

135 Varron, *De lingua latina*, 6, 3, 13 ; Ovide, *Les Fastes*, 2, v. 512-570 ; Plutarque, *Numa, Vies*, 19, 5, et *Quæstiones romanæ, Moralia*, 268b et 272d ; Bède, *De temporum ratione*, 12 ; Giraldi, *De deis gentium*, p. 449-450.

136 Alessandro Alessandri, *Genialium dierum*, f. 77r° (3, 24) ; Rhodiginus, *Lectiones antiquæ*, 25, 30. Voir Giraldi, *De deis gentium*, p. 140.

137 Varron, *De lingua latina*, 6, 4, 33 ; Ovide, *Les Fastes*, 3, v. 11-86 ; Plutarque, *Romulus, Vies*, 2, 3, et *Numa, Vies*, 19, 2 et 5-6, et *Quæstiones romanæ, Moralia*, 268b ; Censorinus, *De die natali*, 22, 11 ; Macrobe, *Saturnalia*, 1, 12, 5 ; Alessandro Alessandri, *Genialium dierum*, f. 77r° (3, 24) ; Giraldi, *De annis et mensibus*, p. 73. Ovide, *Les Fastes* 1, v. 39, Isidore, *Etymologiæ*, 5, 33, 5 6, et Bède, *De temporum ratione*, 12, notent que mars est le premier mois ; Giorgio, *De harmonia mundi*, 2, 3, 13, décrit mars comme le premier mois qui suit la tradition hébraïque de nisan, ou les Pâques qui dénotent le début de l'année.

138 Ovide, *Les Fastes*, 3, v. 852-853. Voir Tyard, *Mantice*, éd. J. Céard, *op. cit.*, p. 82, et *Le Premier Curieux*, p. 77.

139 Giraldi, *De annis et mensibus*, p. 98. Voir Suidas, 2, p. 182-183 ; Alessandro Alessandri, *Genialium dierum*, f. 77r° (3, 24) ; Gaza, *Liber de mensibus*, p. 155-156.

140 Diogène Laërce, *Épiménide, Vies*, 1, 10, 114 ; Giraldi, *De deis gentium*, p. 20-21.

141 Ovide, *Les Fastes*, 1, v. 39, et 4, v. 13-14, 25-38, et 57-60 ; Plutarque, *Numa, Vies*, 19, 2, et *Quæstiones romanæ, Moralia*, 284f-285a ; Censorinus, *De die natali*, 22, 9 ; Isidore, *Etymologiæ*, 5, 33, 7 ; Alessandro Alessandri, *Genialium dierum*, f. 77r° (3, 24) ; Stöffler, *Calendarium romanum magnum*, f. 44r° ; et Rhodiginus, *Lectiones antiquæ*, 25, 30. Varron, *De lingua latina*, 6, 4, 33, raconte le mythe de Vénus et souligne son importance, mais il voit la désignation du mois comme étant due à Servius Fulvius Flaccus, consul (135 av. J.-C.), plutôt qu'à Néron.

142 Giraldi, *De annis et mensibus*, p. 76, et *De deis gentium*, p. 329. Voir Ovide, *Les Fastes*, 4, v. 61-62 ; Censorinus, *De die natali*, 22, 9 ; Macrobe, *Saturnalia*, 1, 12, 8 ; Alessandro Alessandri, *Genialium dierum*, f. 77r° (3, 24) ; Mesmes, *Les Institutions astronomiques*, p. 32 ; Polydore Vergile, *De inventoribus rerum*, 2, 4.

143 Giraldi, *De annis et mensibus*, p. 76. Voir Varron, *De lingua latina*, 6, 4, 33 ; Ovide, *Les Fastes*, 4, v. 87-90 ; Virgile, *Géorgiques*, 1, v. 217, et Servius, *Comm. sur les « Géorgiques »*, 1, 43 ; Plutarque, *Numa, Vies*, 19, 2-4 ; Censorinus, *De die natali*, 22, 11 ; Macrobe, *Saturnalia*, 1, 12, 14 ; Isidore, *Etymologiæ*, 5, 33, 7 ; Bède, *De temporibus liber*, 6, et *De temporum ratione*, 12.

144 Ovide, *Les Fastes*, 4, v. 131-132. Voir Giraldi, *De re nautica libellus*, p. 88, et *De deis gentium*, p. 340.

145 Giraldi, *De annis et mensibus*, p. 98-99, 104, et *De deis gentium*, p. 422. Voir Suidas, 1, p. 1290 ; Gaza, *Liber de mensibus*, p. 155-156.

146 Macrobe, *Saturnalia*, 1, 12, 14. Voir Suidas, 1, p. 287 ; Gaza, *Liber de mensibus*, p. 158.

147 Sur la tradition du festival de *Floralia*, voir Ovide, *Les Fastes*, 4, v. 947 et 5, v. 183-188, qui le date du 28 avril et du 3 mai. Giraldi, *De deis gentium*, p. 42, le date comme « *quarto Calend. Maij* ». Varron, *De lingua latina*, 6, 3, 16, parle du festival *Robigalia* où les *Robigalia* ou les filles de Robigus offrent un sacrifice à Vénus afin que la rouille ou *robigo* ne prenne pas possession de la moisson. Selon Ovide, *Les Fastes*, 4, v. 905-942, on célébrait le festival VII kal. ou le 25 avril. Voir Giraldi, *De deis gentium*, p. 44. Ovide, *Les Fastes*, 4, v. 863-900, parle aussi du festival de *Vinalia* qui avait lieu le 19 ou le 23 avril et qui marque l'anniversaire du temple dédié à Vénus. Voir aussi Varron, *De lingua latina*, 6, 3, 16.

148 Varron, *De lingua latina*, 6, 4, 33 ; Ovide, *Les Fastes*, 1, v. 41, 5, v. 53-78, 427, et 6, v. 84-88 ; Plutarque, *Numa, Vies*, 19, 3, et *Quæstiones romanæ, Moralia*, 285b ; Censorinus, *De die natali*, 22, 9 ; Macrobe, *Saturnalia*, 1, 12, 16 ; Isidore, *Etymologiæ*, 5, 33, 8 ; Bède, *De temporum ratione*, 12 ; Servius, *Comm. sur les « Géorgiques »*, 1, 43.

149 Voir surtout Ovide, *Les Fastes*, 1, v. 41, et 5, v. 53-78, 427.

150 Macrobe, *Saturnalia*, 1, 12, 17. Voir Ovide, *Les Fastes*, 4, v. 174, et 5, v. 85-86.

151 Macrobe, *Saturnalia*, 1, 12, 18. Voir Aulu-Gelle, *Les Nuits attiques*, 13, 23, 2 ; Censorinus, *De die natali*, 20, 12.

152 Macrobe, *Saturnalia*, 1, 12, 20-22. Voir Ovide, *Les Fastes*, 5, v. 148, 183-274, surtout v. 261-272.

153 Macrobe, *Saturnalia*, 1, 12, 19 ; Giraldi, *De annis et mensibus*, p. 77 et 99-100. Voir Ovide, *Les Fastes*, 5, v. 103-106, 183-274, et 447 ; Plutarque, *Numa*, *Vies*, 19, 3, et *Quæstiones romanæ*, *Moralia*, 285b ; Censorinus, *De die natali*, 20, 12 ; Isidore, *Etymologiæ*, 5, 33, 8 ; Bède, *De temporum ratione*, 12, et *De temporibus liber*, 6 ; Gaza, *Liber de mensibus*, p. 155-156.

154 Giraldi, *De deis gentium*, p. 420. Voir Plutarque, *Thésée, Vies*, 25, 3 ; Suidas, 1, 847 ; Gaza, *Liber de mensibus*, p. 156-158.

155 Suidas, 1, p. 572 : « βοῦς ἐπὶ γλώττης » (« le bœuf sur la langue »).

156 Macrobe, *Saturnalia*, 1, 12, 30. Voir Varron, *De lingua latina*, 6, 4, 33 ; Ovide, *Les Fastes*, 1, v. 41 ; 5, v. 77-78 ; et 6, v. 88 ; Plutarque, *Numa, Vies*, 19, 3, et *Quæstiones romanæ, Moralia*, 284f-285b ; Censorinus, *De die natali*, 22, 12 ; Isidore, *Etymologiæ*, 5, 33, 9-10.

157 Macrobe, *Saturnalia*, 1, 12, 31. Voir Isidore, *Etymologiæ*, 5, 33, 9 ; Bède, *De temporum ratione*, 12 ; Giraldi, *De annis et mensibus*, p. 79 et 106-107, et *De deis gentium*, p. 137-138. Il est important de noter qu'Ovide, *Les Fastes*, 6, v. 26 et 56, Macrobe, *Saturnalia*, 1, 12, 30, et Bède, *De temporibus liber*, 6, voient l'origine du vocable « juin » comme étant Junon.

158 Giraldi, *De annis et mensibus*, p. 79, et *De deis gentium*, p. 43. Voir Ovide, *Les Fastes*, 6, v. 101-196 ; Macrobe, *Saturnalia*, 1, 12, 31-33.

159 Giraldi, *De annis et mensibus*, p. 79 ; Ovide, *Les Fastes*, 3, v. 195-228, et 6, v. 93-96.

160 Alessandro Alessandri, *Genialium dierum*, f. 77r° (3, 24). Voir Suidas, 2, p. 138.

161 Giraldi, *De annis et mensibus*, p. 90, et *De deis gentium*, p. 422 ; Suidas, 2, p. 138. Cependant, Gaza, *Liber de mensibus*, p. 157, considère le mois de juillet comme le deuxième mois.

162 Plutarque, *Numa, Vies*, 19, 4, cité par Giraldi, *De annis et mensibus*, p. 85. Voir Censorinus, *De die natali*, 22, 16 ; Macrobe, *Saturnalia*, 1, 12, 34 ; Isidore, *Etymologiæ*, 5, 33, 10 ; Bède, *De temporum ratione*, 12, et *De temporibus liber*, 6 ; Stöffler, *Calendarium romanum magnum*, f. 44r° ; H. C. Agrippa, *De occulta philosophia*, 3, 35 ; Alessandro Alessandri, *Genialium dierum*, f. 77r° (3, 24).

163 Varron, *De lingua latina*, 6, 4, 34 ; Plutarque, *Numa, Vies*, 19, 3-4 et *Quæstiones romanæ, Moralia*, 268a ; Dion Cassius, *Histoire romaine*, 44, 5, 2-3 ; Censorinus, *De die natali*, 22, 13 ; Macrobe, *Saturnalia*, 1, 12, 5 ; Bède, *De temporum ratione*, 12, et *De temporibus liber*, 6.

164 Giraldi, *De annis et mensibus*, p. 85-86. Comme Tyard, Giraldi ne mentionne pas les trois victoires d'Auguste en Dalmatie, à Actium et à Alexandrie. Voir Plutarque, *Numa*, *Vies*, 19,

4 et *Marius*, *Vies*, 26, 4 ; Suétone, *Auguste*, *Vies des douze Césars*, 22 ; Censorinus, *De die natali*, 22, 16 ; Macrobe, *Saturnalia*, 1, 12, 35 ; Isidore, *Etymologiæ*, 5, 33, 10 ; Bède, *De temporum ratione*, 12, et *De temporibus liber*, 6 ; Stöffler, *Calendarium romanum magnum*, f. 44r° ; Alessandro Alessandri, *Genialium dierum*, f. 77r° (3, 24) ; H. C. Agrippa, *De occulta philosophia*, 3, 35.

165 Giraldi, *De annis et mensibus*, p. 90-91, et *De deis gentium*, p. 422. Voir Suidas, 1, p. 561 ; Gaza, *Liber de mensibus*, p. 156-157.

166 Giraldi, *De annis et mensibus*, p. 90-91 ; Plutarque, *Thésée, Vies*, 27, 3.

167 Plutarque, *Thésée, Vies*, 26, 3-5.

168 Giraldi, *De annis et mensibus*, p. 91 ; Rhodiginus, *Lectiones antiquæ*, 25, 30 ; Gaza, *Liber de mensibus*, p. 157-158.

169 Giraldi, *De annis et mensibus*, p. 92-93. Pour une description d'Harpocrate, dieu grec puis égyptien du silence, voir en particulier, Varron, *De lingua latina*, 5, 10, 57 ; et Giraldi, *De deis gentium* p. 55.

170 Giraldi, *De annis et mensibus*, p. 80. Voir Isidore, *Etymologiæ*, 5, 33, 11 ; Bède, *De temporum ratione*, 12 ; Rhodiginus, *Lectiones antiquæ*, 25, 30 ; Stöffler, *Calendarium romanum magnum*, f. 44r°.

171 Plutarque, *Numa, Vies*, 19, 4 ; Macrobe, *Saturnalia*, 1, 12, 36-37.

172 Plutarque, *Thésée, Vies*, 22, 4-5 ; Giraldi, *De annis et mensibus*, p. 94. Voir Suidas, 2, 653.

173 Plutarque, *Thésée, Vies*, 22, 2-4 ; Giraldi, *De annis et mensibus*, p. 94, et *De deis gentium*, p. 422.

174 Plutarque, *Thésée, Vies*, 22, 2-7 ; Giraldi, *De deis gentium*, p. 421-422 ; Gaza, *Liber de mensibus*, p. 157-158. Giraldi, *De annis et mensibus*, p. 94, relate le mythe mais ne fait pas allusion au festival.

175 Giraldi, *De annis et mensibus*, p. 81 et *De deis gentium*, p. 304. Rhodiginus, *Lectiones antiquæ*, 25, 30.

176 Giraldi, *De annis et mensibus*, p. 68. Il est significatif que, selon Isidore, *Etymologiæ*, 5, 34, 3, l'année se divise en deux saisons qui correspondent aux équinoxes : l'été entre le 23 mars et le 22 septembre et l'hiver entre le 23 septembre et le 22 mars.

177 Macrobe, *Saturnalia*, 1, 7, 21-22. Voir Ovide, *Les Fastes*, 1, v. 233-240 ; Plutarque, *Quæstiones romanæ, Moralia* 274e-f ; Pline, *Histoire naturelle*, 33, 13, 45 ; Giraldi, *De annis et mensibus*, p. 82 et *De deis gentium*, p. 121 et 136.

178 Varron, *De lingua latina*, 6, 3, 22 ; Plutarque, *Quæstiones romanæ, Moralia*, 272e ; Macrobe, *Saturnalia*, 1, 7, 23-24 et 1, 10 ; Giraldi, *De annis et mensibus*, p. 82 et *De deis gentium*, p. 121.

179 Giraldi, *De annis et mensibus*, p. 96. Voir Suidas, 1, 179 ; Gaza, *Liber de mensibus*, p. 154-155.

180 Rhodiginus, *Lectiones antiquæ*, 25, 30.

181 Varron, *De lingua latina*, 6, 2, 8 ; Giraldi, *De annis et mensibus*, p. 13-15.

182 Varron, *De lingua latina*, 6, 2, 8 ; Giraldi, *De annis et mensibus*, p. 13-15. Voir Aristote, *De cælo*, 279a18-279a28 ; Macrobe, *Saturnalia*, 1, 14, 5, qui cite Virgile, *Énéide*, 3, v. 284 ; Isidore, *Etymologiæ*, 5, 36, 1, qui cite Virgile, *Géorgiques*, 2, v. 402 ; Maurolico, *Cosmographia*, f. 55v°.

183 Platon, *Timée*, 39d-40b ; Géminos, *Isagoge*, 8 ; Ps.-Plutarque, *Des opinions des philosophes, Moralia*, 2, 32, 892c ; Censorinus, *De die natali*, 18, 1 et 11, et 19, 1. Voir Cicéron, *De natura deorum*, 2, 50, 51, et *De Finibus Bonorum et Malorum*, 2, 31, 102 ; Macrobe, *Saturnalia*, 1, 14, 4, et *In somnium Scipionis*, 2, 11, 5-10 ; Bède, *De temporibus liber*, 9.

184 Dans *Le Premier Curieux*, Tyard fait constater par le Curieux : « Quant aux mouvemens des Planettes, ils sont continuez d'une tant admirable et belle inconstance, voyageans par leurs spheres, ores plus, ores moins hastivement, d'un ordre toutefois tant invariablement suivy et recommencé : que le nom d'Erratiques, de vagabondes, ou de Planettes, leur semble estre donné peu à propos » (p. 82). Voir aussi, Tyard, *Le Premier Curieux*, p. 67-83. Selon Censorinus, *De die natali*, 7-9, l'idée est originellement de Pythagore. Cicéron, *Tusculanes*, 1, 28, 68, offre peut-être le résumé le plus clair de ce concept, en énumérant les sept étoiles en mouvement, ou planètes, dont la trajectoire est mesurée par rapport aux étoiles fixes. Voir Platon, *Timée* 38e-39e, 40b ; Cicéron, *Tusculanes*, 1, 25, 62 et *De natura deorum*, 2, 7, 19-20 ; Bède, *De temporum ratione*, 36 ; Stöffler, *Calendarium romanum magnum*, f. 4v° ; Fracastoro, *Homocentrica*, f. 4r°-v° ; Bassantin, *Astronomique discours*, p. 57 ; Mesmes, *Les Institutions astronomiques*, p. 5-6 et 24 ; Clavius, *In sphæram Joannis de Sacro Bosco*, p. 72-75 ; Polydore Vergile, *De inventoribus rerum*, 6, 5.

185 Fracastoro, *Homocentrica*, f. 5r°. Voir aussi Pline, *Histoire naturelle*, 2, 6, 44, Bède, *De temporum ratione*, 36, et Clavius, *In sphæram Joannis de Sacro Bosco commentarius*, p. 41, 49, et 57, estiment cette durée comme étant de 27 jours et 8 heures. Selon Mesmes, *Les Institutions astronomiques*, p. 49, elle serait de 29 jours, 12 heures. Dans *Le Premier Curieux*, p. 99, Tyard détermine la révolution de la lune autour de la Terre comme étant de 27 jours, 13 heures, 18 minutes ; cité par Reinhold, *Theoricæ novæ* (voir J. Céard, *Le Premier Curieux*, p. 217, n. 190). Voir aussi Jean Bodin, *Les Six Livres de la République*, p. 430.

186 Reisch, *Margarita philosophica*, 7, 1, 32-33, et Fracastoro, *Homocentrica*, f. 35r°, ne parlent que du soleil, en indiquant une durée approximative de 365 jours. Pline, *Histoire naturelle*, 2, 6, 35, donne le même temps pour la circulation du soleil, mais il note la révolution de Vénus comme étant de 348 jours (*Histoire naturelle*, 2, 6, 38) et celle de Mercure de neuf jours plus rapide (*Histoire naturelle*, 2, 6, 39). Johannes de Sacrobosco, *Sphæra*, p. 28, indique une durée de 365 jours et 6 heures en ce qui concerne la circulation du soleil et une période comparable à la circulation de Vénus et de Mercure. Voir Tyard, *Le Premier Curieux*, p. 94-95, et Cicéron, *De natura deorum*, 2, 19, 49 et 2, 20, 53.

187 Fracastoro, *Homocentrica*, f. 33v°-34v°. Tyard, *Le Premier Curieux*, p. 83 et 159 ; Cicéron, *De natura deorum*, 2, 20, 53, Pline, *Histoire naturelle*, 2, 6, 34, Reisch, *Margarita philosophica*, 7, 1, 30, et Clavius, *In sphæram Joannis de Sacro Bosco commentarius*, p. 41 et 49, indiquent une durée approximative de deux ans.

188 Fracastoro, *Homocentrica*, f. 32r°, donne une durée de onze ans, 313 jours, et 20 heures. Tyard, *Le Premier Curieux*, p. 82 et 159, Cicéron, *De natura deorum*, 2, 20, 52, Pline, *Histoire naturelle*, 2, 6, 34, Reisch, *Margarita philosophica*, 7, 1, 29, Mesmes, *Les Institutions astronomiques*, p. 30, et Clavius, *In sphæram Joannis de Sacro Bosco commentarius*, p. 41 et 49, indiquent une durée approximative de douze ans.

189 Selon Fracastoro, *Homocentrica*, f. 31v°, la révolution s'accomplit en 29 ans solaires, 162 jours, et 12 heures. Cicéron, *De natura deorum*, 2, 20, 52, Pline, *Histoire naturelle*, 2, 6, 32, et 2, 6, 34, et Clavius, *In sphæram Joannis de Sacro Bosco commentarius*, p. 41 et 49, indiquent une durée approximative de 30 ans solaires. Tyard, dans *Le Premier Curieux*, p. 82 et 158-159, note une durée de 29 ans solaires et quelques jours, et Mesmes, dans *Les Institutions astronomiques*, p. 25, note 30 ans solaires puis, à la page 28, soustrait 155 jours.

190 Giraldi, *De annis et mensibus*, p. 15-16 ; Censorinus, *De die natali*, 18, 11. Voir Platon, *Timée*, 22c ; Diogène Laërce, *Zénon, Vies*, 7, 141-142 ; Cicéron, *La République*, 6, 23-24 ; Sénèque, *Questions naturelles*, 3, 28-29 ; S. Augustin, *La Cité de Dieu*, 12, 13 ; Macrobe, *In somnium Scipionis*, 2, 10, 12-13 ; Firmicus Maternus, *Mathesis*, 3, 1, 9. Holt N. Parker, Censorinus, *The Birthday Book*, p. 93, n. 11, donne une liste de références plus inclusive.

191 Giraldi, *De annis et mensibus*, p. 187-188. Voir Macrobe, *Saturnalia*, 1, 12, 10 et 1, 21, 18-19 ; Stöffler, *Calendarium romanum magnum*, f. 61v°-63v° ; Firmicus Maternus, *Astronomicon*, p. 25.

192 Giraldi, *De annis et mensibus*, p. 187-188. Voir Macrobe, *Saturnalia*, 1, 12, 11, et 1, 21, 24-25.

193 Bède offre peut-être la meilleure définition d'une « grande année » : « *Annus magnus est, cum omnia simul errantia sidera ad sua quæque loca, quæ simul habuere, recurrunt* » (*De temporum ratione*, 36, p. 249). Les calendriers fondés sur la rotation de la lune ou du soleil conduisent à constater des écarts : l'année lunaire qui mesure l'évolution de la lune autour de la Terre contient douze mois lunaires de 29 jours et demi (ou environ 354 jours) ; l'année solaire qui assimile la rotation de la Terre autour du soleil est de 365 jours et quart. Il fallait pallier ce manque d'environ dix jours apparaissant dans un calendrier lunisolaire que Tyard réexamine. Puisque tous les corps célestes retournent à leur position originelle, cette synchronisation ou harmonisation de ces corps est appelée « la grande année ». Censorinus, *De die natali*, 18, résume clairement et succinctement l'histoire des tentatives de réconciliation des parcours lunaires et solaires (ou tropicaux) qui désignent la « grande année ». Voir Platon, *Timée*, 39d, *Le Politique*, 270a, et *La République*, 546 b ; Cicéron, *De natura deorum*, 2, 20, 51, et *Des termes extrêmes des biens et des maux*, 2, 102 ; Pline, *Histoire naturelle*, 2, 6, 40 ; Ps.-Plutarque, *Des opinions des philosophes*, *Moralia*, 2, 32, 892c ; Sénèque, *Questions naturelles*, 3, 29, 1 ; Géminos, *Isagoge*, 8 ; Macrobe, *Saturnalia*, 1, 14, 4 ; Isidore, *Etymologiæ*, 5, 36, 3 ; Servius, *Comm. sur « l'Énéide »*, 1, 269 ; Ficin, *Theologia platonica*, 4, 2 et 17, 3 ; Giraldi, *De annis et mensibus*, p. 15-18.

194 Giraldi, *De annis et mensibus*, p. 16, fait allusion au dialogue *Timée* de Platon. Cependant, Platon, *Timée* 39d, définit la mesure parfaite du temps comme étant entre 10 000 et 36 000 ans solaires. Voir Tyard, *Le Premier Curieux*, p. 73 ; Clavius, *In sphæram Joannis de Sacro Bosco commentarius*, p. 55-56 et 259 ; Reinhold, *Theoricæ novæ*, f. 20r°-v°.

195 Platon, *La République*, 546b ; Tyard, *Le Premier Curieux*, p. 70. Voir Clavius, *In sphæram Joannis de Sacro Bosco commentarius*, p. 49 et 56 ; Le Roy, *De la vicissitude et variété des choses de l'Univers*, f. 1r°-v°.

196 Giraldi, *De annis et mensibus*, p. 16 : « *Hunc autem fieri physici, ut Macrobius scribit, volunt post annos XV. mil. peractos, mundanusque annus nominatur* ». Macrobe, *In somnium Scipionis*, 2, 13-15, offre des commentaires sur Cicéron, *La République*, livre VI. Voir Cicéron, *La République*, 2, 17, et 6, 23-24 ; Plutarque, *Romulus, Vies*, 27, 7 ; S. Augustin, *La Cité de Dieu*, 3, 15.

197 Dans *Le Premier Curieux*, p. 72, Tyard réfléchit à ce scepticisme, en citant les travaux d'Azarchele (ou Al-Zarqali) et Thebit (ou Thābit ibn Qurra) qui estiment la durée d'une « grande année » d'être 27 000 ans. Il fait aussi allusion à Regiomontanus qui définit la durée d'une « grande année » comme étant 28 000 ans. Cependant, les oublis de Tyard sont à remarquer. Par exemple, il ne fait pas allusion à la durée d'une « grande année » de 10 000 ans (voir Platon, *Timée*, 39d), de 1461 ans (voir Géminos, *Isagoge*, 8, 15 ; Ps.-Plutarque, *Des opinions des philosophes, Moralia*, 2, 32, 892c ; Firmicus Maternus, *Mathesis*, 1 proem. 5 et 3, 1, 9), ni de 23 760 ans, phénomène observé par Albategnius (ou Al-Battānī) et cité par Clavius, *In sphæram Joannis de Sacro Bosco commentarius*, p. 56. Voir Censorinus, *De die natali*, 18.

198 Voir Ps.-Plutarque, *Des opinions des philosophes, Moralia*, 2, 32, 892c ; Censorinus, *De die natali*, 18, 8.

199 Censorinus, *De die natali*, 18, 8. Voir Diodore de Sicile, *Bibliothèque historique*, 2, 47, 6, et 12, 36, 2-3 ; Géminos, *Isagoge*, 8, 48-58 ; Stöffler, *Calendarium romanum magnum*, f. 1v° ; Petau, *Opus de doctrina temporum*, 2, 9 ; Pighius, *De ratione paschalis celebrationis*, f. 27r°-28r° ; Alessandro Alessandri, *Genialium dierum*, f. 76v° (3, 24) ; Isidore, *Etymologiæ*, 6, 17, 32.

200 Censorinus, *De die natali*, 18, 8. Voir Géminos, *Isagoge*, 8, 59-60 ; Stöffler, *Calendarium romanum magnum*, f. 5r°.

201 Censorinus, *De die natali*, 18, 9. Voir Pline, *Histoire naturelle*, 2, 24, 95 ; Géminos, *Isagoge*, 8, 57-60 ; Servius, *Comm. sur « l'Énéide »*, 5, 49.

202 Giraldi, *De annis et mensibus*, p. 32-34. Voir Bède, *De temporibus liber*, 13 ; Stöffler, *Calendarium romanum magnum*, f. 2v°.

203 *Lévitique*, 25, 3-4. Voir *Exode*, 23, 11 ; *Deutéronome*, 15, 1-11. Giraldi, *De annis et mensibus*, p. 170-171 ; Flavius Josèphe, *Antiquités judaïques*, 3, 281 ; Bède, *De temporum ratione*, 8 ; H. C. Agrippa, *De occulta philosophia*, 2, 10 ; Léon l'Hébreu, *Dialogues d'amour*, p. 332 ; Tyard, *Le Premier Curieux*, p. 73 ; Reinhold, *Theoricæ novæ*, f. 230v° ; Polydore Vergile, *De inventoribus rerum*, 8, 1.

204 *Lévitique*, 25, 8-17. Voir Giraldi, *De annis et mensibus*, p. 30-31 ; Jérôme, *Commentarii in Isaiam*, 2, 3, 3 ; Flavius Josèphe, *Antiquités judaïques*, 3, 281-284 ; Isidore, *Etymologiæ*, 5, 38, 1-2 ; Bède, *De temporibus liber*, 4, et *De temporum ratione*, 8 ; Bodin, *Les Six Livres de*

la République, 4, 2, p. 445 ; Léon l'Hébreu, *Dialogues d'amour*, p. 332 ; Tyard, *Le Premier Curieux*, p. 73 ; Reinhold, *Theoricæ novæ*, f. 230v° ; Polydore Vergile, *De inventoribus rerum*, 8, 1.

205 Ps.-Plutarque, *Des opinions des philosophes*, *Moralia*, 2, 32, 892d. Censorinus, *De die natali*, 18, 11, et Giraldi, *De annis et mensibus*, p. 16, comptent 10 800 ans.

206 Ps.-Plutarque, *Des opinions des philosophes, Moralia*, 2, 32, 892d.

207 Giraldi, *De annis et mensibus*, p. 16 ; Censorinus, *De die natali*, 18, 9-10. Voir Géminos, *Isagoge*, 8, 15 ; Rhodiginus, *Lectiones antiquæ*, 17, 27.

208 Plutarque, *Numa, Vies*, 18, 1, et *César, Vies*, 59, 2 ; Pline, *Histoire naturelle*, 2, 6, 35 ; Macrobe, *Saturnalia*, 1, 13, 8-20 ; 1, 14, 6 ; et 1, 14, 12-15 ; Bède, *De temporum ratione*, 40 ; Stöffler, *Calendarium romanum magnum*, f. 1r° ; Pighius, *De ratione paschalis celebrationis*, f. 5r° ; Alessandro Alessandri, *Genialium dierum*, f. 76v° (3, 24) ; Pierre Beausard, *Annuli astronomici*, f. 4r°-v° ; Polydore Vergile, *De inventoribus rerum*, 2, 4.

209 Censorinus, *De die natali*, 18, 10.

210 Stöffler, *Calendarium romanum magnum*, f. 37r°.

211 Macrobe, *Saturnalia*, 1, 14, 6, et 1, 14, 12-15.

212 Censorinus, *De die natali*, 18, 8. Voir Géminos, *Isagoge*, 8, 48-58 ; Diodore de Sicile, *Bibliothèque historique*, 12, 36, 2-4 ; Stöffler, *Calendarium romanum magnum*, f. 5r° et 42v°-43v° ; Tyard, *Le Premier Curieux*, p. 99-100.

213 Censorinus, *De die natali*, 18, 5-6. Voir Alessandro Alessandri, *Genialium dierum*, f. 76v°-77r° (3, 24). Sur les jeux grecs, voir Plutarque, *Quæstiones græcæ, Moralia*, 293c, et *De defectu oraculorum, Moralia*, 421c ; Pausanias, *Description de la Grèce*, 10, 7.

214 Giraldi, *De annis et mensibus*, p. 37-39, 43, 47 et 54-55. Voir Plutarque, *César, Vies*, 59 ; Censorinus, *De die natali*, 20, 8. Pour une description de la réforme de Jules César, voir Ovide, *Les Fastes*, 3, v. 155-166 ; Pline, *Histoire naturelle*, 2, 6, 35 ; Dion Cassius, *Histoire romaine*, 43, 26.

215 Giraldi, *De annis et mensibus*, p. 37 et 39 ; Censorinus, *De die natali*, 19, 5. Voir Plutarque, *Numa, Vies*, 18, 4, et *Quæstiones romanæ, Moralia*, 282a ; Solin, *Polyhistor*, 1, 34 ; Alessandro Alessandri, *Genialium dierum*, f. 76v° (3, 24) ; Maurolico, *Cosmographia*, f. 56v° ; Gaza, *Liber de mensibus*, p. 159 ; Polydore Vergile, *De inventoribus rerum*, 2, 4.

216 Giraldi, *De annis et mensibus*, p. 40 ; Censorinus, *De die natali*, 19, 7. Voir Plutarque, *Numa, Vies*, 18, 4 ; Macrobe, *Saturnalia*, 1, 12, 2 ; S. Augustin, *La Cité de Dieu*, 15, 12 ; Solin, *Polyhistor*, 1, 34 ; Alessandro Alessandri, *Genialium dierum*, f. 76v° (3, 24) ; Maurolico, *Cosmographia*, f. 56v° ; Polydore Vergile, *De inventoribus rerum*, 2, 4 ; Gaza, *Liber de mensibus*, p. 159.

217 Il semble que Tyard simplifie un calendrier complexe. Le premier calendrier égyptien était basé sur le cycle de l'étoile Sirius qui apparaissait à l'aube. Sur une période de quelques jours, l'étoile se levait peu avant l'aube, puis finalement à l'aube. Elle restait ensuite invisible pendant 70 jours. Ce cycle marquait une période qui était perçue comme la première des trois saisons : *akhet* ou inondation. Les deux autres saisons étaient consacrées aux plantes et à la récolte. Finalement, les astronomes égyptiens remarquèrent une relation entre ces trois périodes et la rotation de la Terre autour du Soleil. Voir Plutarque, *Numa, Vies*, 18, 4 ; Diodore de Sicile, *Bibliothèque historique*, 1, 50, 2 ; Strabon, *Géographie*, 17, 1, 29 et 46 ; Censorinus, *De die natali*, 19, 6 ; S. Augustin, *La Cité de Dieu*, 12, 11 et 15, 12 ; Isidore, *Etymologiæ*, 5, 33, 1-2 ; Bède, *De temporum ratione*, 37, et *De temporibus liber*, 5 ; Solin, *Polyhistor*, 1, 34-39 ; Polydore Vergile, *De inventoribus rerum*, 2, 4 ; Gaza, *Liber de mensibus*, p. 159-160 et 163. Un écart de 5 jours et quart entre le calendrier lunaire (12 mois × 30 jours = 360 jours) et le calendrier solaire de 365 jours et quart persistait. Les premiers Égyptiens ajoutèrent un treizième mois ; et un calendrier civil qui intercalait cinq jours à la fin de l'année fut ensuite développé. Il y manquait six heures ; un jour supplémentaire fut ajouté tous les quatre ans au calendrier lunisolaire et civil.

218 Giraldi, *De annis et mensibus*, p. 43 ; Censorinus, *De die natali*, 20, 2-3. Voir Plutarque, *Numa*, *Vies*, 18, 7, et 19, 7, et *Quæstiones romanæ*, *Moralia*, 268a-b ; Ovide, *Les Fastes*, 1, v. 27-32 ; Aulu-Gelle, *Les Nuits attiques*, 3, 16, 16 ; Macrobe, *Saturnalia*, 1, 12-14 ; Bède, *De temporum ratione*, 12, et *De temporibus liber*, 6 ; Servius, *Comm. sur les « Géorgiques »*, 1, 43 ; Solin, *Polyhistor*, 1, 35-38 ; Stöffler, *Calendarium romanum magnum*, f. 43v° ; Alessandro Alessandri, *Genialium dierum*, f. 76v° (3, 24) ; Maurolico, *Cosmographia*, f. 56v°-57r° ; Polydore Vergile, *De inventoribus rerum*, 2, 4 ; Gaza, *Liber de mensibus*, p. 159-160.

219 Plutarque, *Numa, Vies*, 18, 2-3 ; Solin, *Polyhistor*, 1, 34 ; Isidore, *Etymologiæ*, 6, 17, 24 ; Bède, *De temporum ratione*, 12 et 36 ; Alessandro Alessandri, *Genialium dierum*, f. 76v° (3, 24) ; Pighius, *De ratione paschalis celebrationis*, f. 5v°.

220 Giraldi, *De annis et mensibus*, p. 116 ; Tyard, *Le Premier Curieux*, p. 88. Voir Hérodote, *Histoires*, 2, 4 ; Ptolémée, *Almageste*, 3, 2 ; Bède, *De temporum ratione*, 11 ; Stöffler, *Calendarium romanum magnum*, f. 43v° ; Pighius, *De ratione paschalis celebrationis*, f. 3v° ; Polydore Vergile, *De inventoribus rerum*, 2, 4 ; Gaza, *Liber de mensibus*, p. 167.

221 Giraldi, *De annis et mensibus*, p. 40-41 et 128. Voir Plutarque, *Numa, Vies*, 18, 2 ; Diodore de Sicile, *Bibliothèque historique*, 1, 50, 2 ; Macrobe, *Saturnalia*, 1, 13, 4 et 10 ; Isidore, *Etymologiæ*, 6, 17, 29 ; Bède, *De temporum ratione*, 12 et 50 ; Stöffler, *Calendarium romanum magnum*, f. 48r°-v° ; Pighius, *De ratione paschalis celebrationis*, f. 5r° ; Polydore Vergile, *De inventoribus rerum*, 2, 4 ; Petau, *Opus de doctrina temporum*, 6, 22.

222 Giraldi, *De annis et mensibus*, p. 47-48 et 129-130. Voir Plutarque, *Numa, Vies*, 18, 2-3 ; Tite-Live, *Ab urbe condita*, 1, 19, 6 ; Macrobe, *Saturnalia*, 1, 13, 9-10 ; Isidore, *Etymologiæ*, 6, 17, 29-30 ; Bède, *De temporum ratione*, 9, et *De temporibus liber*, 13 ; Solin, *Polyhistor*, 1, 42 ; Stöffler, *Calendarium romanum magnum*, f. 1v°, 31r°, et 48v° ; Pighius, *De ratione paschalis celebrationis*, f. 5v° ; Petau, *Opus de doctrina temporum*, Prolegomena, 2.

223 Pausanias, *Description de la Grèce*, 5, 8, 2, cité par Diodore de Sicile, *Bibliothèque historique*, 3, 74, 4 ; 4, 14, 1-2 ; 4, 53, 4-6. Voir Plutarque, *Thésée, Vies*, 25, 5 ; Strabon, *Géographie*, 8, 3, 30 ; Suidas, 2, 296 ; Censorinus, *De die natali*, 18, 4 et 12 ; Rhodiginus, *Lectiones antiquæ*,

13, 17 ; Reinhold, *Prutenicæ tabulæ cœlestium motuum*, f. 21r° ; Giraldi, *De deis gentium*, p. 85. Reinhold, *Prutenicæ tabulæ cœlestium motuum*, f. 21r°, remarque que les Jeux Olympiques furent établis 408 ans après la guerre de Troie. Athénée, *Deipnosophistæ*, 14, 635, remarque qu'Iphyte (ou Iphitos) et Terpandre avaient reprogrammé les Jeux. Voir Pausanias, *Description de la Grèce*, 5, 8, 2, et 5, 20, 1 ; Strabon, *Géographie*, 8, 3, 33 ; Solin, *Polyhistor*, 1, 28 ; Reinhold, *Prutenicæ tabulæ cœlestium motuum*, f. 21r° ; Petau, *Opus de doctrina temporum*, 2, 73.

224 Giraldi, *De annis et mensibus*, p. 88-90. Voir Suidas, 1, 847 ; Bède, *De temporum ratione*, 36, et *De temporibus liber*, 9 ; Pighius, *De ratione paschalis celebrationis*, f. 5v°-6v° ; Alessandro Alessandri, *Genialium dierum*, f. 76r°-v° (3, 24) ; Gaza, *Liber de mensibus*, p. 156, 158-160.

225 Tyard fait allusion au cycle métonique. Afin de réconcilier les mois lunaires et les années solaires, l'astronome grec Méton a calculé que chaque cycle de dix-neuf années de temps solaire équivaudrait à 235 mois lunaires. Voir Giraldi, *De annis et mensibus*, p. 20-21 et 124 ; Stöffler, *Calendarium romanum magnum*, f. 46v°-48r° et 49v° ; Pighius, *De ratione paschalis celebrationis*, f. 13v°-14r° ; Tyard, *Le Premier Curieux*, p. 99-100. Les spécialistes des calendriers médiévaux ont noté que chaque dix-neuvième année était désignée comme étant une « année dorée », pratique établie par Alexandre de Villedieu dans *Massa compoti* (1200). Rappelons que les Athéniens abandonnèrent le cycle métonique après une courte période, mais qu'il fut adopté par l'empire séleucide. Voir E. G. Richards, *Mapping Time : The Calendar and its History*, p. 95-96.

226 Stöffler, *Calendarium romanum magnum*, f. 49r°, 50v°-51r° ; Pighius, *De ratione paschalis celebrationis*, f. 10r°.

227 Stöffler, *Calendarium romanum magnum*, f. 2r°, 3v°, 47v°, 55v°-56r°, 56v°-57r°, 60r°-v°. Voir Pighius, *De ratione paschalis celebrationis*, f. 15v°-16v°.

228 Giraldi, *De annis et mensibus*, p. 20-21 ; Petau, *Opus de doctrina temporum*, 2, 11.

229 Afin de conserver le calendrier lunaire, Callippe de Cyzique (env. 370-300 av. J.-C.) proposa une réforme du cycle métonique. Quatre cycles métoniques (19 ans × 4) produiraient une période calippique de 76 ans et un écart approximatif de 6 heures (1 h 27 min 33 s × 4). Dans les quatre périodes calippiques (76 ans × 4) ou en l'an 304, l'écart serait approximativement de 24 heures. Par conséquent, à la fin du quatrième cycle calippique, un jour serait omis, réconciliant ainsi les calculs lunaires et solaires. Hipparque (env. 180-125 av. J.-C.) comprit que l'année moyenne était de 365 jours et quart, mais qu'elle était toujours trop longue de 11 minutes. Il recommanda en conséquence la suppression d'un jour supplémentaire tous les 304 ans. En mentionnant l'écart d'un jour, Tyard semble confondre les réformes et approfondir l'écart du cycle métonique. Voir Giraldi, *De annis et mensibus*, p. 21 ; Censorinus, *De die natali*, 18, 8-9, ainsi que Diodore de Sicile, *Bibliothèque historique*, 12, 36, 2-4 ; Géminos, *Isagoge*, 8, 48-59 ; Servius, *Comm. sur « l'Énéide »*, 5, 49 ; Stöffler, *Calendarium romanum magnum*, f. 43v° ; Petau, *Opus de doctrina temporum*, 2, 9 ; 2, 14, et 4, 22. Voir aussi E. G. Richards, *Mapping Time*, p. 96, et Censorinus, *The Birthday Book*, p. 92-93.

230 Le Concile de Constance (1414-1418) est l'une des nombreuses rencontres où fut discutée la résolution du calendrier julien. Le nombre de jours dans une année de 365 jours et quart

se rapproche de 365,24219 jours solaires. Un tel écart résulterait de la différence d'un jour tous les 128 ans dans les calendriers, ce qui repousse Pâques de plus en plus loin. En fait, les participants du Concile de Nicée (20 mai-25 juillet 325 ap. J.-C.), convoqué par Constantin, s'étaient aperçus de cet écart. La résolution de ce problème fut toutefois repoussée. Pierre d'Ailly, astronome, fut nommé cardinal par le pape Jean XXIII en 1412. Celui-ci convoqua le Concile de Constance dans le but d'obtenir la révision des calculs aboutissant au calendrier. D'Ailly fonda ses propositions sur les recherches de Grosseteste, Sacrobosco et Roger Bacon ; par suite de la déposition de Jean XXIII en 1415 celles-ci ne furent pas mises en œuvre. Plus tard, les Conciles de Bâle (1434), de Rome (1512) et de Trente (1542) continuèrent à élaborer cette réforme. Voir E. G. Richards, *Mapping Time*, p. 240-241. L'astronome Regiomontanus (ou Monteregio, ou Johann Müller de Königsburg [1436-1476]) continua à poursuivre à Rome la réforme du calendrier. Nicolas Copernic (1473-1543), théoricien de la rotation de la Terre autour du soleil, révolutionna la pensée astronomique, et par extension les calculs aboutissant au calendrier.

231 Giraldi, *De annis et mensibus*, p. 47. Voir Macrobe, *Saturnalia*, 1, 13, 10.

232 Giraldi, *De annis et mensibus*, p. 47. Voir Censorinus, *De die natali*, 18, 9 ; Solin, *Polyhistor*, 1, 42 ; Macrobe, *Saturnalia*, 1, 13, 10.

233 *Genèse* 1, 5, et 1, 14-16. Voir Flavius Josèphe, *Antiquités judaïques*, 1, 31 ; Giorgio, *De harmonia mundi*, 1, 2, 10.

234 Giraldi, *De annis et mensibus*, p. 128-130. Flavius Josèphe, *Antiquités judaïques*, 1, 31 ; Petau, *Opus de doctrina temporum*, 2, 46 et 7, 17. D'après Jeffrey Satinover, *Cracking the Bible Code*, p. 266-272, la nouvelle lune est apparue pour la première fois à la quatorzième heure du sixième jour de la Création. Le terme « *molad* » (« naissance de la lune »), moment auquel apparaît une nouvelle lune, suggère la notion d'un rajeunissement où la conjonction du Soleil, de la Lune, et de la Terre aboutirait à un renouvellement de la vie. Ici Tyard fait allusion au « *Molad Thoou* », la « nouvelle lune au Chaos ». Selon la pensée rabbinique, une méthode pour calculer l'an 1 de l'Ère des Juifs (*Anno Mundi* ou *A.M.*) suppose une nouvelle lune primordiale, antérieure de douze mois à la Création d'Adam par Dieu. Puisqu'elle précède la Création même, cette lune est nommée *molad tohu* ou la nouvelle lune du chaos ou du vide. Au sujet du *molad tohu*, voir Edgar Frank, *Talmudic and Rabbinical Chronology*, p. 9-16, Jeffrey Satinover, *Cracking the Bible Code*, p. 264-275, et Émile Biémont, *Rythmes du temps*, p. 192 et 197-198.

235 Tyard rapproche le mythe de la réforme du calendrier égyptien. Sur le mythe, voir Plutarque, *Isis et Osiris, Moralia*, 355d-e ; et Diodore de Sicile, *Bibliothèque historique*, 1, 13, 4-5. Trois calendriers étaient utilisés dans l'ancienne Égypte : (1) lunisolaire ; (2) civil ; (3) lunaire. Les Égyptiens avaient développé un calendrier lunaire qui fut intégré au calendrier solaire. Divisée en douze mois de trente jours, l'année de 360 jours en comptait cinq de moins. Si l'étoile du Grand Chien (Sirius) se trouve apparaître au cours des derniers onze jours du dernier mois, un treizième mois de 29 ou de 30 jours devait être ajouté. Le calendrier civil correspondait jusqu'à un certain point au calendrier julien ; et cinq jours supplémentaires furent ajoutés chaque année. Voir Macrobe, *Saturnalia*, 1, 15, 1 ; Pighius, *De ratione paschalis celebrationis*, f. 3v° et 25v°. Le problème de la réconciliation du calendrier lunisolaire et du calendrier civil n'est pas résolu, ce qui rend nécessaire un calendrier lunisolaire. Un écart persistait entre les lunaisons, ou nombre de jours des phases de la lune, et le nombre

d'années lunaires. Sur une période de vingt-cinq années, 309 lunaisons ne pouvaient s'accorder aux 300 ans lunaires (12×25) ; dix-sept secondes étaient perdues chaque mois. En conséquence, afin de pallier cet écart, un nouveau calendrier pour chaque période de vingt-cinq ans fut développé ; il comportait seize « petites » années composées de six mois de vingt-neuf jours et de six mois de trente jours, laissant place ainsi à une « grande année ». Neuf « grandes années » ajoutaient un treizième mois de trente jours ; cependant, il manquait encore cinq jours au calendrier. Pour cette raison cinq jours supplémentaires furent ajoutés tous les cinq ans pour chaque période de vingt-cinq ans, coordonnant ainsi l'année lunisolaire et l'année civile. Voir E. G. Richards, *Mapping Time*, p. 152-156.

236 Censorinus, *De annis et mensibus*, p. 54-58. Le calendrier romain fut tout d'abord lunaire. Introduit par Romulus, il commençait en mars à l'équinoxe de printemps, comprenant 304 jours sur une période de dix mois. Un tel calendrier entraînait certaines confusions entre les cycles saisonniers. Numa ajouta donc deux mois, janvier et février, ce qui augmenta le nombre de jours à 355. Un mois supplémentaire, Mercedonius, fut interposé afin de synchroniser le calendrier et les saisons. D'autres réformes, dues à l'initiative de Tarquin l'Ancien (616-579 av. J.-C.) et les *Decemviri* (approximativement 450 ans av. J.-C.), instaurèrent janvier comme le premier mois, et Mercedonius fut intercalé tous les deux ans après les Terminales du 23 février. Les cinq jours restants de février suivaient Mercedonius. Le calendrier comprenait une moyenne de 366 jours et quart. Cependant, les tensions politiques rendirent incertaine la programmation de Mercedonius. En 46 av. J.-C., le calendrier avait trois mois d'avance sur les saisons. Jules César (107-44 av. J.-C.) releva le défi en éliminant l'usage du calendrier lunaire, en adoptant un calendrier tropical (la période entre deux équinoxes) divisé en douze mois, et en remplaçant le mois intercalaire par un seul jour intercalaire tous les quatre ans. Voir Plutarque, *César, Vies*, 59, 1. Synchroniser les calendriers et les saisons exigeait l'adaptation de l'année selon l'équinoxe de printemps. Cette année « gigantesque » de 445 jours en 46 av. J.-C. porta le nom d'année de la confusion, comprenant vingt-trois jours en Mercedonius et soixante-sept jours dans deux mois supplémentaires insérés entre novembre et décembre. Voir Plutarque, *Numa, Vies*, 18, 2-3 ; Ovide, *Les Fastes*, 3, v. 155-166 ; Suétone, *César, Vies des douze Césars*, 40 ; Pline, *Histoire naturelle*, 2, 6, 35 et 18, 57, 211 ; Dion Cassius, *Histoire romaine*, 43, 26 ; Censorinus, *De die natali*, 20, 8-10 ; Macrobe, *Saturnalia*, 1, 14 ; Isidore, *Etymologiæ*, 6, 17, 21 ; Bède, *De temporum ratione*, 12, et *De temporibus liber*, 6 ; Stöffler, *Calendarium romanum magnum*, f. 57r°-v° ; Pighius, *De ratione paschalis celebrationis*, f. 4v° ; Solin, *Polyhistor*, 1, 35-46 ; Maurolico, *Cosmographia*, f. 56v°-57r° ; Polydore Vergile, *De inventoribus rerum*, 2, 4.

237 Puisque Numa régna entre 715 et 672 av. J.-C. et que Pythagore vécut au sixième siècle av. J.-C., Numa ne pouvait être pythagoricien. Voir Cicéron, *La République*, 2, 28-29 ; Virgile, *Bucoliques*, 8, v. 75 ; Ps.-Plutarque, *Des opinions des philosophes, Moralia*, 1, 7, 881e ; Macrobe, *In somnium Scipionis*, 1, 6, 7-8.

238 Giraldi, *De annis et mensibus*, p. 41. Voir Plutarque, *Numa, Vies*, 18, 2-3 ; Ovide, *Les Fastes*, 3, 152 ; Censorinus, *De die natali*, 20, 4-5 ; Macrobe, *Saturnalia*, 1, 13, 6-7 ; Isidore, *Etymologiæ*, 6, 17, 21 ; Bède, *De temporum ratione*, 12 ; Stöffler, *Calendarium romanum magnum*, f. 43v° ; Pighius, *De ratione paschalis celebrationis*, f. 4v° ; Gaza, *Liber de mensibus*, p. 159-160 et 163-164 ; Petau, *Opus de doctrina temporum*, 2, 74.

239 Giraldi, *De annis et mensibus*, p. 54-58. Voir Plutarque, *César, Vies*, 59, 1-3 ; Ovide, *Les Fastes*, 3, v. 163-166 ; Pline, *Histoire naturelle*, 2, 6, 35 et 18, 57, 211-212 ; Suétone, *César*,

Vies des douze Césars, 40 ; Dion Cassius, *Histoire romaine*, 43, 26, 1-3 ; Censorinus, *De die natali*, 20, 8 ; Macrobe, *Saturnalia*, 1, 14, 6-15 ; Isidore, *Etymologiæ*, 6, 17, 25 ; Bède, *De temporum ratione*, 12, et *De temporibus liber*, 6 et 9 ; Stöffler, *Calendarium romanum magnum*, f. 4r° et 44r° ; Pighius, *De ratione paschalis celebrationis*, f. 4v°-5r° et 25v° ; Maurolico, *Cosmographia*, f. 57r° ; Polydore Vergile, *De inventoribus rerum*, 2, 4 ; Petau, *Opus de doctrina temporum*, 2, 74 ; Gaza, *Liber de mensibus*, p. 160 et 163-164.

240 Auguste retravailla les calculs du calendrier en soustrayant un jour en février et en l'ajoutant au huitième mois, août. Juillet, pour Jules César, et août pour Auguste, comprendraient ainsi trente-et-un jours. De plus, il importe de noter que Jules César repensa le début de chaque année, qui passe ainsi de l'équinoxe vernal (21 mars) au 1er janvier. Voir Plutarque, *Numa, Vies*, 19 ; Aulu-Gelle, *Les Nuits attiques*, 12, 6 ; Censorinus, *De die natali*, 20, 6-10 ; Macrobe, *Saturnalia*, 1, 13, 15 et 19, et 1, 14, 6-15 ; Gaza, *Liber de mensibus*, p. 162-164 ; Polydore Vergile, *De inventoribus rerum*, 2, 4.

241 Giraldi, *De annis et mensibus*, p. 45 ; Censorinus, *De die natali*, 20, 6. Pour le festival de Terminus, voir, en particulier, Varron, *De lingua latina*, 6, 3, 13 ; Ovide, *Les Fastes*, 2, v. 50 et 639-684 ; Tite-Live, *Ab urbe condita*, 43, 11, 13 ; Aulu-Gelle, *Les Nuits attiques*, 12, 6 ; S. Augustin, *La Cité de Dieu*, 7, 7 ; Bède, *De temporum ratione*, 38, et *De temporibus liber*, 6 ; Petau, *Opus de doctrina temporum*, 2, 74. Voir aussi note 236.

242 S. Augustin, *De Trinitate*, 4, 4 ; Bède, *De temporum ratione*, 38-39.

243 Avant la révélation par Copernic de la centralité du soleil, la Terre restait le centre de l'univers. La Lune, le Soleil et cinq planètes (Mercure, Vénus, Mars, Jupiter et Saturne) étaient des astres en mouvement. Des étoiles fixes (par exemple Sirius ou Polaris) ne semblaient pas se mouvoir dans la sphère céleste. La longueur d'une année était généralement déterminée selon la période entre deux équinoxes marquant la durée égale du jour et de la nuit. En mesurant le rapport entre le Soleil et la Terre, les premiers astronomes déterminaient la relation entre une étoile fixe et le Soleil. Les Égyptiens, par exemple, mesuraient l'année selon le parcours de Sirius. Les Babyloniens observaient la course du Soleil à travers plusieurs constellations en relation avec les douze signes du zodiaque. Puisque les équinoxes interviennent au début de deux signes du zodiaque, le Bélier et la Balance, ils utilisaient les étoiles fixes Véga et Thuban comme points de référence pour leurs mesures. Voir Beausard, *Annuli astronomici*, f. 7v°, et E. G. Richards, *Mapping Time*, p. 26-29.

244 Giraldi, *De annis et mensibus*, p. 21, et Tyard, *Le Premier Curieux*, p. 88. Voir Ptolémée, *Almageste*, 3, 2 et 3, 4 et 6 ; Stöffler, *De compositione aut fabrica astrolabii*, f. 24v° ; Alessandro Alessandri, *Genialium dierum*, f. 76v° (3, 24) ; Maurolico, *Cosmographia*, f. 55v° ; Petau, *Opus de doctrina temporum*, 4, 18. Afin de mesurer la précision d'une année tropicale (par exemple, la durée entre deux équinoxes), les astronomes mesuraient cette durée durant plusieurs années. Hipparque a utilisé les calculs d'Aristarque durant la cinquantième année du premier cycle calippique de 76 ans. Il a ensuite utilisé ses mesures en vue de la quarante-troisième année du troisième cycle calippique, soit 145 ans plus tard. Il découvrit que la durée réelle d'une année tropicale était plus brève de cinq minutes que 365 jours et quart. Hipparque utilisa l'étoile nommée Polaire comme étoile fixe. Ptolémée l'approuva.

245 Giraldi, *De annis et mensibus*, p. 20-21 et 63. En mesurant la durée d'une année, Méton et Entemon (ou Euctémon) ont choisi comme point de référence le solstice, alors que le

soleil est au plus loin de l'équateur céleste ou du centre de la Terre, compte tenu de son angle de 23 ½ °. Le solstice correspond soit à la durée la plus longue ou la plus courte de la journée et il est déterminé à midi par la longueur de l'ombre d'un gnomon (par exemple une colonne ou une tige posée sur un cadran solaire).

246 Stöffler, *Calendarium romanum magnum*, f. 62v° ; Petau, *Opus de doctrina temporum*, 4, 2. Tyard entend ici la légère inclinaison de la Terre face au Soleil. En mesurant la durée d'un jour selon les mouvements du Soleil d'est en ouest, ou son lever et son coucher, Hipparque trouva l'utilisation de l'équinoxe plus précise, en accord avec ses calculs.

247 Giraldi, *De annis et mensibus*, p. 42. Voir Macrobe, *Saturnalia*, 1, 14, 5-6 ; Bède, *De temporibus liber*, 9. Les calculs se compliquent à cause des divergences de mesure entre les mouvements planétaires et l'année civile déterminée par des décrets gouvernementaux.

248 Tyard, *Le Premier Curieux*, p. 88 ; Reinhold, *Theoricæ novæ*, f. 232v°-233r°. Voir Macrobe, *Saturnalia*, 1, 14, 3 ; Reisch, *Margarita philosophica*, 7, 1, 31 ; Stöffler, *Calendarium romanum magnum*, f. 62v° ; Bassantin, *Astronomique discours*, p. 89 ; Mesmes, *Les Institutions astronomiques*, p. 33, 79 et 84 ; Petau, *Opus de doctrina temporum*, 4, 18.

249 Stöffler, *Calendarium romanum magnum*, f. 62v° ; Reinhold, *Theoricæ novæ*, f. 34v°-35v° et 232r°-233r°.

250 Reinhold, *Theoricæ novæ*, f. 233r°.

251 Reinhold, *Theoricæ novæ*, f. 242r°.

252 Stöffler, *Calendarium romanum magnum*, f. 63r° ; Maurolico, *Cosmographia*, f. 56r° ; Mesmes, *Les Institutions astronomiques*, p. 80. D'autres théoriciens reportent les calculs d'Alphonse à 365 jours, 5 heures, 49 minutes, et 15 secondes. Voir Bassantin, *Astronomique discours*, p. 197-198, et Petau, *Opus de doctrina temporum*, 4, 25. Clavius, *In sphæram Joannis de Sacro Bosco commentarius*, p. 56, et Reinhold, *Theoricæ novæ*, f. 25r° et 26r°, rapportent les calculs de Bassantin et Petau : 365 jours, 5 heures, 49 minutes, 15 secondes. Alphonse X le Sage (1252-1284), roi de Castille, ordonna la traduction en castillan de l'inventaire des étoiles de l'*Al Magest*. L'inventaire des étoiles servit de base à ses calculs ; Clavius et le pape Grégoire XIII les utilisèrent en vue de la réforme des calendriers en 1582. Voir Belén Bistué, *Collaborative Translation and Multi-Version Texts in Early Modern Europe*, p. 65-77, et « On the Incorrect Way to Translate : The Absence of Collaborative Translation from Leonardo Bruni's *De interpretatione recta* », dans *Collaborative Translation : From the Renaissance to the Digital Age*, p. 38.

253 Alessandro Alessandri, *Genialium dierum*, f. 105r° (4, 20).

254 Reinhold, *Prutenicæ* [...], f. 35v° ; *Theoricæ novæ*, f. 34v°-35r°, et 232v°-233r°.

255 Maestlin, *Ephemerides novæ, ab anno salutiferæ incarnationis 1577 ad annum 1590*, f. f2v°.

256 Selon Clavius, *In sphæram Joannis de Sacro Bosco commentarius*, p. 259, le problème se présente tous les 400 ans, et il faut omettre trois années bissextiles. Sinon, dans 24 500 ans le printemps se célébrera en septembre, l'automne en mars, l'hiver en juin, et l'été en décembre.

257 Stöffler, *Calendarium romanum magnum*, f. 31v°, 47v°-48r°, 49v°-50r° et 56r°. Voir Eusèbe de Césarée, *Histoire ecclésiastique*, 5, 23-25.

258 Giraldi, *De annis et mensibus*, p. 140. Pour une description de Prométhée en tant que voleur de secrets célestes, voir, en particulier, Hésiode, *Théogonie*, v. 507-616, et *Les Travaux et les Jours*, v. 42-105 ; Platon, *Protagoras*, 320c-d ; Eschyle, *Prométhée enchaîné*, 589 *sq.* et 640 *sq.* ; et Boccace, *Genealogia deorum gentilium*, 4, 44. Voir Olga Raggio, « The Myth of Prometheus : Its Survival and Metamorphoses up to the Eighteenth Century », et Raymond Trousson, *Le Thème de Prométhée dans la littérature européenne.*

259 Platon, *Phèdre*, 274d. Voir Plutarque, *De defectu oraculorum*, *Moralia*, 410a-b ; Platon, *Lois*, 738c ; Ficin, *In Phædrum*, 274d.

260 Alessandro Alessandri, *Genialium dierum*, f. 76v° (3, 24). Voir Censorinus, *De die natali*, 21, 13 ; Bède, *De temporum ratione*, 36, et *De temporibus liber*, 9 ; Pighius, *De ratione paschalis celebrationis*, f. 5v°-6v° ; Gaza, *Liber de mensibus*, p. 156 et 159.

261 Alessandro Alessandri, *Genialium dierum*, f. 76v° (3, 24). Voir Censorinus, *De die natali*, 21, 13 ; Bède, *De temporibus liber*, 9 ; Bodin, *Les Six Livres de la République*, 4, 2 ; Gaza, *Liber de mensibus*, p. 156.

262 Censorinus, *De die natali*, 21, 13 ; Bède, *De temporum ratione*, 36, et *De temporibus liber*, 9 ; Gaza, *Liber de mensibus*, p. 156 et 159.

263 Giraldi, *De annis et mensibus*, p. 116 ; mais, selon Giraldi, le début de l'année arabe se situe en septembre. Voir Censorinus, *De die natali*, 21, 13 ; Bède, *De temporum ratione*, 36 ; Reinhold, *Prutenicæ tabulæ cœlestium motuum*, f. 22v° ; Gaza, *Liber de mensibus*, p. 156.

264 Reinhold, *Prutenicæ tabulæ cœlestium motuum*, f. 22v° ; Petau, *Opus de doctrina temporum*, 2, 51.

265 Isidore, *Etymologiæ*, 5, 36, 4. Voir Suétone, *Auguste*, 49, 2 ; Tacite, *Annales*, 1, 78 ; 3, 51 ; 13, 28 ; Alessandro Alessandri, *Genialium dierum*, f. 25v° (2, 2) ; Giraldi, *De annis et mensibus*, p. 66 et 157, et *De deis gentium*, p. 121.

266 Rhodiginus, *Lectiones antiquæ*, 29, 6 ; Tacite, *Annales*, 3, 51 et 13, 28.

267 Giraldi, *De annis et mensibus*, p. 65 et 115. Flavius Josèphe, *Antiquités judaïques*, 1, 80-81, base son interprétation sur *Exode* 12, 2 ; 12, 21-24 ; 23, 16 ; 34, 22, et *Lévitique*, 23, 39. Voir Bède, *De temporum ratione*, 36, et *De temporibus liber*, 9 ; Pighius, *De ratione paschalis celebrationis*, f. 22v°-23r° ; et Bodin, *Les Six Livres de la République*, 4, 2, p. 431.

268 Giraldi, *De annis et mensibus*, p. 65. Voir Pighius, *De ratione paschalis celebrationis*, f. 8v°.

269 Censorinus, *De die natali*, 14, 1 ; Giraldi, *De annis et mensibus*, p. 179-182. Voir Pline, *Histoire naturelle*, 7, 49, 161 ; Aulu-Gelle, *Les Nuits attiques*, 3, 10, 9 ; Firmicus Maternus, *Mathesis*, 4, 20, 3 ; Servius, *Comm. sur « l'Énéide »*, 5, 295.

270 Censorinus, *De die natali*, 14, 3-5 ; Ptolémée, *Tetrabiblos*, 4, 9 (« *De divisione temporum in vita nati* »), p. 497. En faisant allusion à Hippocrate, à Solon et à Staseas de Naples (philosophe péripatéticien du premier siècle av. J.-C.), Tyard revient aux références antérieures concernant les différentes étapes de la vie de l'homme, de la naissance à la mort. Voir Censorinus, *De die natali*, 14, et Max Engammare, *Soixante-trois : La peur de la grande année climactérique à la Renaissance*, p. 55 et p. 173, n. 233. Selon Hippocrate, voir *Chairs*, 12, 13 et 19, ainsi qu'Aristote, *Histoire des animaux*, 544b26, 581a14, 582a17, et *Politique*, 1335b27-37. Selon Solon, voir *Élégie et iambe*, 27, ainsi que Censorinus, *De die natali*, 11, 6, cité dans Censorinus, *The Birthday Book*, trad. et commentaire, Holt N. Parker, p. 79, n. 6.

271 Censorinus, *De die natali*, 14, 5 ; Giraldi, *De annis et mensibus*, p. 179-180. Voir Plaute, *Le marchand*, v. 673.

272 Euripide, *Alceste*, v. 802.

273 « *Thekouphot* » ou « *tequfot* » est un terme hébraïque désignant les quatre saisons de l'année. La durée exacte de chaque saison calculée par Rav Adda bar Ahava (rabbin babylonien) est de 91 jours, 7 heures, 519 parties (une heure comporte 1080 parties ou *halakim*) et 31 instants (chaque partie contient 76 instants ou *regaim*). Les quatre saisons sont signalées respectivement par la tequfa de Nisan, équinoxe de printemps, par celle de Tammuz, solstice d'été, par celle de Tishri, équinoxe d'automne, et par celle de Tevet, solstice d'hiver. Voir *Exode* 34, 22, et surtout *2 Énoch*, 11-16. Voir aussi C. Philipp E. Nothaft, *Medieval Latin Christian Texts on the Jewish Calendar*, p. 32, Émile Biémont, *Rythmes du temps*, p. 196, et Tyard, *Discours du temps*, f. 340r°. Je remercie David Dagenais de m'avoir informé de ces études.

274 Le nombre d'or (19) multiplié par le nombre de jours (91) dans une saison ou « *tequfa* ».

275 Pline, *Histoire naturelle*, 11, 70, 184-185. Pour une description plus complète de cette référence à l'astrologue Dioscoride que Pline doit à Varron, voir Censorinus, *De die natali*, 17, 14.

276 Au sujet de conclusions semblables, voir Platon, *Le Banquet*, 187, et *La République*, 400c-403c ; Cicéron, *Tusculanes*, 1, 25, 62 ; et Tyard, *Le Premier Curieux*, p. 180-181.

277 Nous reproduisons ici la note de F. Roudaut dans son édition du *Second Curieux*, p. 338 : Cicéron, *À Atticus*, XII, 26, 2 : « *Mihi solitudo et recessus provincia est* ». J. Céard (note 607 au *Premier Curieux*) signale que cette phrase est citée par Suétone, *De grammaticis*, XIV, 2. Outre l'importance religieuse de la solitude (choisie peut-être par Tyard dès 1556, date de la première utilisation de cette devise à la fin du *Discours du temps*), est rappelée ici l'inscription du texte dans le courant de l'humanisme contemplatif, à la suite de Pétrarque (*De vita solitaria*) et de Boccace qui explique dans le *De Genealogia deorum* (XIV, 11) que la pensée peut s'élaborer uniquement dans les lieux solitaires, à l'écart du bruit des villes. Cette devise fait écho à celle qui est mise en exergue en tête de l'ensemble des *Discours philosophiques* : « *Nec turbae, nec in turbam* ». Pantaleon Thevenin (*Annotations* (à III, 980) : Du Bartas, *La Sepmaine*, t. III (sous la direction de D. Bjaï, Paris, Garnier, 2012, p. 440) rappelle la devise de Tyard à l'occasion de deux références qu'il donne à propos d'un vers de Du Bartas : Horace, *Odes*, III, I, 1 : « *Odi profanum volgus et arceo* » ; Ovide, *Tristes*, I, 1, 41 : « *Carmina secessum scribentis et otia quaerunt* ».

ANNEXE

Pièces liminaires de l'édition de 1556

Discours du temps, de l'an, et de ses parties
(Lyon, Jean de Tournes, 1556)

[f. Av° : Portrait de Tyard]

A non moins docte, que gen-
TILE, ET VERTUEUSE
Damoiselle, D. Marguerite
du Bourg, Dame
de Gage.

Si j'ay à remercier le sort de connoissance memorable à laquelle il m'ayt apellé, je lui reconnoy entre toutes singulieres redevances celle, qui m'est avenue de vous : et ce d'autant plus cherement, que le terme court de deus heures me permit devorer assez de votre merite, pour ores (deus ans apres) en gouter une agreable satisfaccion, je dy agreable, si la souvenance de moy ne vous est importune. Mais tant peut, Madamoiselle, tant peut commander la vertu, que souvent l'indine, [p. 4] tout autre respet de bienseance oublié, s'en honore du nom, s'il ne peut mieus : comme meintenant affectant (direz vous possible) la reputacion de quelque votre Grace, je pousse ce Discours en voz mains, pour (lui defaillant plus sures ailes de moy) voler ailé de votre nom : avec assurance que si cette mienne façon ne vous ennuye, j'auray plu à l'une des plus gentiles, doctes et vertueuses, qui ayent encores embelli et honoré l'honneur de notre France.

[f. A3r°]

A L'HONNEUR DE
nôble Pontus de Tyard
Philibert Buguion
Maconnois.

SONNET.

Desja Phebus Apollon te fait offre
D'une moitié des dons, qu'on lui presente :
Dessus sa lyre harmonieuse il chante
Les passions, que ton dolent cœur souffre.
Cœur palladin brulé d'Aetneen soulfre,
Des chams Pindare Elisees s'absente,
Pour voir ça bas la *caterve plaïsante
Des languissans en plein d'amoureus gouffre.
Si Apollon te prise et porte honneur,
Divin Pontus des louenges sonneur
De ta diserte, et docte, et belle Dame :
Ne dóy je pas t'estimer à jamais,
Ne dóy je pas t'adorer desormais,
T'*holocaustant le plus saint de mon ame.

[f. A3v°]

AUTRE DU MESME
AUTEUR.

Du Tems, de l'An, et toutes ses parties,
Ton discours est doctement composé :
Et ne s'est lors ton esprit reposé,
Que sont les Sœurs pour toy du ciel parties.
Je ne croy point que les raisons baties
Soient d'un humein, que tu y as posé :
Je croy plustot que metamorphosé
Juppin en toy les y ayt assorties.
O Dieu, qui fais tout cela que tu veus,

Je te dedie et consacre mes vœus
Sus l'ample autel d'eternelle memoire.
À toy, Pontus, qui d'entre nos Dieus-hommes
Le premier es, donnons tant que nous sommes,
De bien escrire en prose, et vers la gloire.

VOULOIR ET ESPERER.

[f. A4r°]

À l'Auteur,
Et Lecteur,
Charles Fontaine.

Bien guider veult d'une Escorte assuree
Par lieus scabreus sous la chape azuree
Celui, qui scet non estendre le cours,
Ains minuter la longueur mesuree
Du Tems, qui peult la vie bienheuree
Par ans, par mois, par semaines, et jours
Assurer ore, et conduire à tousjours
Au ferme point, ou heureus tu pretens,
Comme tu vois que ce gentil discours
Te fera vivre apres cent ans sans tems.

[333 r°]

SCEVE OU
DISCOURS DU
TEMPS, DE L'AN, ET
DE SES PARTIES.

PAR PONTUS DE TYARD, SEI-
GNEUR DE BISSY, ET DEPUIS
Evesque de Chalon.

GLOSSAIRE

abreger (338v°) : raccourcir
accommoder (350r°, 359v°, 360v°, 363r°, 365r°) : adapter
accomplir (340v°, 343r°, 345r°, 346v°, 347r°, 349v°, 355v°, 356v°, 357r°, 358r°, 361v°, 364r°) : compléter
accomplissement (341v°, 351r°, 356v°) : réalisation, perfectionnement, exécution, avènement
accorder (364v°) : harmoniser
accosté (339r°) : accompagné
accoucher (363r°) : mettre au monde, donner naissance
accourcir (364r°) : couper, réduire
accroissement (339r°, 344r°) : croissance, augmentation
advenus (344v°, 353v°) : survenus
advertissemens (362r°) : informations, instructions
advoüer (340r°, 345r°, 347v°, 354v°, 360r°, 361v°) : reconnaître, admettre
affection (335r°) : émotion
afflation (338r°) : inspiration
agencement (336r°) : parure, décor
agencer (346r°) : orner, décorer
alleguer (347v°) : citer, nommer, indiquer
amphicyrte (348r°) : lune à deux cornes, au premier quartier
anticiper (362r°) : survenir d'avance
antiperistase (345v°) : contradiction interne entre deux possibilités
apotelesme (346r°) : croyance (soutenue par les astres)
apparent (338r°, 339r°, 346r°, 352v°) : évident, visible
apparoir (appert) (342r°, 363r°) : apparaître
apprehension (336r°) : compréhension
arrest (361v°) : achèvement
arrestable (366r°) : difficile à empêcher
arresté (341r°, 348v°) : convenu
arresté (346v°) : concentrant sur
arrester (335v°, 366v°) : interrompre le déroulement de
asseoir (359r°) : poser, placer, fixer
assiete (362r°) : l'ordre, la position
Asterisme (339v°) : figure astrale
aviver (348r°) : ranimer

balancer (351v°) : peser
becqueter (366v°) : tourmenter
bissexte (363v°, 364r°, 365r°-v°, 366r°) : jour intercalé tous les quatre ans
branlé (353v°) : chancelé, hésité
brocardé (353r°) : raillé

caduque (338v°) : instable, périssable
caterve (Pièces liminaires de l'édition de 1556, A 3) : foule, troupe
cautelle (351r°) : ruse
cautement (345r°) : prudemment, soigneusement
cave (359v°) : vide
celeement (349r°) : secrètement
celer (349r°) : se cacher
chastiable (359v°, 361v°) : punissable
chere (335v°) : accueil
cherement (368r°) : precieusement
cloüer (348r°) : fixer
combien que (340r°, 341r°-v°, 350r°, 353r°,

354r°, 358r°-v°, 359r°-v°, 361r°, 363v°, 364r°, 366r°) : bien que
complexionnaire (339r°) : constitutif
concoctrice (345v°) : relative à la digestion
confession de (347r°) : croyance en
confondans (340r°) : alliant
conter (338r°-v°, 340r°, 342v°) : compter
contournemens (356r°) : actions de tourner
contraint (337r°, 348r°) : pressé
contrefaire (335r°) : imiter
contregarder (343v°) : surveiller
controverses (338v°) : adversités
couches (363r°) : accouchement
coulpe (351r°) : faute
creance (343v°) : croyance, opinion

dechet (338v°) : déclin, déchéance
declination (364v°) : déclin
defaut (357v°) : defaillance
delaisser (360v°) : abandonner
delay (366r°) : période d'attente
denombrement (347v°, 361v°) : action de compter et de donner un nom
denomination (347r°-v°) : action de nommer
denommer (352v°) : nommer
departir (343r°, 359v°, 364r°) : diviser
deputez (343v°) : assignés
desrober (366v°) : dépouiller de
devis (336r°) : conversation
devote (351r°, 354r°) : pieuse
differer (350v°) : tarder, être opposé à
discouru (356r°) : exposant
disertement (335v°) : nettement, clairement
disposé (343r°, 350r°) : arrangé
diversement (340r°) : autrement
docte (353r°, 362r°, 364v°, 365r°, 367v°) : érudit, savant
dragmes (368r°) : de petites quantités
dresser (en) (354r°) : en faire la raison de
droit (à bon) (352r°) : exactement

edificateur (351v°) : fondateur
embesongnée (345v°) : favorisée
Embolisme (361r°-v°, 362r°-v°, 363r°-v°) : intercalation d'un mois dans le calendrier
embrasement (357r°) : incendie
enfreindre (350v°) : contrecarrer
engendrer (364v°, 365r°) : causer, entraîner
Enneadecateride (Enneadecaëteride) (357v°, 361v°, 362r°) : cycle décemnovennal de Méton (corrigé par Callipe) pour trouver au moyen de la division par 19, le nombre d'or de l'année courante
Enneateride (358v°) : festival, tous les neuf ans à Delphes, dramatisant la mort de Python
entrecouler (359v°, 360r°-v°, 362v°) : écouler entre temps, noter le temps écoulé
entrecouleure (364r°) : ajout, intercalation
entrecouper (343v°) : interrompre
entreget (362v°, 364r°) : ajout
entrejetté (360v°, 361r°) : intercalé, inséré
entremettre (359v°, 360v°, 364r°) : intercaler, placer dans
equivoques (355v°) : ambiguïtés
esbat (336r°, 346v°) : divertissement
eschaufant (337v°) : animant
esgard (337v°, 345r°, 350v°, 355r°, 367v°) : considération, signification
esleuz (344v°) : choisis, excellents
espece (348v°, 354r°) : catégorie
esperance (352r°) : attente
espier (345r°) : observer
exemptile (365r°) : année exceptionelle

faillir (337r°) : manquer
fautive (356v°, 362r°, 364v°) : sujette à défaillance ou erreur, erronée
fil (d'un) (350r°) : par degrés
follets (351v°) : fous imaginaires

gaillarde (353v°) : vive ou emportée
gaillardise (354v°) : ardeur, vivacité
guet (342r°) : guetteur, sentinelle

Heliaque (339v°) : proche du lever ou du coucher du soleil

heur (à l'heur) (344v°) : au hasard
holocaustant (Pièces liminaires de l'édition de 1556, A 3) : dévouant, sacrifiant
humeur (335v°) : état d'esprit

impertinent (345v°) : qui ne convient pas, impropre
impetrer (345v°) : être récipiendaire
impieté (350v°) : impie
inappointables (359r°) : inconciliables
indemnément (351r°) : sans sanctions
insigne (344r°) : signe, indice
interlune (349v°) : nouvelle lune
involution (359v°) : circonvolution

joint que (351v°) : outre que

lemnisqué (354v°) : attaché par
lustre (358r°) : période de clarté

malaisé (362v°) : gênant, incommode
marque (367v°) : expression, particularité
Meche (367r°) : La Mecque
menu (338r°) : en détail
mesmes que (336r°, 338v°, 362v°, 364r°, 367r°) : et même
mespartir (348v°) : diviser
mettre en conte (360v°) : prendre en considération
meurs (357r°) : mûrs
muable (342v°) : variable

nombrer (349r°) : compter
nonobstant que (336v°) : quoique
notable (341v°, 344v°, 346r°) : définissable, remarquable

office (362v°) : service
onc (335v°) : jamais
outrepasser (360r°) : dépasser

pacification (365r°) : prix convenu pour un accommodement
parachever (356r°) : compléter
parangon (au) (337v°) : en comparaison avec
periodique (mois lunaire) (348v°) : mois lunaire de 27 jours, 7 heures et 43 minutes
piement (338r°) : pieusement
pituite (339r°-v°) : flegme pituitaire
plinthe (335v°) : planchette
poindre (354r°) : exciter, aiguillonner
policees (360v°) : gouvernées
pollus (343v°) : souillés, impurs
possible (338v°, 345v°, 352r°, 354v°, 360v°, 362v°, 367r°) : peut-être
prendre garde à (344r°, 362v°, 366r°, 367v°) : faire attention à
prester foy à (359r°) : être d'accord avec
priver (352r°) : faire manquer

quantiesme (360r°) : de quel rang (dans une série)

rameure (351r°) : branchage
rapporter (340v°, 341r°-v°, 353r°-v°, 360r°, 367r°) : rattacher
rebourse (354r°) : contrariante, opposée
recevable (338r°, 361r°) : acceptable
recueil (355r°) : accueil
recueillir (345r°, 357v°, 360r°) : obtenir, conclure
remonstrer (350v°, 364v°) : observer, exposer, montrer avec force
requerir (337r°, 353r°) : nécessiter
restituer (360v°) : rétablir
restreindre (343r°) : resserrer
retrancher (335v°) : couper

science (339v°, 345v°, 367r°) : la connaissance
seant (364r°) : convenant
si (361v°) : néanmoins
sinon que (335v°, 366v°) : à moins que
solemnisé (344v°) . solennisation, anniversaire
superbe (353v°, 366v°) : orgueilleux, hautain
supposé (353v°) : placé

supputation (342r°, 348r°, 357v°, 358v°, 359r°, 363v°, 367r°-v°) : estimation numérique
surnaistre (342r°) : survenir
surnombrement (364r°) : accumulation
surnommer (335v°, 339v°, 340v°, 341r°-v°, 343v°, 346v°, 347r°, 349v°, 350r°-v°, 351v°, 352r°-v°, 354r°-v°, 355v°, 358r°, 359v°, 361v°, 362r°, 363v°, 364v°) : nommer
survenir (344r°, 367v°) : échoir
synodique (348v°, 359v°) : mois durant lequel la lune traverse treize signes du ciel

temeraire (347v°) : hasardeux, agressif
temperie (355r°) : climat, temps
tenaillé (366v°) : torturé comme avec des tenailles
tenebrions (351v°) : fantômes ténébreux
ternaire (340r°) : composé de trois éléments
travons (341v°) : poutres
tributaire (353v°) : dépendant de
troubler (366r°) : déranger
tutelaire (351r°, 352v°) : protecteur

usiter (348v°, 355v°, 363v°) : employer

veilles (342r°) : tours de garde, veillées
vistes (356r°) : rapides
vocable (355v°) : mot, substantif
voire que (363v°) : s'il est vrai que

BIBLIOGRAPHIE

PONTUS DE TYARD

Ephemerides octavæ sphæræ, seu Tabellæ diariæ Ortus, Occasus, et Mediationis Cæli, illustrium stellarum inerrantium, pro universa Gallia, et his regionibus quæ Polum Boreum elevatum habent a 39. ad 50. gr., Lyon, Jean de Tournes, 1562.

Erreurs amoureuses, Lyon, Jean de Tournes, 1549.

Continuation des Erreurs amoureuses, Avec un Chant en faveur de quelques excellens Poëtes de ce Tems, Lyon, Jean de Tournes, 1551.

Les Erreurs amoureuses, édition établie par J. A. McClelland, Genève-Paris, Droz-Minard, 1967.

Discours du tems, de l'an, et de ses parties, Lyon, Jean de Tournes, 1556.

Discours de temps, de l'an, et de ses parties, Paris, Mamert Patisson, 1578.

Les Discours philosophiques de Pontus de Tyard, Paris, Abel L'Angelier, 1587.

Homélies, édition établie par M.-M. Fragonard, F. Rouget et F. Roudaut, *Œuvres complètes*, VI, Paris, Honoré Champion, 2007.

Mantice, ou, Discours de la verité de Divination par Astrologie, Lyon, Jean de Tournes et Guil. Gazeau, 1558.

Mantice ou Discours de la verité de Divination par Astrologie, Paris, Galliot du Pré, 1573.

Mantice, Discours de la vérité de Divination par Astrologie, édition établie par S. Bokdam, Genève, Droz, 1990.

Mantice, ou Discours de la verité de Divination par Astrologie, édition établie par J. Céard, *Œuvres complètes*, III, Paris, Classiques Garnier, 2014.

Œuvres poétiques complètes, édition établie par J. C. Lapp, Paris, Didier, 1966.

Œuvres poétiques, édition critique par Eva Kushner, Sylviane Bokdam, Gisèle Mathieu-Castellani, Janet Ritch et François Rouget, *Œuvres complètes*, I, Paris, Honoré Champion, 2004.

De recta nominum impositione, édition établie par J. Céard et J.-C. Margolin, *Œuvres complètes*, VII, Paris, Honoré Champion, 2007.

Le Premier Curieux, ou Premier Discours de la nature du monde et de ses parties, édition établie par J. Céard, *Œuvres complètes*, IV, 1, Paris, Classiques Garnier, 2010.

Le Second Curieux, ou Second discours de la nature du monde et de ses parties, édition établie par F. Roudaut, *Œuvres complètes*, IV, 2, Paris, Classiques Garnier, 2013.
Solitaire premier, ou, Prose des Muses, et de la fureur Poëtique, plus quelques vers Liriques, Lyon, Jean de Tournes, 1552.
Solitaire premier, ou dialogue de la fureur poetique, Paris, Galliot du Pré, 1575.
Solitaire premier, édition établie par S. F. Baridon, Genève-Lille, Droz-Giard, 1950.
Solitaire premier [...], édition critique par Jean-Claude Carron, *Œuvres complètes*, II, 1, Paris, Classiques Garnier, 2019.
Solitaire second, ou Prose de la Musique, Lyon, Jean de Tournes, 1555.
Solitaire second, édition établie par C. M. Yandell, Genève, Droz, 1980.
Solitaire second, édition établie par Philippe Vendrix, *Œuvres complètes*, II, 2, Paris, Clasiques Garnier, 2022.
L'Univers ou discours des parties, et de la nature du monde, Lyon, Jean de Tournes et Guil. Gazeau, 1557.
The Universe of Pontus de Tyard. A Critical Edition of « L'Univers », éd. John C. Lapp, Ithaca, Cornell University Press, 1950.
Trad., Léon l'Hébreu, *Dialogues d'amour*, texte établi par Tristan Dagron et Saverio Ansaldi, introduction et notes explicatives par Tristan Dagron, Paris, Vrin, 2006.

OUVRAGES BIBLIOGRAPHIQUES

BARIDON, Silvio F., *Inventaire de la bibliothèque de Pontus de Tyard*, Genève-Lille, Droz-Giard, 1950.
BOKDAM, Sylviane, *Pontus de Tyard*, coll. Bibliographie des écrivains français, 8, Paris et Rome, Memini, 1997.
ROUDAUT, François, *La Bibliothèque de Pontus de Tyard*, Études et essais sur la Renaissance, 79, Paris, Honoré Champion, 2008.
SONNEVILLE, Hugo, « Pontus de Tyard, Bibliographie chronologique (1549-1978) », *Zeitschrift für französische Sprache und Literatur*, XC, 1980, p. 321-346.

AUTEURS ANCIENS

Æsopi Phrygis vita et Fabellæ, cum latina interpretatione, Bâle, Johann Froben, 1518.

AGRIPPA, Henri Corneille, *De occulta philosophia*, éd. V. Perrone Compagni, Leyde, Brill, 1992.

ALBUMAZAR, *Introductorium in astronomiam*, Augsbourg, 1489.

ALCUIN, *Opuscula exegetica*, éd. J.-P. Migne, *Patrologia Latina*, Paris, Migne-Garnier, 1841-1855, t. C.

ALESSANDRI, Alessandro, *Genialium dierum libri sex*, Paris, C. Guillard, 1539.

AMBROISE, *De Noe et arca liber unus*, éd. J.-P. Migne, *Patrologia Latina*, Paris, Migne-Garnier, 1841-1855, t. XIV.

AMBROISE, *Hexæmeron libri sex*, éd. J.-P. Migne, *Patrologia Latina*, Paris, Migne-Garnier, 1841-1855, t. XIV.

APIANUS, Petrus, *Cosmographia*, Anvers, Gregorio Bontio, 1550.

APIANUS, Petrus, *Quadrans Apiani astronomicus*, Ingolstadt, 1532.

The Apocrypha and Pseudepigrapha of the Old Testament in English, 2 t., éd. et trad. R. H. Charles, Oxford, Clarendon, 1913.

ARISTOTE, *De cælo*, éd. et trad. P. Moraux, Paris, Les Belles Lettres, 1965, 2e tirage, 2003.

ARISTOTE, *Histoire des animaux*, 3 t., éd. et trad. A. L. Peck, Cambridge, Mass., Harvard University Press, 1965-1991.

ARISTOTE, *Métaphysique*, 2 t., éd. et trad. H. Tredennick, Cambridge, Mass., Harvard University Press, 1933-1935.

ARISTOTE, *Politique*, 3 t. (t. I, t. II, 1re et 2e parties, t. III, 1re et 2e parties), éd. et trad. Jean Aubonnet, Paris, Les Belles Lettres, 1960-1989.

ARISTOTE, *Physique*, 2 t., éd. et trad. Philip H. Wicksteed et Francis M. Cornford, Cambridge, Mass., Harvard University Press, 1929-1934.

ARISTOTE, *Réfutations sophistiques*, éd. et trad. E. S. Forster, Cambridge, Mass., Harvard University Press, 1955.

ARISTOTE, *Rhétorique*, 3 t., éd. et trad. Médéric Dufour et André Wartelle, Paris, Les Belles Lettres, 1932-1973.

ATHÉNÉE, *Deipnosophistæ*, 7 t., éd. et trad. Charles Burton Gulick, Cambridge, Mass., Harvard University Press, 1927-1941.

AUGUSTIN D'HIPPONE, *De Genesi ad litteram*, éd. J.-P. Migne, *Patrologia Latina*, Paris, Migne-Garnier, 1841-1855, t. XXXIV.

AUGUSTIN D'HIPPONE, *De Genesi contra Manichæos*, éd. J.-P. Migne, *Patrologia Latina*, Paris, Migne-Garnier, 1841-1855, t. XXXIV.

AUGUSTIN D'HIPPONE, *La Cité de Dieu*, *Œuvres*, t. 2, éd. et trad. J.-Y. Boriaud, J.-L. Dumas, L. Jerphagnon, et C. Salles, collection Pléiade, Paris, Gallimard, 2000.

AUGUSTIN D'HIPPONE, *Confessions*, 2 t., éd. et trad. P. de Labriolle, Paris, Les Belles Lettres, t. 1, 1925, 17e tirage revu et corrigé, 2009 ; t. 2, 1926, 11e tirage revu et corrigé, 2010.

AUGUSTIN D'HIPPONE, *De musica*, trad. J.-F. Thénard et M. Citoleux, Paris, Éditions du Sandre, 2006.

AUGUSTIN D'HIPPONE, *Quæstionum Evangeliorum libri duo*, éd. J.-P. Migne, *Patrologia Latina*, Paris, Migne-Garnier, 1841-1855, t. XXXV.

AUGUSTIN D'HIPPONE, *Quæstiones in Heptateuchum*, éd. J.-P. Migne, *Patrologia Latina*, Paris, Migne-Garnier, 1841-1855, t. XXXIV.

AUGUSTIN D'HIPPONE, *De Trinitate*, 2 t., éd. W. J. Mountain et F. Glorie, CCSL 50-50A, 1968 ; réimpression, Turnhout, Brepols, 2001.

AULU-GELLE, *Les Nuits attiques*, 4 t., éd. et trad. René Marache et Yvette Julien, Paris, Les Belles Lettres, 1967-1998.

BACON, Roger, *Opus majus*, éd. John Henry Bridges, 2 t., Londres, Williams and Norgate, 1897-1900, réimpression, Frankfurt-am-Main, Minerva, 1964.

BASILE DE CÉSARÉE, *Hexæmeron, Homélies sur l'Hexaéméron*, éd. et trad. S. Giet, Paris, Éditions du Cerf, 1950.

BASSANTIN, Jacques, *Astronomique discours*, Lyon, Jean de Tournes, 1557.

BEAUSARD, Pierre, *Annuli astronomici*, Paris, Guillaume Cavellat, 1557.

BÈDE LE VÉNÉRABLE, *Bedæ Opera de temporibus*, éd. Charles Williams Jones, Cambridge, Mass., Mediaeval Academy of America, 1943. *Liber de temporum ratione*, p. 172-291. *De temporibus liber*, p. 293-303.

BÈDE LE VÉNÉRABLE, *Expositio in primum librum Mosis, Commentarii in Pentateuchum*, éd. J.-P. Migne, *Patrologia Latina*, Paris, Migne-Garnier, 1841-1855, t. XCI.

BÈDE LE VÉNÉRABLE, *Hexæmeron*, éd. J.-P. Migne, *Patrologia Latina*, Paris, Migne-Garnier, 1841-1855, t. XCI.

BIÉMONT, Émile, *Rythmes du temps : Astronomie et calendriers*, Paris et Bruxelles, De Boeck, 1999.

BOCCACE, Giovanni, *Genealogia deorum gentilium*, dans *Opere in versi, Corbaccio, Trattatello in laude di Dante, prose latine, epistole*, éd. P. G. Ricci, Milan, R. Ricciardi, 1965.

BODIN, Jean, *Methodus ad facilem historiarum cognitionem*, trad. Beatrice Reynolds, New York, Columbia University Press, 1945.

BODIN, Jean, *Les Six Livres de la République*, Paris, Jacques du Puys, 1576.

BOÈCE, *De consolatione philosophiæ*, éd. et trad. H. F. Stewart et E. K. Rand, Cambridge, Mass., Harvard University Press, 1918.

BOÈCE, *De institutione musica*, éd. Claude V. Palisca, trad. Calvin M. Bower, New Haven, Conn., Yale University Press, 1989.

BOVELLES, Charles de, *Libellus de nihilo*, 1510, réimpression, Stuttgart, Frommann, 1970.

BRUÉS, Guy de, *The Dialogues of Guy de Brués : A Critical Edition with a Study in Renaissance Scepticism and Relativism*, éd. Panos P. Morphos, Baltimore, Johns Hopkins University Press, 1953.

CENSORINUS, *Censorini ad Q. Cærellium de die natali liber*, Lyon, François Le Preux, 1593.

CENSORINUS, *De die natali liber*, éd. Otto Jahn, Berlin, G. Reimeri, 1845.

CENSORINUS, *The Birthday Book*, trad. Holt N. Parker, Chicago, University of Chicago Press, 2007.

CHAMPIER, Symphorien, *De triplici disciplina*, Lyon, Claude Davost pour Simon Vincent, 1508.

CHRYSIPPE, *Stoicorum veterum fragmenta*, t. 2, éd. Hans F. A. von Arnim, Leipzig, Teubner, 1903.

CICÉRON, *Academica*, éd. et trad. H. Rackham, Cambridge, Mass., Harvard University Press, 1933, réimpréssion, 1972.

CICÉRON, *De divinatione*, éd. et trad. W. A. Falconer, Cambridge, Mass., Harvard University Press, 1923.

CICÉRON, *De natura deorum*, éd. et trad. H. Rackham, Cambridge, Mass., Harvard University Press, 1933, réimpression, 1972.

CICÉRON, *De l'orateur*, 3 t., éd. et trad. Edmond Courbaud, Paris, Les Belles Lettres, 1922-1930, 2e tirage, 1950-1956.

CICÉRON, *La République*, 2 t., éd. et trad. Esther Bréguet, Paris, Les Belles Lettres, 1921, 2e éd., 1980.

CICÉRON, *Des termes extrêmes des biens et des maux*, 2 t., éd. et trad. Jules Martha, Paris, Les Belles Lettres, 1928-1930, 4e tirage, 1967.

CICÉRON, *Lettres à Atticus*, 4 t., éd. et trad. D. R. Shackleton Bailey, Cambridge, Mass., Harvard University Press, 1999.

CICÉRON, *Tusculanes*, 2 t., éd. Georges Fohlen, trad. Jules Humbert, Paris, Les Belles Lettres, 1930-1931 ; t. 1, 4e tirage, 1970 ; t. 2, 3e tirage, 1968.

CLAVIUS, Christophorus, *In sphæram Joannis de Sacro Bosco commentarius*, Rome, Dominicus Basa, 1581.

CLÉMENT D'ALEXANDRIE, *Exhortation aux Grecs*, éd. et trad. G. W. Butterworth, Cambridge, Mass., Harvard University Press, 1919.

CLÉMENT D'ALEXANDRIE, *Stromata, Patrologia Græca*, éd. J.-P. Migne, Paris, Migne-Garnier, 1857-1866, t. VIII et IX.

DANIELLO, Bernardino, *La Poetica*, Giovanni Antonio Nicolini da Sabbio, Venise, 1536, réimpression, Munich, Wilhelm Fink, 1968.

DIODORE DE SICILE, *Bibliothèque historique*, 12 t., éd. et trad. C. H. Oldfather *et al.*, Cambridge, Mass., Harvard University Press, 1933-1967.

DIOGÈNE LAËRCE, *Vie de Platon*, éd. et trad. A. Ph. Segonds, Paris, Les Belles Lettres, 2002.

DIOGÈNE LAËRCE, *Vies, doctrines et sentences des philosophes illustres*, 2 t., éd. et trad. R. D. Hicks, Cambridge, Mass., Harvard University Press, 1925.

DION CASSIUS, *Histoire romaine*, 9 t., éd. et trad. H. B. Foster et E. Cary, Cambridge, Mass., Harvard University Press, 1914-1927, réimpression, 1961.

Du Chesne, Joseph, *Le grand miroir du monde*, Paris, Pierre Mettayer, 1595.

Engammare, Max, *Soixante-trois : la peur de la grande année climactérique à la Renaissance*, Genève, Droz, 2013.

Érasme, Desiderius, *De copia, Opera omnia*, éd. Clarence H. Miller, Amsterdam, North-Holland, 1988.

Érasme, Desiderius, *De copia, Opera Omnia*, t. I, partie 6, éd. Betty I. Knott, Amsterdam, North Holland, 1988.

Érasme, Desiderius, *De copia*, *Collected Works of Erasmus*, vol. 24, éd. Craig R. Thompson et trad. et commentaires par Betty I. Knott, Toronto, University of Toronto Press, 1978.

Eschyle, *Prométhée enchaîné, Tragédies*, t. 1, éd. et trad. P. Mazon, Paris, Les Belles Lettres, 1920.

Euripide, *Alceste*, *Tragédies*, t. 1, éd. et trad. L. Méridier, Paris, Les Belles Lettres, 1926, 11e tirage, 2009.

Eusèbe de Césarée, *Histoire ecclésiastique*, 2 t., éd. et trad. Kirsopp Lake et J. E. L. Oulton, Cambridge, Mass., Harvard University Press, 1926-1932.

Eusèbe de Césarée, *La Préparation évangélique*, 9 t., éd. Édouard des Places, Paris, Éditions du Cerf, 1974-1991.

Ficin, Marsile, *Commentarium in Phædrum*, *Commentaires sur Platon*, t. 1, éd. et trad. Michael J. B. Allen, Cambridge, Mass., Harvard University Press, 2008.

Ficin, Marsile, *De vita libri tres*, éd. et trad. Carol V. Kaske et John R. Clark, Binghamton, N.Y., Renaissance Society of America, 1989.

Ficin, Marsile, *Theologia platonica*, 3 t., éd. et trad. Raymond Marcel, Paris, Les Belles Lettres, 1964-1970.

Firmicus Maternus, Julius, *Astronomicon*, Bâle, J. Hervagius, 1551.

Firmicus Maternus, Julius, *Mathesis*, 3 t., éd. P. Monat, Paris, Les Belles Lettres, 1992-1997.

Flavius Josephus, *Antiquités judaïques*, *Œuvres*, 9 t., éd. et trad. H. St. J. Thackeray et R. Marcus, Cambridge, Mass., Harvard University Press, 1926-1965, réimpression, 1998.

Fracastoro, Girolamo, *Homocentrica*, Venise, 1538.

Frank, Edgar, *Talmudic and Rabbinical Chronology : The Systems of Counting Years in Jewish Literature*, New York, Philipp Feldheim, 1956.

Galien, *Opera omnia*, éd. C. G. Kühn, 20 t., Leipzig, C. Cnoblochius, 1821-1833.

Gaza, Théodore, *Περὶ μηνῶν* (*Liber de mensibus*), dans Dionysius Petavius, *Opus de doctrina temporum*, 3 t., Anvers, G. Gallet, 1703, t. III, p. 153-169.

Géminos, *Isagoge*, trad. James Evans et J. Lennart Berggren, Princeton, Princeton University Press, 2006.

Gemma Frisius, *Usus annuli astronomici*, dans Petrus Apianus, *Cosmographia*, Anvers, Gregorio Bontio, 1550.

GENEBRARD, Gilbert, *Chronographiæ libri quatuor*, Paris, A. Gorbinus, 1580.
GIORGIO, Francesco, *De harmonia mundi totius cantica tria*, Paris, Andrea Berthelin, 1545.
GIRALDI, Lilio Gregorio, *De annis et mensibus, cæterisque temporum partibus, difficili hactenus et impedita materia, dissertatio facilis et expedita*, Bâle, M. Isingrinius, 1541.
GIRALDI, Lilio Gregorio, *De deis gentium*, Lyon, Iacobi Iunctæ, 1565.
GIRALDI, Lilio Gregorio, *De Musis syntagma*, Bâle, M. Isingrinius, 1539.
GIRALDI, Lilio Gregorio, *De re nautica libellus*, Bâle, M. Isingrinius, 1540.
HEBRAEO, Boneto, *Annuli astronomici*, Paris, G. Cavellat, 1557.
HÉBREU, Léon l', *Dialogues d'Amour*, trad. Pontus de Tyard, éd. T. Anthony Perry, Chapel Hill, University of North Carolina Press, 1974.
HERMÈS TRISMÉGISTE, *Asclépius*, *Corpus hermeticum*, t. 2, éd. A. D. Nock, trad. A.-J. Festugière, Paris, Les Belles Lettres, 1945.
HÉRODOTE, *Histoires*, 9 t., éd. et trad. Ph.-E. Legrand, Paris. Les Belles Lettres, 1932-1955, nombreux tirages révisés, 1963-1970.
HÉSIODE, *Théogonie*, dans *Théogonie – Les Travaux et les Jours – Le Bouclier*, éd. et trad. P. Mazon, Paris, Les Belles Lettres, 1928.
HÉSIODE, *Les Travaux et les Jours*, dans *Théogonie – Les Travaux et les Jours – Le Bouclier*, éd. et trad. P. Mazon, Paris, Les Belles Lettres, 1928.
HIPPARQUE DE NICÉE, *Ad Arati et Eudoxi Phænomena*, dans Petavius, *Opus de doctrina temporum*, 3 t., Anvers, G. Gallet, 1703, III, p. 97-147.
HIPPOCRATE, *Œuvres*, 11 t., éd. et trad. W. H. S. Jones, E. T. Withington, et P. Potter, Cambridge, Mass., Harvard University Press, 1923-2018.
HOMÈRE, *L'Iliade*, 4 t., éd. et trad. Paul Mazon, Pierre Chantraine, *et al.*, Paris, Les Belles Lettres, 1937-1938 ; t. 1, 4e tirage, 1962 ; t. 2, 4e tirage, 1961 ; t. 3, 5e tirage, 1961 ; t. 4, 5e tirage revu et corrigé, 1963.
HOMÈRE, *L'Odyssée*, 3 t., éd. et trad. Victor Bérard, Paris, Les Belles Lettres, 1924 ; t. 1, 6e tirage, 1962 ; t. 2, 7e tirage, 1963 ; t. 3, 6e tirage, 1963.
HORACE, *Art poétique*, *Épîtres*, éd. et trad. François Villeneuve, Paris, Les Belles Lettres, 1934.
HUGUES DE SAINT-VICTOR, *De arca Noe morali*, éd. J.-P. Migne, *Patrologia Latina*, Paris, Migne-Garnier, 1841-1855, t. CLXXVI.
HYGIN, *Fabularum liber*, Bâle, Joannes Hervagius, 1535, réimpression, New York, Garland, 1976.
HYGIN, *L'Astronomie*, trad. A. Le Bœuffle, Paris, Les Belles Lettres, 1983.
ISIDORE DE SÉVILLE, *Etymologiarum sive originum*, libri XX, 2 t., éd. W. M. Lindsay, Oxford, Clarendon Press, 1911, réimpression, 1962.
JAMBLIQUE, *Les mystères d'Égypte*, éd. et trad. Édouard des Places, Paris, Les Belles Lettres, 1966.
JAMBLIQUE, *De vita Pythagorica*, éd. Ludwig Deubner, Leipzig, Teubner, 1937, éd. revue et corrigée par U. Klein, Stuttgart, Teubner, 1975.

JÉRÔME, *In Amos*, éd. J.-P. Migne, *Patrologia Latina*, Paris, Migne-Garnier, 1841-1855, t. XXV.

JÉRÔME, *In Ezechielem*, éd. J.-P. Migne, *Patrologia Latina*, Paris, Migne-Garnier, 1841-1855, t. XXV.

JÉRÔME, *In Isaiam*, éd. J.-P. Migne, *Patrologia Latina*, Paris, Migne-Garnier, 1841-1855, t. XXIV.

LACTANCE, *Institutions divines*, trad. Mary Francis McDonald, O.P., Washington, D.C., Catholic University of America Press, 1964, réimpression, 2010.

LE CARON, Louis, *La Claire, ou de la prudence de droit, dialogue premier*, Paris, Guillaume Cavellat, 1554.

LE CARON, Louis, *Dialogues*, éd. Joan A. Buhlmann et Donald Gilman, Genève, Droz, 1986.

LE FÈVRE DE LA BODERIE, Guy, *La Galliade* (1582), éd. F. Roudaut, Paris, Klincksieck, 1993.

LE ROY, Louis, *De la vicissitude ou varieté des choses en l'Univers*, Paris, Pierre l'Huilier, 1576.

Lettres patentes et Statuts de l'Académie de Baïf, dans F. A. Yates, *The French Academies of the Sixteenth Century*, Londres, Warburg Institute, University of London, 1947, p. 319-322.

LUCIEN, *Œuvres*, 8 t., éd. et trad. K. Kilburn, Cambridge, Mass., Harvard University Press, 1913-1967.

LYRE, Nicolas de, *Biblia sacra cum glossis, interlineari et ordinaria*, Lyon, Gaspard Trechsel, 1545.

MACROBE, *In somnium Scipionis*, trad. William Harris Stahl, New York, Columbia University Press, 1952, réimpression, 1990.

MACROBE, *Saturnalia*, 2 t., éd. Jacob Willis, Leipzig, Teubner, 1963, 2e éd., 1970.

MACROBE, *Saturnalia*, 3 t., éd. et trad. Robert A. Kaster, Cambridge, Mass., Harvard University Press, 2011.

MAESTLIN, Michael, *Ephemerides novæ, ab anno salutiferæ incarnationis 1577 ad annum 1590*, Tübingen, G. Gruppenbachius, 1580.

MANILIUS, Marcus, *Fragmenta poetarum latinorum*, éd. W. Morel, Leipzig, Teubner, 1927.

MARC-AURÈLE, *Pensées*, éd. et trad. A. I. Trannoy, Paris, Les Belles Lettres, 1953.

MASAWAYH, Yuhanna Ibn (Joanne Mesue), *De morbis internis curandis liber unus*, éd. P. Aponensis, Lyon, A. Vicentius, 1551.

MAUROLICO, Francesco, *Cosmographia*, Venise, héritiers de Lucantonio Giunta, 1543.

MELANCHTHON, Philip, *Initia doctrinæ physicæ*, Wittenberg, Johannes Lufft, 1549.

MESMES, Jean-Pierre de, *Les Institutions astronomiques*, Paris, Michel de Vascosan, 1557.

MINTURNO, Antonio Sebastiano, *De poeta*, Venise, F. Rampazetum, 1559, réimpression, Munich, Wilhelm Fink, 1970.

MONTAIGNE, Michel de, *Journal de voyage en Italie par la Suisse et l'Allemagne, en 1580 et 1581*, éd. M. Rat, Paris, Garnier Frères, 1942.

MÜLLER, Johannes (Regiomontanus), *Ephemerides*, Venise, Vincenzo Benali, 1492.

MÜNSTER, Sebastian, *La cosmographie universelle de tout le monde*, augmentée par François Belle-Forest, 2 t., Paris, Michel Sonnius, 1575.

OVIDE, *Les Fastes*, 2 t., éd. et trad. R. Schilling, Paris, Les Belles Lettres, 1993.

OVIDE, *Les Métamorphoses*, 3 t., éd. et trad. Georges Lafaye, Paris, Les Belles Lettres, 1928-1930, 3e éd. revue et corrigée, 1961-1965.

PALINGENIUS, Marcellus (Pietro Angelo Manzolli), *Zodiacus vitæ*, Venise, Bernardinus de Vitalis Venetus, 1531.

PAUSANIAS, *Description de la Grèce*, 5 t., éd. et trad. W. H. S. Jones, Cambridge, Mass., Harvard University Press, 1918-1926.

PETAU, Denis (Dionysius Petavius), *Opus de doctrina temporum*, 3 t., Anvers, Georgius Gallet, 1703.

PEUCER, Kaspar, *Elementa doctrinæ de circulis cœlestibus et primo motu*, Wittenberg, J. Crato, 1551.

PEURBACH, Georg von, *Theoricæ novæ planetarum*, éd. commentée par Erasmus Reinhold, Wittenberg, J. Crato, 1580.

PEYLIGK, Johannes, *Philosophiæ naturalis compendium*, Leipzig, Melchior Lotter, 1499.

PHILON D'ALEXANDRIE, *Œuvres*, 10 t., 2 suppléments, éd. et trad. F. H. Colson et G. H. Whitaker, Cambridge, Mass., Harvard University Press, 1929-1954.

PHILOSTRATE DE LEMNOS, *Imagines*, éd. et trad. A. Fairbanks, Cambridge, Mass., Harvard University Press, 1931.

PIGHIUS, Albert, *De ratione paschalis celebrationis*, Paris, C. Resch, 1520.

PINDARE, *Œuvres complètes*, 4 t., éd. et trad. A. Puech, Paris, Les Belles Lettres, 1922-1923 ; t. 1, 5e tirage, 1962 ; t. 2, 4e éd. revue et corrigée, 1961 ; t. 3, 3e éd. revue et corrigée, 1958 ; t. 4, 3e éd., 1961.

PLATON, *Le Banquet, Œuvres complètes*, t. 4, 2e partie, éd. et trad. Léon Robin, Paris, Les Belles Lettres, 1929, 6e éd. revue et corrigée, 1958.

PLATON, *Lois, Œuvres complètes*, 2 t. (t. 11, 1re et 2e parties, et t. 12, 1re et 2e parties), éd. et trad. Édouard des Places et Auguste Diès, Paris, Les Belles Lettres, 1951-1956.

PLATON, *Parménide, Œuvres complètes*, t. 8, 1re partie, éd. et trad. Auguste Diès, Paris, Les Belles Lettres, 1923, 3e éd. revue et corrigée, 1956.

PLATON, *Phédon, Œuvres complètes*, t. 4, 1re partie, éd. et trad. Léon Robin, Paris, Les Belles Lettres, 1926, 6e éd. revue et corrigée, 1957.

PLATON, *Phèdre, Œuvres complètes*, t. 4, 3e partie, éd. et trad. Léon Robin, Paris, Les Belles Lettres, 1933, 4e éd., 1954.

PLATON, *Philèbe, Œuvres complètes*, t. 9, 2e partie, éd. et trad. Auguste Diès, Paris, Les Belles Lettres, 1941.

PLATON, *Le Politique, Œuvres complètes*, t. 9, 1re partie, éd. et trad. Auguste Diès, Paris, Les Belles Lettres, 1935, 2e éd. revue et corrigée, 1950.

PLATON, *Protagoras*, *Œuvres complètes*, t. 3, 1re partie, éd. et trad. A. Croiset, Paris, Les Belles Lettres, 1923, 11e tirage, 2002.

PLATON, *La République*, *Œuvres complètes*, 2 t. (t. 6, t. 7, 1re et 2e parties), éd. et trad. Émile Chambry, Paris, Les Belles Lettres, 1931-1934, 3e tirage, 1947-1949.

PLATON, *Timée*, *Œuvres complètes*, t. 10, éd. et trad. Albert Rivaud, Paris, Les Belles Lettres, 1925, 3e éd. revue et corrigée, 1956.

PLAUTE, *Le marchand*, *Comédies*, t. 4, éd. et trad. Alfred Ernout, Paris, Les Belles Lettres, 1936, 7e tirage, 1990.

PLINE, *Histoire naturelle*, 2 t., éd. et trad. Émile Littré, Paris, Les Belles Lettres, 2016.

PLINE, *Histoire naturelle*, 10 t., éd. et trad. H. Rackham, W. H. S. Jones, A. C. Andrews et D. E. Eichholz, Cambridge, Mass., Harvard University Press, 1938-1962.

PLUTARQUE, *Alexandre-César*, *Vies*, t. 9, éd. et trad. R. Flacelière et É. Chambry, Paris, Les Belles Lettres, 1975, 3e tirage, 2012.

PLUTARQUE, *Démosthène et Cicéron. Alexandre et César*, *Vies*, t. 7, éd. et trad. Bernadotte Perrin, Cambridge, Mass., Harvard University Press, 1919.

PLUTARQUE, *Artaxerxès – Aratos. Galba-Othon*, *Vies*, t. 15, éd. et trad. R. Flacelière et É. Chambry, Paris, Les Belles Lettres, 1979.

PLUTARQUE, *Cimon-Lucullus. Nicias-Crassus*, *Vies*, t. 7, éd. et trad. R. Flacelière, É. Chambry et M. Juneaux, Paris, Les Belles Lettres, 1972.

PLUTARQUE, *Démétrios-Antoine*, *Vies*, t. 13, éd. et trad. R. Flacelière, É. Chambry et M. Juneaux, Paris, Les Belles Lettres, 1977.

PLUTARQUE, *De defectu oraculorum*, *Moralia*, t. 5, éd. et trad. F. C. Babbitt, Cambridge, Mass., Harvard University Press, 1936.

PLUTARQUE, *De E apud Delphos*, *Moralia*, t. 5, éd. et trad. F. C. Babbitt, Cambridge, Mass., Harvard University Press, 1936, réimpr., 1962.

PLUTARQUE, *De Iside et Osiride*, *Moralia*, t. 5, 2e partie, traité 23, éd. et trad. C. Froidefond, Paris, Les Belles Lettres, 1988, 2e tirage revu et corrigé, 2003.

PLUTARQUE, *Périclès-Fabius Maximus. Alcibiade-Coriolan*, *Vies*, t. 3, éd. et trad. R. Flacelière et É. Chambry, Paris, Les Belles Lettres, 1964.

PLUTARQUE, *Pyrrhos-Marius. Lysandre-Scylla*, *Vies*, t. 6, éd. et trad. R. Flacelière et M. Juneaux, Paris, Les Belles Lettres, 1971, 2e tirage, 2003.

PLUTARQUE, *Quæstiones græcæ*, *Moralia*, t. 4, éd. et trad. F. C. Babbitt, Cambridge, Mass., Harvard University Press, 1936.

PLUTARQUE, *Platonicæ Quæstiones*, *Moralia*, t. 13 (1re partie), éd. et trad. H. Cherniss, Cambridge, Mass., Harvard University Press, 1976.

PLUTARQUE, *Quæstiones romanæ*, *Moralia*, t. 4 : Traités 17 à 19, éd. et trad. J. Boulogne, Paris, Les Belles Lettres, 2002.

PLUTARQUE, *Sertorius-Eumène. Agésilas-Pompée*, *Vies*, t. 8, éd. et trad. R. Flacelière, É. Chambry et M. Juneaux, Paris, Les Belles Lettres, 1973.

PLUTARQUE, *Solon-Publicola. Thémistocle-Camille*, *Vies*, t. 2, éd. et trad. R. Flacelière, É. Chambry et M. Juneaux, Paris, Les Belles Lettres, 1961.

PLUTARQUE, *Thésée-Romulus. Lycurgue-Numa*, *Vies*, t. 1, éd. et trad. R. Flacelière, É. Chambry, M. Juneaux et J. Irigoin, Paris, Les Belles Lettres, 1958.

PLUTARQUE, *Timoléon-Paul-Émile. Pélopidas-Marcellus*, *Vies*, t. 4, éd. et trad. R. Flacelière, É. Chambry et M. Juneaux, Paris, Les Belles Lettres, 1967.

PORPHYRE, *De antro nympharum*, dans *Porphyrii philosophi Platonici opuscula selecta*, éd. A. Nauck, Leipzig, Teubner, 1886.

PROCLUS, *Commentaire sur le Timée*, 5 t., éd. et trad. A. J. Festugière, Paris, Vrin, 1966-1968.

PROCLUS, *Sphæra*, Paris, Martin le Jeune, 1557.

PS.-AMBROISE, *Epistolæ*, éd. J.-P. Migne, *Patrologia Latina*, Paris, Migne-Garnier, 1841-1855, t. XVII.

PS.-PLUTARQUE, *Opinions des philosophes*, *Moralia*, t. 12, 2e partie : Traité 58, éd. et trad. Guy Lachenaud, Paris, Les Belles Lettres, 1993.

PTOLÉMÉE, Claude, *Opera*, Bâle, H. Petrus, 1541.

QUINTE-CURCE, *Histoire d'Alexandre*, 2 t., éd. et trad. John C. Rolfe, Cambridge, Mass., Harvard University Press, 1946.

QUINTILIEN, *Institution oratoire*, 7 t., éd. et trad. J. Cousin, Paris, Les Belles Lettres, 1975-1980.

REINHOLD, Érasme, *Primus liber tabularum directionum, discentibus prima elementa astronomiæ necessarius et utilissimus*, Tübingen, U. Morhardus, 1554.

REINHOLD, Érasme, *Prutenicæ tabulæ cœlestium motuum*, Wittenberg, M. Welack, 1585.

REISCH, Gregor, *Margarita philosophica*, Fribourg-en-Brisgau, J. Schottus, 1504.

RHODIGINUS, Lodovicus Cælius, *Lodovici Cælii Rhodigini Lectionum antiquarum, libri XXX*, Bâle, Aurelius et Ambrosius Froben, 1542.

RONSARD, Pierre de, *Œuvres complètes*, 20 t., éd. P. Laumonier, Paris, Didier, 1924-1975.

SACROBOSCO, Johannes de (John Holywood), *Sphæra*, Lyon, P. Tinghius, 1578.

SACROBOSCO, Johannes de (John Holywood), *La Sphère*, trad. Guillaume des Bordes, Paris, Jérôme de Marnef et la veuve de Guillaume Cavellat (Denise Cavellat), 1584.

SCALIGER, Joseph-Juste, *De emendatione temporum*, Paris, S. Nivellius, 1583.

SCALIGER, Jules César, *Poetices libri septem*, Lyon, Antonius Vicentius, 1561, réimpression, Stuttgart, Friedrich Frommann, 1964.

SÉNÈQUE, *De la brièveté de la vie*, *Dialogues*, t. 2, éd. et trad. A. Bourgery, Paris, Les Belles Lettres, 1930.

SÉNÈQUE, *Epistulæ morales*, 3 t., éd. et trad. Richard M. Gummere, Cambridge, Mass., Harvard University Press, 1917-1925, réimpression, 1961-1962.

SÉNÈQUE, *Lettres à Lucilius*, 5 t., éd. François Préchac et trad. Henri Noblot, Paris, Les Belles Lettres, 1945-1964 ; t. 1, 6e tirage revu et corrigé, 1969 ; t. 2, 4e tirage, 1969 ; t. 3, 2e tirage, 1965 ; t. 4, 2e tirage, 1971 ; t. 5, 2e tirage, 1971.

SÉNÈQUE, *Questions naturelles*, 2 t., éd. et trad. Thomas H. Corcoran, Cambridge, Mass., Harvard University Press, 1971-1972.

SERVIUS, *Commentaire sur « l'Énéide »*, éd. G. Thilo et H. Hagen, Turnhout, Brepols, 2010.

SERVIUS, *Commentaire sur les « Géorgiques »*, éd. G. Thilo et H. Hagen, Turnhout, Brepols, 2010.

SIGONIO, Carlo, *De dialogo liber*, éd. Johannes Jessenius, Leipzig, H. Osthausus, 1596.

SILVESTRE, Bernard, *Cosmographia*, éd. Peter Dronke, Leiden, Brill, 1978.

SOLIN, *Polyhistor*, Paris, S. de Colines, 1533.

SOLON, *Poésie élégiaque*, *Élégie et iambe*, 2 t., éd. et trad. J. M. Edmonds, Cambridge, Mass., Harvard University Press, 1931.

STÖFFLER, Johann, *Calendarium romanum magnum*, Oppenheim, J. Köbel, 1518.

STÖFFLER, Johann, *De compositione aut fabrica astrolabii*, s. l., 1535.

STÖFFLER, Johann, *In Procli Diadochi*, Tübingen, H. Morhart, 1534.

STRABON, *Géographie*, 8 t., éd. et trad. H. L. Jones, Cambridge, Mass., Harvard University Press, 1917-1932.

SUÉTONE, *César–Auguste, Vies des douze Césars*, éd. et trad. Henri Ailloud, Paris, Les Belles Lettres, Collection Classiques en poche, 2008, nouveau tirage, 2013.

SUIDAS, *Σουίδας, cuius integram latinam interpretationem, et perpetuam Græci textus emendationem A. Portus*, 2 t., Genève, P. et J. Chouet, 1619.

TACITE, *Annales*, *Œuvres complètes*, t. 3-5., éd. et trad. John Jackson, Cambridge, Mass., Harvard University Press, 1931-1937.

TITE-LIVE, *Ab urbe condita*, 14 t., éd. et trad. A. C. Schlesinger, Cambridge, Mass., Harvard University Press, 1919-1959.

VARRON, *De lingua latina*, 2 t., trad. Roland G. Kent, Cambridge, Mass., Harvard University Press, 1938.

VARRON, *De lingua latina*, 3 t., éd. et trad. Pierre Flobert et J. Collart, Paris, Les Belles Lettres, 1954-2019.

VARRON, *Res rusticæ*, 3 t., éd. et trad. J. Heurgon, Paris, Les Belles Lettres, 1978-1997.

VERGILE, Polydore, *De inventoribus rerum*, Amsterdam, D. Elzevirius, 1671.

VIRGILE, *Bucoliques*, éd. et trad. E. de Saint-Denis, Paris, Les Belles Lettres, 1942, 5e tirage revu, corrigé et augmenté par R. Lesueur, 1992, 8e tirage, 2005.

VIRGILE, *L'Énéide*, 2 t., éd. Henri Goelzer et René Durand, trad. André Bellessort, Paris, Les Belles Lettres, 1926-1936, 11e tirage, 1964.

VIRGILE, *Géorgiques*, éd. et trad. E. de Saint-Denis, Paris, Les Belles Lettres, 1956.

ÉTUDES

ALLEN, Don Cameron, *The Star-Crossed Renaissance : The Quarrel about Astrology and Its Influence in England*, Durham, N.C., Duke University Press, 1941.

ANDRIEU, Jean, *Le Dialogue antique : Structure et présentation*, Paris, Les Belles Lettres, 1954.

ARMSTRONG, C. J. R., « The Dialectical Road to Truth : the Dialogue », dans *French Renaissance Studies, 1540-1570 : Humanism and the Encyclopedia*, éd. Peter Sharratt, Edinburgh, Edinburgh University Press, 1976, p. 36-51.

BAKER, Herschel, *The Race of Time : Three Lectures on Renaissance Historiography*, Toronto, University of Toronto Press, 1967.

BAUMGARTNER, F. J., « Scepticism and French Interest in Copernicanism to 1630 », *Journal for the History of Astronomy*, XVII, 49, 1986, p. 77-88.

BÉNOUIS, Mustapha Kemal, *Le Dialogue philosophique dans la littérature française du seizième siècle*, La Haye-Paris, Mouton, 1976.

BETT, Richard, *Pyrrho, His Antecedents, and His Legacy*, Oxford, Oxford University Press, 2000.

BIÉMONT, Émile, *Rythmes du temps : Astronomie et calendriers*, Paris et Bruxelles, De Boeck, 1999.

BISTUÉ, Belén, *Collaborative Translation and Multi-Version Texts in Early Modern Europe*, Farnham, Ashgate, 2013.

BISTUÉ, Belén, « On the Incorrect Way to Translate : The Absence of Collaborative Translation from Leonardo Bruni's *De Interpretatione recta* », dans *Collaborative Translation : From the Renaissance to the Digital Age*, éd. Anthony Cordingley et Céline Frigau Manning, Londres, Bloomsbury, 2017, p. 33-48.

BOKDAM, Sylviane, « La figure du Curieux dans les *Discours philosophiques* de Pontus de Tyard », dans *La Curiosité à la Renaissance*, éd. J. Céard, Paris, SEDES, 1986, p. 99-110.

BOKDAM, Sylviane, *Pontus de Tyard*, Paris et Rome, Memini, 1997.

BOKDAM, Sylviane, « La question astrologique chez Tyard, de *Mantice* aux *Homilies* », dans *Pontus de Tyard, poète, philosophe, théologien*, Paris, éd. S. Bokdam, Champion, 2003, 279-298.

BOWEN, B. C., « Cornelius Agrippa's *De Vanitate* : Polemic or Paradox ? », *Bibliothèque d'Humanisme et Renaissance*, XXXIV (1972), p. 249-256.

BRABANT, F. H., *Time and Eternity in Christian Thought*, Londres, Longmans, 1937.

BUNDY, Murray W., *The Theory of Imagination in Classical and Mediaeval Thought*, Urbana, Illinois, University of Illinois Press, 1927.

BUSSON, Henri, *Le Rationalisme dans la littérature française de la Renaissance (1533-1601)*, Paris, Vrin, 1957.

CALLAHAN, J. F., *Four Views of Time in Ancient Philosophy*, Cambridge, Mass., Harvard University Press, 1948, réimpression, Greenwood, New York, 1968.

CASTOR, Grahame, *La Poétique de la Pléiade. Étude sur la pensée et la terminologie du XVIe siècle*. Traduit de l'anglais (1964) par Yvonne Bellenger, Paris, Champion, 1998.

CHAMARD, Henri, *Histoire de la Pléiade*, 4 t., Paris, Didier, 1939-1940.

CURTIUS, E. R., *La littérature européenne et le Moyen Âge latin*, traduit de l'allemand par Jean Bréjoux, Paris, PUF, 1956.

DOHRN-VAN ROSSUM, Gerhard, *History of the Hour : Clocks and Modern Temporal Orders*, trad. Thomas Dunlap, Chicago, University of Chicago Press, 1996.

DOUGLAS, Richard M., *Jacopo Sadoleto, 1477-1547 : Humanist and Reformer*, Cambridge, Mass., Harvard University Press, 1959.

EDEN, Kathy, *Poetic and Legal Fiction in the Aristotelian Tradition*, Princeton, Princeton University Press, 1986.

ENGAMMARE, Max, *Soixante-trois : La peur de la grande année climactérique à la Renaissance*, Genève, Droz, 2013.

FEENEY, Denis, *Caesar's Calendar : Ancient Time and the Beginnings of History*, Berkeley, University of California Press, 2007.

FLORIDI, Luciano, *Sextus Empiricus : The Transmission and Recovery of Pyrrhonism*, Oxford, Oxford University Press, 2002.

FRÉMY, É., *L'Académie des derniers Valois, Académie de Poésie et de Musique 1570-1576. Académie du Palais 1576-1585*, Paris, Ernest Leroux, 1887, réimpression, Genève, Slatkine, 1969.

GIACONE, Franco, « Trois poèmes inédits de Pontus de Tyard », *Bibliothèque d'Humanisme et Renaissance*, XLIV, 1982, p. 97-121.

GILMAN, Donald, « The Reconstruction of a Genre : Carolus Sigonius and the Theorization of Renaissance Dialogue », dans *Acta Conventus Neo-Latini Torontonensis : Proceedings of the Sixth Triennial Conference on Neo-Latin Studies*, Binghamton, N.Y. : Medieval and Renaissance Texts and Studies, 1991, p. 345-355.

GILMAN, Donald, « Theories of Dialogue », dans *The Dialogue in Early Modern France, 1547-1630 : Art and Argument*, éd. Colette H. Winn, Washington, D.C., Catholic University of America Press, 1993, p. 5-76.

GIRARDI, Raffaele, « "Elegans imitatio et erudita" : Sigonio e la teoria del dialogo », *Giornale storico della letteratura italiana*, CIII (1986), p. 321-354.

GRAFTON, Anthony, *Joseph Scaliger : A Study in the History of Classical Scholarship*, 2 t., Oxford, Clarendon, 1983-1993.

GRAY, Hanna H., « Renaissance Humanism : The Pursuit of Eloquence », *Journal of the History of Ideas*, XXIV, 1963, p. 497-514.

GUIBBORY, Achsah, *The Map of Time : Seventeenth-Century English Literature and Ideas of Pattern in History*, Urbana et Chicago, Illinois, University of Illinois Press, 1986.

GUITTON, Jean. *Le temps et l'éternité chez Plotin et saint Augustin*, Paris, Boivin, 1933.

GUYE, Samuel, et MICHEL, Henri, *Mesures du temps et de l'espace : Horloges, montres et instruments anciens*, Fribourg, Office du livre, 1970.

HALL, Kathleen M., *Pontus de Tyard and his* Discours philosophiques, Oxford, Oxford University Press, 1963.

HALL, Kathleen M., « Pontus de Tyard and his *Discours philosophiques* », thèse de doctorat, Oxford University, 1953.

HANFMANN, George M. A., *The Season Sarcophagus in Dumbarton Oaks*, 2 t., Cambridge, Mass., Harvard University Press, 1951.

HANKINS, John Erskine, *Shakespeare's Derived Imagery*, Lawrence, Kansas, University of Kansas Press, 1953.

HENINGER, S. K., *Touches of Sweet Harmony : Pythagorean Cosmology and Renaissance Poetics*, San Marino, Calif., Huntington Library, 1974.

HILL, John Spencer, *Infinity, Faith, and Time : Christian Humanism and Renaissance Literature*, Montréal et Kingston, McGill-Queen's University Press, 1997.

HIRZEL, Rudolf, *Der Dialog, ein literarhistorischer Versuch*, 2 t., Leipzig, Hirzel, 1895, réimpression, Hildesheim, Georg Olms, 1963.

IRWIN, Keith Gordon, *The 365 Days*, New York, Thomas Y. Crowell, 1963.

JEANDET, Jean-Pierre-Abel, *Étude sur le seizième siècle. France et Bourgogne. Pontus de Tyard, seigneur de Bissy, depuis évêque de Chalon*, Paris, A. Aubry, 1860.

JOUKOVSKY, Françoise, *Montaigne et le problème du temps*, Paris, Nizet, 1972.

KUSHNER, Eva, « Le dialogue de 1580 à 1630 : articulations et fonctions », dans *L'automne de la Renaissance 1580-1630, XXIIe Colloque international d'études humanistes, Tours, 2-13 juillet 1979*, études réunies par Jean Lafond et André Stegmann, Paris, Vrin, 1981, p. 149-162.

KUSHNER, Eva, « Le dialogue en France de 1550 à 1560 », dans *Le dialogue au temps de la Renaissance*, éd. M.-T. Jones-Davies, Paris, Touzot, 1984, p. 151-167.

KUSHNER, Eva, « Le dialogue en France au XVIe siècle : quelques critères génologiques », *Canadian Review of Comparative Literature*, V, 1978, p. 141-153.

KUSHNER, Eva, « The Dialogue of the French Renaissance : Work of Art or Instrument of Inquiry ? », *Zagadnienia Rodzajów Literackich*, XX, 1977, p. 23-35.

KUSHNER, Eva, « Dialogues et vérité : réflexions autour de Pontus de Tyard », dans *Langage et vérité : Études offertes à Jean-Claude Margolin*, éd. Jean Céard, Genève, Droz, 1993, p. 99-109.

KUSHNER, Eva, *Pontus de Tyard et son œuvre poétique*, Paris, Honoré Champion, 2001.

KUSHNER, Eva, « Réflexions sur le dialogue en France au XVIe siècle », *Revue des Sciences Humaines*, CXLVIII, 1972, p. 485-501.

KUSHNER, Eva, « Le rôle de la temporalité dans la pensée de Pontus de Tyard », dans *Le Temps et la durée dans la littérature au Moyen Âge et à la Renaissance*, éd. Y. Bellenger, Paris, Nizet, 1986, p. 211-230.

KUSHNER, Eva, « Le rôle structurel du *locus amœnus* dans les dialogues de la Renaissance », *Cahiers de l'Association internationale des études françaises*, XXXIV, 1982, p. 39-57.

KUSHNER, Eva, « Tyard et la vérité scientifique », dans *Esculape et Dionysos : Mélanges en l'honneur de Jean Céard*, études réunies et éditées par Jean Dupèbe *et al.*, Genève, Droz, 2008, p. 393-404.

LAPP, John C., « Pontus de Tyard and the Science of his Age », *Romanic Review*, XXXVIII, 1947, p. 16-22.

LATTIMORE, Richmond, *Themes in Greek and Latin Epitaphs*, Illinois Studies in Language and Literature, vol. 28, Urbana, Ill., University of Illinois Press, 1942, réimpression, 1962.

LE GOFF, Jacques, « Au Moyen Âge : Temps de l'Église et temps du marchand », *Annales, E.S.C.*, XV, 1960, p. 417-433.

MANUEL, Frank E., *Shapes of Philosophical History*, Stanford, Stanford University Press, 1965.

MAREK, Heidi, *Le Mythe antique dans l'œuvre de Pontus de Tyard*, Paris, Honoré Champion, 2006.

MARROU, H.-I., *L'Ambivalence du temps de l'histoire chez saint Augustin*, Montréal, Institut d'études médiévales, 1950.

MARSH, David, *The Quattrocento Dialogue : Classical Tradition and Humanist Innovation*, Cambridge, Mass., Harvard University Press, 1980.

MCCLELLAND, John, « Dialogue et rhétorique à la Renaissance », dans *Le dialogue*, éd. P. Léon et P. Perron, Ottawa, Didier, 1985, p. 157-164.

MCCLELLAND, John, « Un exemplaire annoté des *Discours philosophiques* de Pontus de Tyard », *Bibliothèque d'Humanisme et Renaissance*, XLI, 1979, p. 317-339.

MERITT, Benjamin D., *The Athenian Year*, Berkeley et Los Angeles, University of California Press, 1961.

MERRILL, Robert V., « Platonism in Pontus de Tyard's *Erreurs amoureuses* (1549) », *Modern Philology*, XXXV, 2, 1937, p. 139-158.

MICHELS, Agnes Kirsopp, *The Calendar of the Roman Republic*, Princeton, Princeton University Press, 1967.

MORRISON, John L., « Augustine's Two Theories of Time », *New Scholasticism*, XLV (1971), p. 600-610.

NAUERT, Jr., Charles G., *Agrippa and the Crisis of Renaissance Thought*, Urbana, Illinois, University of Illinois Press, 1965.

NAUERT, Jr., Charles G., « Magic and Skepticism in Agrippa's Thought », *Journal of the History of Ideas*, XVIII, 1957, p. 161-182.

NOTHAFT, C. Philipp E., *Medieval Latin Christian Texts on the Jewish Calendar*, Leyde et Boston, Brill, 2014.

O'NEIL, W. M., *Time and the Calendars*, Sydney, Sydney University Press, 1975.

PANOFSKY, E., « Father Time », *Studies in Iconology : Humanistic Themes in the Art of the Renaissance*, Oxford, Oxford University Press, 1939 ; réimpression, New York, Harper and Row, 1972, p. 69-93.

PANTIN, Isabelle, « Les *Ephemerides octavæ sphæræ* (1562) et leur place dans la réflexion cosmologique de Pontus de Tyard », dans *Pontus de Tyard, poète, philosophe, théologien*, éd. S. Bokdam, Paris, Champion, 2003, p. 261-278.

PANTIN, Isabelle, *La Poésie du ciel en France dans la seconde moitié du seizième siècle*, Genève, Droz, 1995.

PATRIDES, C. A. *The Grand Design of God*, Toronto, University of Toronto Press, 1972.

PATRIDES, C. A. *The Phoenix and the Ladder : The Rise and Decline of the Christian View of History*, Berkeley, University of California Press, 1964.

PÉRONNET, Michel, « Les nominations épiscopales sous Henri III », dans *Henri III et son temps*, dir. Robert Sauzet, Paris, Vrin, 1992, p. 285-292.

PERRY, Claude, *Histoire civile et ecclésiastique, ancienne et moderne de la ville et cité de Chalon sur Saone*, Chalon-sur-Saône, Philippe Tan, 1659.

PHILIP, Alexander, *The Calendar : Its History, Structure and Improvement*, Cambridge, Cambridge University Press, 1921.

POPKIN, Richard H. *The History of Scepticism : From Savonarola to Bayle*, 3e éd. revue et augmentée, Oxford, Oxford University Press, 2003.

QUINONES, Ricardo J., *The Renaissance Discovery of Time*, Cambridge, Mass., Harvard University Press, 1972.

RAGGIO, Olga, « The Myth of Prometheus : Its Survival and Metamorphoses up to the Eighteenth Century », *Journal of the Warburg and Courtauld Institutes*, XXI, 1958, p. 44-62.

RICHARDS, E. G., *Mapping Time : The Calendar and its History*, Oxford, Oxford University Press, 1998.

ROBINSON, Forrest G., *The Shape of Things Known : Sidney's* Apology *in Its Philosophical Tradition*, Cambridge, Mass., Harvard University Press, 1972.

ROUDAUT, François, *Le Point centrique : Contribution à l'étude de Guy Le Fèvre de La Boderie (1541-1598)*, Paris, Klincksieck, 1992.

ROUGET, François, « Le dialogue de la prose et de la poésie en France à la Renaissance », *Réforme, Humanisme, Renaissance*, XLVI, 1998, p. 7-23.

RUDENSTINE, Neil L., *Sidney's Poetic Development*, Cambridge, Mass., Harvard University Press, 1967.

SATINOVER, Jeffrey, *Cracking the Bible Code*, New York, Wm. Morrow, 1997.

SAULNIER, V.-L., « Maurice Scève et Pontus de Tyard », *Revue de Littérature Comparée*, XXII, 1948, p. 267-272.

SAULNIER, V.-L., *Maurice Scève, prince de la Renaissance lyonnaise*, 2 t., Paris, Klinksieck, 1948.

SAULNIER, V.-L., « Maurice Scève vu par Pontus de Tyard d'après le *Discours du temps* », *Mélanges d'histoire littéraire et de bibliographie offerts à Jean Bonnerot*, Paris, Nizet, 1954, p. 161-174.

SAUZET, Robert, dir., *Henri III et son temps*, Paris, Vrin, 1992.

SAXL, Fritz, « Veritas filia temporis », *Philosophy and History : Essays Presented to Ernst Cassirer*, éd. Raymond Klibansky et H. J. Paton, Oxford, Clarendon Press, 1936, réimpression, New York, Harper and Row, 1963, p. 197-222.

SCHMITT, Charles B., *Cicero Scepticus : A Study of the Influence of the* Academica *in the Renaissance*, La Haye, M. Nijhoff, 1972.

SEALY, Robert J., *The Palace Academy of Henri III*, Genève, Droz, 1981.

SÉE, Henri, « La philosophie de l'histoire de Jean Bodin », *Revue Historique*, CLXXV, 1935, p. 497-505.

SNYDER, Jon R., *Writing the Scene of Speaking : Theories of Dialogue in the Late Italian Renaissance*, Stanford, Stanford University Press, 1989.

SPITZER, Leo, *Classical and Christian Ideas of World Harmony*, éd. Anna Granville Hatcher, Baltimore, Johns Hopkins University Press, 1963.

TROUSSON, Raymond, *Le Thème de Prométhée dans la littérature européenne*, 2 t., 2e éd., Genève, Droz, 1976.

WILSON, K. J., « The Continuity of Post-Classical Dialogue », *Cithara*, XXI, 1981, p. 23-44.

WILSON, K. J., *Incomplete Fictions : The Formation of English Renaissance Dialogue*, Washington, D.C., Catholic University of America Press, 1985.

YATES, Frances A., *The French Academies of the Sixteenth Century*, Londres, The Warburg Institute of the University of London, 1947.

YOUNG, M. L. M., « Des Autelz and the *Discours philosophiques* of Pontus de Tyard », *Bibliothèque d'Humanisme et Renaissance*, XXII, 1960, p. 362-367.

YOUNG, M. L. M., *Guillaume des Autelz : A Study of his Life and Works*, Genève, Droz, 1961.

INDEX NOMINUM

TABLE DES MATIÈRES

IMPRIM'VERT®

Achevé d'imprimer par Corlet,
Condé-en-Normandie (Calvados),
en Août 2022
N° d'impression : 177186 - dépôt légal : Août 2022
Imprimé en France